SOBRE
TER CERTEZA

Blucher

SOBRE TER CERTEZA
Como a neurociência explica a convicção

Robert A. Burton

TRADUÇÃO
Marcelo Barbão

Título original em inglês: *On being certain: believing you are right even when you're not*
Copyright © 2008 by Robert A. Burton
Portuguese Translation Copyright © 2017 by Editora Edgard Blücher Ltda.

2ª reimpressão – 2021

Publisher Edgard Blücher
Editor Eduardo Blücher
Produção editorial Bonie Santos, Isabel Silva, Júlia Knaipp, Luana Negraes, Marilia Koeppl
Diagramação Maurelio Barbosa | designioseditoriais.com.br
Preparação de texto Ana Maria Fiorini
Revisão de texto Bárbara Waida
Capa Leandro Cunha
Produção gráfica Alessandra Ferreira
Comunicação Jonatas Eliakim, Tatiane Moraes

Blucher

Rua Pedroso Alvarenga, 1245, 4º andar
04531-934 – São Paulo – SP – Brasil
Tel.: 55 11 3078-5366
contato@blucher.com.br
www.blucher.com.br

Segundo o Novo Acordo Ortográfico, conforme 5. ed. do *Vocabulário Ortográfico da Língua Portuguesa*, Academia Brasileira de Letras, março de 2009.

É proibida a reprodução total ou parcial por quaisquer meios sem autorização escrita da editora.

Todos os direitos reservados pela Editora Edgard Blücher Ltda.

DADOS INTERNACIONAIS DE CATALOGAÇÃO NA PUBLICAÇÃO (CIP)
ANGÉLICA ILACQUA CRB-8/7057

Burton, Robert A.
  Sobre ter certeza : como a neurociência explica a convicção / Robert A. Burton ; tradução de Marcelo Barbão. – São Paulo : Blucher, 2017.
  280 p.: il.

  ISBN 978-85-212-1156-3

  Título original: *On being certain: believing you are right even when you're not*

  1. Certeza 2. Lógica 3. Neurociência I. Título. II. Barbão, Marcelo.

17-0057   CDD 153.4

Índices para catálogo sistemático:
  1. Lógica : Certeza

Para Adrianne

Conteúdo

Prefácio 9

1. A sensação de saber 13
2. Como sabemos o que sabemos? 21
3. Convicção não é uma escolha. 37
4. A classificação dos estados mentais 53
5. Redes neurais 61
6. Modularidade e emergência 75
7. Quando começa um pensamento? 89
8. Pensamentos perceptivos: um esclarecimento adicional ... 107
9. O prazer dos seus pensamentos 113
10. Os genes e o pensamento 131
11. Pensamentos sensacionais. 155
12. Os pilares gêmeos da certeza: razão e objetividade 173

13. Fé 213

14. Especulações da mente 237

15. Pensamentos finais...................................257

Agradecimentos 267

Índice remissivo 269

Prefácio

A certeza está por todos os lados. O fundamentalismo está em pleno vigor. Legiões de autoridades cobertas de total convicção nos dizem por que devemos invadir o país X, banir *As aventuras de Huckleberry Finn* das escolas ou comer tomates cozidos; quanto dano cerebral é necessário para justificar um pedido de capacidade reduzida; o momento preciso em que um espermatozoide e um óvulo devem ser tratados como um ser humano; e por que o mercado de ações vai acabar voltando a gerar lucros históricos. Uma mudança pública de opinião é notícia nacional.

Mas por quê? Seria simplesmente uma questão de teimosia, arrogância e/ou pensamento equivocado, ou estaria o problema mais profundamente enraizado na biologia cerebral? Desde o início de meus estudos em neurologia, fico intrigado com o mais básico dos problemas cognitivos: o que significa estar convencido de algo? À primeira vista, essa pergunta pode parecer tola. Você estuda as provas, pesa os prós e os contras e toma uma decisão. Se as provas forem fortes o suficiente, você se convence de que não há outra resposta razoável. A sensação resultante de certeza é percebida como a única conclusão lógica e justificada para uma linha de raciocínio consciente e proposital.

Mas a biologia moderna aponta para uma direção diferente. Considere por um momento um paciente esquizofrênico profundamente delirante dizendo a você com absoluta certeza que marcianos de três pernas grampearam secretamente o telefone dele e monitoram seus pensamentos. O paciente está profundamente convencido da "realidade" dos marcianos; "sabe" que eles existem apesar de não conseguirmos vê-los. E fica surpreso por não estarmos convencidos. Dados os nossos conhecimentos atuais sobre a biologia da esquizofrenia, reconhecemos que a química cerebral do paciente enlouqueceu, resultando em pensamentos totalmente implausíveis que não podem ser "removidos" com palavras baseadas na lógica e em evidências contrárias. Aceitamos que a falsa sensação de convicção do paciente é fruto de uma neuroquímica perturbada.

É por meio de exemplos extremos de mau funcionamento do cérebro que os neurologistas exploram meticulosamente o funcionamento do cérebro sob circunstâncias normais. Por exemplo, a maioria dos leitores conhece o caso de Phineas Gage, o operário de Vermont cujo crânio e a região frontal do cérebro foram perfurados por uma barra de ferro durante um acidente na construção de uma ferrovia em 1848.[1] Milagrosamente, ele sobreviveu, mas com uma personalidade profundamente alterada. Juntando informações de família, amigos e empregadores, os médicos foram capazes de elaborar uma das primeiras descrições precisas de como o lóbulo frontal afeta o comportamento.

De volta aos incômodos marcianos. Se a mudança de personalidade pós-traumática de Phineas Gage levou a uma melhor compreensão das funções normais do lóbulo frontal, seria a certeza do

---

1 A página de informação sobre Phineas Gage é mantida por Malcolm Macmillan, da Faculdade de Psicologia da Universidade Deakin, Vitória, Austrália: www.deakin.edu.au/hbs/GAGEPAGE.

esquizofrênico de que os marcianos estão ouvindo os pensamentos dele um indício das origens de nossa percepção de convicção? O que nos conta esse paciente sobre a capacidade do cérebro de criar a crença inabalável de que o que sentimos que sabemos está, de fato, inquestionavelmente correto? Seriam a certeza e a convicção escolhas puramente deliberadas, lógicas e conscientes, ou não são o que parecem ser?

Para mim, as evidências são esmagadoras; a resposta é surpreendente e contraintuitiva, mas inevitável. A premissa revolucionária no coração deste livro é:

> *Apesar de como sentimos a certeza, ela não é nem uma escolha consciente, nem mesmo um processo de pensamento. A certeza e os estados similares de "saber o que sabemos" nascem de mecanismos cerebrais involuntários que, como amor ou raiva, funcionam independentemente da razão.*

Para desfazer o mito de que "sabemos o que sabemos" por meio da deliberação consciente, a primeira parte do livro vai mostrar como o cérebro cria a sensação involuntária de "saber" e como essa sensação é afetada por tudo, desde uma predisposição genética até ilusões perceptivas comuns a todas as sensações corporais. Poderemos, então, ver como essa irracional *sensação de saber* está no centro de muitos dilemas modernos aparentemente insolúveis.

Sou um neurologista com sensibilidade de romancista. Apesar de ter tentado fazer com que este livro fosse o mais preciso possível, haverá muitas áreas de controvérsia e franca discordância. Meu objetivo não é defender cada argumento contra todas as críticas, e sim disso gerar uma discussão sobre a natureza e as limitações de como sabemos o que sabemos. Para evitar que o livro ficasse muito denso ou tomado por jargões, releguei às notas os detalhes mais técnicos, as explicações, a maioria das digressões pessoais e as referências bibliográficas.

Também devo confessar a existência de uma agenda secreta: uma postura de certeza absoluta que exclui a consideração de opiniões alternativas sempre me pareceu fundamentalmente errada. Mas tais acusações não querem dizer nada sem o apoio da ciência rigorosa. Então, minha intenção foi oferecer uma base científica para desafiar nossa crença na certeza. Um efeito colateral inevitável: as evidências científicas também mostrarão os limites da pesquisa científica. Mas, ao apontar os limites biológicos da razão, incluindo o pensamento científico, não estou defendendo que todas as ideias são iguais ou que o método científico é simples ilusão. Não quero dar munição às legiões de verdadeiros crentes que transformam a fé cega em prova para criacionismo, abdução alienígena ou supremacia ariana. O objetivo não é destruir as bases da ciência, mas somente apontar as inerentes limitações das perguntas que a ciência faz e das respostas que ela oferece.

Meu objetivo é eliminar o poder da certeza expondo suas raízes neurológicas involuntárias. Se a ciência pode nos obrigar a questionar a natureza da convicção, talvez possamos desenvolver algum grau de tolerância e mais disposição para considerar ideias alternativas – de visões religiosas ou científicas opostas a opiniões contrárias na mesa de jantar.

Uma nota pessoal: o esquema que estou prestes a apresentar me deu uma nova forma de ver os problemas comuns, o que não era minha intenção. Não é que eu pense sobre cada questão e como ela se relaciona com a neurobiologia. Em vez disso, a própria noção de como sabemos – e até de como fazemos perguntas – deu forma a como me sinto e respondo a tudo, desde as notícias diárias até a conversa com minha esposa antes de dormir, passando por questões filosóficas clássicas. A percepção de um sossego interior nascido do reconhecimento das minhas limitações foi extraordinária, e eu gostaria de compartilhar isso com você.

1. A sensação de saber

Estou preso em um coquetel obrigatório com vizinhos durante a primeira semana da invasão norte-americana ao Iraque. Um advogado de meia-idade, em um terno risca de giz, anuncia que adoraria estar na linha de frente quando as tropas chegassem a Bagdá. "Combate porta a porta", ele diz, estufando o peito. Diz que tem certeza de que poderia atirar em um soldado iraquiano, apesar de nunca ter participado de um conflito maior que uma briga no pátio da escola.

"Não sei", eu digo. "Eu teria problemas em atirar em um jovem que estivesse sendo obrigado a lutar."

"Eu não. É cada um por si."

Ele acena para sua esposa, que está de cara feia por ser contra a invasão. "Tudo é justo no amor e na guerra." Depois, volta-se para mim. "Você não é um desses molengas pacifistas, é?"

"Você não ficaria incomodado em matar alguém?"

"Nem um pouco."

"Tem certeza?"

"Absoluta."

Ele é um vizinho e não posso escapar. Então, conto uma das histórias de autodeboche favoritas de meu pai.

Durante os anos 1930 e 1940, meu pai tinha uma farmácia em uma das áreas mais violentas de San Francisco. Ele tinha um pequeno revólver escondido atrás da caixa registradora. Uma noite, um homem se aproximou, puxou uma faca e exigiu todo o dinheiro da registradora. Meu pai pegou a arma sob o balcão e apontou-a para o ladrão.

"Largue isso", o ladrão disse, com a faca na garganta de meu pai. "Você não vai atirar em mim, mas eu *vou* matar você."

Por um momento, houve um empate *à la* Hollywood, *mano a mano*. Então, meu pai abaixou a arma, esvaziou a registradora e entregou o dinheiro.

"O que você quer dizer com isso?", pergunta o advogado. "Seu pai deveria ter atirado nele."

"Apenas o óbvio", eu digo. "Nem sempre você sabe o que vai fazer até chegar o momento."

"Claro que sabe. Sei com absoluta certeza que atiraria em qualquer um que estivesse me ameaçando."

"Nenhuma chance de qualquer hesitação?"

"Nenhuma. Eu me conheço. Sei o que faria. Fim de conversa."

Minha mente vacila com questões aparentemente impossíveis. Que tipo de conhecimento é "Eu me conheço e sei o que faria"? É uma decisão consciente baseada em uma profunda autocontemplação ou é um "instinto"? Mas o que é um instinto – uma decisão inconsciente, um humor ou emoção, um estado mental mal definido, mas claramente reconhecível, ou uma combinação de todos esses ingredientes? Se queremos entender como sabemos o que sabemos, primeiro precisamos de algumas regras básicas, incluindo uma classificação geral de estados mentais que criam nossa sensação de conhecimento sobre nosso conhecimento.

Por uma questão de simplicidade, escolhi agrupar os sentimentos aliados de certeza, acerto, convicção e correção sob um termo que inclui a todos, a *sensação de saber*. Sejam ou não sensações separadas ou simplesmente tons ou graus de um sentimento comum, isso não é importante. O que eles compartilham é uma qualidade comum: cada um é uma forma de metaconhecimento – conhecimento sobre nosso conhecimento – que qualifica ou colore nossos pensamentos, imbuindo-os com uma sensação de correção ou incorreção. Ao focar na fenomenologia (como *sentimos* essas sensações), escolhi usar o termo *sensação de conhecer* (em itálico). No entanto, ao falar sobre a ciência subjacente, vou usar *conhecer* (em itálico). Mais tarde, vou expandir essa categoria para que ela inclua sentimentos de familiaridade e realidade – qualidades que reforçam nossa sensação de correção.

Todo mundo está familiarizado com a bem reconhecida *sensação de conhecer*. Quando alguém lhe faz uma pergunta, você sente fortemente que sabe uma resposta da qual não consegue se lembrar imediatamente. Psicólogos se referem a essa sensação difícil de descrever, mas facilmente reconhecível, como uma sensação de "estar na ponta da língua". O comentário que frequentemente acompanha a situação enquanto você examina sua agenda mental em busca do nome ou do número de telefone que esqueceu é: "Eu sei qual é, mas não consigo me lembrar agora". Nesse exemplo, você está consciente de saber algo, sem saber a que se refere essa sensação de saber.

Qualquer um que já se sentiu frustrado com um problema matemático difícil apreciou o delicioso momento de alívio em que uma equação incompreensível de repente *faz sentido*. Nós "vemos a luz". Esse "*ahá!*" é uma notificação de uma porção subterrânea da nossa mente, um sinal involuntário de que tudo está claro, de que compreendemos o núcleo de um problema. A questão não é apenas conseguir resolver o problema; também "sabemos" que o entendemos.

A maioria das *sensações de saber* são bem menos dramáticas. Não as sentimos normalmente como emoções ou humores espontâneos como amor ou felicidade; em vez disso, as sentimos como pensamentos – elementos de uma linha correta de raciocínio. Aprendemos a somar 2 + 2. Nosso professor nos diz que 4 é a resposta correta. Sim, ouvimos uma parte da nossa mente dizer. Algo dentro de nós nos diz que "sabemos" que nossa resposta está correta. Nesse nível mais simples de compreensão, há dois componentes para nossa compreensão: o conhecimento de que 2 + 2 = 4; e o julgamento ou a análise dessa compreensão. Sabemos que nossa compreensão de que 2 + 2 = 4 está correta em si.

A *sensação de conhecer* também costuma ser reconhecida por sua ausência. A maioria de nós conhece bem a frustração de ser capaz de operar um computador sem ter nenhuma "percepção" de como um computador realmente funciona. Ou aprender física apesar de não ter a "sensação" da correção do que aprendemos. Posso consertar um fio elétrico danificado, mas me intriga a própria essência da eletricidade. Posso pegar limalhas de ferro com um ímã sem ter a menor ideia do que "é" o magnetismo.

Em um nível mais profundo, a maioria de nós já sofreu com aquelas terríveis "crises de fé", quando crenças pessoais firmes perdem repentinamente sua sensação visceral de correção, certeza ou significado. Nossas crenças mais consideradas de repente não "parecem certas". Da mesma forma, a maioria de nós já ficou chocada ao ouvir que um amigo próximo ou um parente morreu de forma inesperada, e mesmo assim "sentimos" que ele ainda está vivo. Notícias tristes assim, muitas vezes, precisam de tempo para que "a ficha caia". Essa descrença associada ao momento em que sabemos de uma morte é um exemplo de que, às vezes, há uma completa dissociação entre o conhecimento intelectual e o conhecimento sentido.

Para começar nossa discussão sobre a *sensação de conhecer*, leia o seguinte excerto a uma velocidade normal. Não passe o olho, não desista no meio e não pule direto para a explicação. Como essa experiência não pode ser repetida depois que você souber a explicação, faça uma pausa para se perguntar como se sente sobre o parágrafo. Depois de ler a explicação, releia o parágrafo. Conforme o fizer, por favor, preste muita atenção às mudanças em seu estado mental e em seus sentimentos sobre o parágrafo.

> *Um jornal é melhor que uma revista. Uma praia é um lugar melhor que a rua. A princípio, é melhor correr do que caminhar. Você pode ter que tentar várias vezes. É preciso alguma habilidade, mas é fácil aprender. Até criancinhas podem desfrutar. Quando se consegue, as complicações são mínimas. Os pássaros raramente se aproximam. A chuva, no entanto, ensopa rapidamente. Muitas pessoas fazendo a mesma coisa também podem causar problemas. É preciso muito espaço. Se não houver complicações, pode ser muito pacífico. Uma pedra vai servir como âncora. Se as coisas se soltarem dela, no entanto, você não terá uma segunda chance.*

Esse parágrafo é compreensível ou não faz sentido? Sinta sua mente viajando por potenciais explicações. Agora, veja o que acontece com a apresentação de uma única palavra: pipa. Quando você reler o parágrafo, sinta o desconforto anterior de que faltava algo transformando-se em uma agradável sensação de correção. Tudo se encaixa; todas as sentenças funcionam e fazem sentido. Releia o parágrafo de novo; é impossível retomar a sensação de não entender. Em um instante, sem deliberações conscientes, o parágrafo foi irreversivelmente tomado pela *sensação de saber*.

Tente imaginar outras interpretações para o parágrafo. Suponha que eu diga que se trata de um poema colaborativo escrito por uma classe de terceiro ano, ou uma colagem de citações de biscoitos da sorte. Sua mente empaca. A presença dessa *sensação de saber* torna fisicamente difícil contemplar alternativas.

Cada um de nós provavelmente leu o parágrafo de uma forma diferente, mas certas características parecem universais. Depois de ver a palavra *pipa*, rapidamente voltamos e relemos o parágrafo, testando as sentenças de acordo com essa nova informação. Em algum ponto, nos convencemos. Mas quando e como?

Esse parágrafo da pipa levanta várias questões centrais para nossa compreensão de como "sabemos" algo. Cada uma delas será discutida com mais profundidade em capítulos subsequentes, mas apresentamos aqui um resumo.

- Você "decidiu" conscientemente que *pipa* era a correta explicação para o parágrafo, ou essa decisão ocorreu involuntariamente, fora da percepção consciente?
- Quais mecanismos cerebrais criaram a mudança de não saber para *saber*?

- Quando essa mudança aconteceu? (Você soube que a explicação estava correta antes, durante ou depois de reler o parágrafo?)
- Depois de reler o parágrafo, você é capaz de separar conscientemente a *sensação de saber* que *pipa* é a resposta correta de uma compreensão racional de que a resposta está correta?
- Você tem certeza de que *pipa* é a resposta correta? Se sim, como sabe?

2. Como sabemos o que sabemos?

O conselho comum de pais e professores para quem "não entende" matemática e física é estudar mais e pensar mais profundamente sobre o problema. Eles assumem que mais esforço vai preencher a lacuna entre o conhecimento seco e a sensação de entender. Se não assumíssemos isso, nós desistiríamos sempre que não conseguíssemos entender algo à primeira vista. Mas, para aqueles momentos existenciais em que questionamos "o sentido de tudo isso" – quando sensações anteriormente satisfatórias de propósito e sentido não "parecem mais corretas" –, a história e a experiência nos ensinaram coisas diferentes. Lógica e razão raramente são "convincentes". (Nesse contexto, "convincente" é sinônimo de reviver aquela perdida *sensação de saber* do que se trata a vida".) Em vez disso, invocamos imagens de ascetas, místicos e investigadores espirituais – aqueles que se vestiam com roupas simples, cruzavam o deserto caminhando como São Jerônimo, viviam em cavernas ou debaixo de árvores ou procuravam o isolamento e o silêncio nos monastérios. As religiões orientais enfatizam uma "quietude da mente" em vez do pensamento ativo sobre a sensação perdida de significado.

Então, o que é correto? O remédio para a ausência da *sensação de saber* deve ser mais esforço consciente e mais pensamento, ou menos? Ou esses dois ensinamentos comuns estão em desacordo com a mais básica neurobiologia? Considere o curioso fenômeno da *visão cega,* talvez o exemplo mais bem estudado de falta da *sensação de saber* na presença de um estado de conhecimento.

Fora da vista não significa fora da mente

Um paciente tem um derrame que destrói seletivamente seu córtex occipital – a porção do cérebro que recebe os estímulos visuais primários. Sua retina ainda registra a entrada de informação, mas seu córtex visual, que está funcionando mal, não registra as imagens enviadas pela retina. O resultado é que o paciente não vê nada conscientemente. Agora, jogamos uma luz em vários quadrantes de seu campo visual. O paciente informa que não vê nada, mas consegue localizar com boa precisão a luz no quadrante apropriado. Sente que está adivinhando e não sabe que está se saindo melhor do que se fosse uma simples questão de acaso.

Como isso é possível?

Primeiro, vamos traçar o caminho da luz "não vista". Algumas fibras da retina procedem diretamente para o córtex visual primário no lóbulo occipital. Mas outras fibras contornam a região responsável pela "visão" consciente e, em vez disso, projetam-se para regiões subcorticais e do talo superior cerebral que não produzem uma imagem visual. Essas áreas mais baixas do cérebro estão principalmente preocupadas com funções automáticas e reflexivas do tipo "lutar ou fugir". Objetos em rápida aproximação fazem o corpo girar a cabeça para uma posição na qual os olhos possam examinar a ameaça. Uma ação reflexiva imediata possui claros benefícios evolucionários sobre uma percepção e uma deliberação conscientes mais demoradas. No sentido mais amplo, é possível dizer que essas regiões subcorticais "veem" a ameaça sem enviar uma imagem visual para a consciência.

A visão cega é um sistema inconsciente de localização visual e navegação descoberto pela cegueira cortical do paciente. O conhecimento subliminar pelo paciente da localização da luz não conduz à *sensação de saber* porque a notícia desse conhecimento não consegue chegar às regiões corticais mais altas que geram a sensação. Como resultado, o paciente jura que não viu uma luz piscando, mas claramente possui um conhecimento subliminar da localização da luz. Quando ele escolhe o campo visual apropriado para a luz, não sente que essa é a resposta correta. *Ele não sabe o que ele sabe.*[1]

Com a visão cega, vemos a desconexão entre o conhecimento e a percepção desse conhecimento como relacionada a um defeito fundamental em nossos circuitos. Essa conexão quebrada não pode ser restaurada, seja por esforço consciente ou aquietamento da mente – o problema não está em nosso controle.

---

1 Pacientes com danos neurológicos que não conseguem criar memória de longo prazo podem aprender novas tarefas (como jogos ou músicas) sem qualquer consciência de tê-las realizado anteriormente. Com tal memória procedural, os pacientes se lembram sem saber que lembraram. Pacientes de ambulatório com doença de Alzheimer avançada ainda conseguem jogar golfe; suas habilidades motoras implícitas persistem por muito tempo depois de terem esquecido seu *handicap*. Para uma excelente e concisa categorização da memória, ver Budson, A. E.; Price, B., "Memory Dysfunction" (*New England Journal of Medicine*, v. 352, n. 7, 2005). Weiskrantz, L., *Blindsight* (Oxford: Oxford University Press, 1990) é uma valiosa monografia de um dos investigadores pioneiros do fenômeno. Stoerig, P., em "Varieties of Vision: From Blind Responses to Conscious Recognition" (*Trends in Neuroscience*, v. 19, n. 1996, p. 401-406), fornece uma discussão profunda sobre a visão cega como uma das várias dissociações demonstráveis no processamento visual humano.

Apesar de a visão cega clinicamente aparente ser um evento raro, normalmente causado por um derrame que interfere no suprimento de sangue para o córtex occipital, expressões defeituosas da *sensação de saber* são ocorrências diárias. Vamos começar com nossas próprias memórias.

O estudo Challenger

Tente se lembrar de onde você estava quando Kennedy foi assassinado, a Challenger explodiu ou o World Trade Center foi atacado. Agora, pergunte-se quanta certeza você tem dessas lembranças. Se acredita que tem bastante certeza de onde estava quando ouviu as notícias, lembre-se dessa sensação quando ler sobre o estudo Challenger nas páginas seguintes. Se não se lembra de onde estava, pergunte-se como sabe que não se lembra. (Não se esqueça do exemplo da visão cega quando estiver se fazendo essa pergunta.) Quer se lembre, quer não, tente entender a sensação e seu grau de certeza dessa memória.

No meu último jantar de reunião da faculdade de Medicina, vários ex-colegas estavam se lembrando de onde estavam quando Kennedy foi assassinado. Estávamos no segundo ano da faculdade, o que significa que todos íamos às mesmas aulas. Onde estava um, provavelmente estavam todos. Mas as lembranças eram incrivelmente diferentes; depois do jantar, as discussões foram ficando cada vez mais acaloradas, como se a mente de cada colega estivesse em julgamento. Um urologista achava que estávamos almoçando, um internista falou que estávamos no laboratório. Um patologista lembrou-se de estar num bar no final da rua do centro médico. "Isso não pode ser verdade", disse o urologista. "O assassinato foi ao meio-dia, horário de Dallas. Você só ia ao bar depois das aulas."

Eu ri e descrevi brevemente o estudo Challenger.[2]

Um dia depois da explosão da nave Challenger, Ulric Neisser, um psicólogo que estava estudando memórias "de lampejo" (a lembrança de eventos altamente dramáticos), pediu que sua classe de 106 estudantes escrevesse exatamente como tinham ouvido falar da explosão, onde estavam, o que estavam fazendo e como se sentiram. Dois anos e meio depois, eles foram entrevistados de novo. Cerca de 25% dos relatos posteriores dos estudantes eram bastante diferentes de seus textos originais. Mais da metade das pessoas tiveram graus menores de erros, e menos de 10% acertaram todos os detalhes. (Antes de ver os textos originais, a maioria dos estudantes presumiu que suas lembranças estavam corretas.)

A maioria de nós admite com relutância que a memória muda com o tempo. Quando crianças, pudemos ver como uma história muda conforme é recontada ao redor da fogueira em um acampamento. Já participamos de reuniões familiares o bastante para ver eventos um dia familiares se transformarem em descrições irreconhecíveis e muitas vezes contraditórias. Então, ver que seus textos originais diferem de suas lembranças dois anos depois não deveria surpreender. O que me impressionou no estudo Challenger foram as respostas dos estudantes quando confrontados com seus relatos conflitantes. Muitos expressaram um alto nível de confiança de que suas falsas memórias estavam corretas, apesar de serem confrontados com seus próprios textos escritos à mão. O mais inquietante de

---

2 Neisser, U.; Harsch, N. "Phantom Flashbulbs: False Recollections of Hearing the News About Challenger". In: Winograd, E.; Neisser, U. (Eds.). *Affect and Accuracy in Recall: Studies of "Flashbulb" Memories*. New York: Cambridge University Press, 1992. p. 9-31. No teste da precisão dos estudantes de suas lembranças logo depois da explosão da Challenger, realizado por Neisser e Harsch, a nota máxima foi 7. Nos estudantes testados, a nota média foi 2,95. Menos de 10% conseguiram um 7 perfeito, e mais da metade tirou menos de 2.

tudo foi o comentário de um dos estudantes: "Esta é a minha letra, mas não foi isso o que aconteceu".

Por que os estudantes não consideravam os textos escritos por eles logo depois do evento mais precisos que uma lembrança evocada vários anos depois? Orgulho, teimosia ou medo de admitir um erro? Não se lembrar dos detalhes da explosão da Challenger não implica um fracasso pessoal significativo a ponto de tornar tão forte a resistência a provas contrárias. Por outro lado, o orgulho de ser lógico e racional não levaria os estudantes a escolherem sua própria caligrafia acima de lembranças que eles sabem que podem ter se alterado com o tempo?

O inflamado urologista me interrompeu, insistindo que o patologista reconhecesse estar errado. O patologista se recusou, virou-se para mim e falou: "Diga para eles, Burton. Você estava lá no bar comigo".

"Eu não sei. Eu simplesmente não me lembro."

"Isso não é possível", os dois médicos briguentos disseram ao mesmo tempo. "Todo mundo se lembra do assassinato de Kennedy."

Dei de ombros e fiquei em silêncio, espantado com a veemência das convicções dos meus colegas de classe. Mesmo tendo contado sobre o estudo Challenger, não consegui persuadir nenhum deles, como se estivessem empenhados em reproduzir o próprio estudo que questionava suas lembranças. Todos sentiam que estavam certos, que eles *sabiam* absolutamente onde estavam e o que estavam fazendo quando Kennedy foi assassinado.

Dissonância cognitiva

Em 1957, o professor de psicologia social de Stanford, Leon Festinger, apresentou o termo *dissonância cognitiva* para descrever o estado mental angustiante no qual as pessoas "se encontram fazendo coisas que não se encaixam com o que elas sabem, ou tendo opiniões que não se encaixam com outras opiniões que possuem".[3] Com uma série de experiências bem elaboradas, Festinger demonstrou que essas tensões eram mais frequentemente minimizadas ou resolvidas por meio de mudanças em atitudes pessoais do que pelo abandono da crença ou da opinião dissonante.

Como exemplo, Festinger e seus associados descreveram um culto que acreditava que a Terra seria destruída por uma enchente. Quando a enchente não aconteceu, as pessoas menos envolvidas com o culto inclinaram-se a reconhecer que tinham errado. Os membros mais aplicados, que tinham abandonado suas casas e seus empregos para trabalhar pelo culto, foram mais propensos a reinterpretar as evidências a fim de mostrar que estavam certos o tempo todo, mas que a Terra não tinha sido destruída em virtude da fé deles.[4]

A observação seminal de Festinger: quanto mais comprometidos estamos com uma crença, mais difícil é abandoná-la, mesmo perante fortes provas em contrário. Em vez de reconhecer um erro de julgamento e abandonar a opinião, temos a tendência de desenvolver uma nova atitude ou crença que justificará sua manutenção. Ao criar um modelo para pensar em como lidamos com valores conflitivos, a teoria da dissonância cognitiva se tornou uma das mais influentes na psicologia social. Mas ela não consegue responder de forma convincente por que é tão difícil abandonar opiniões não razoáveis, especialmente à luz de evidências contrárias aparentemente convincentes. É fácil ignorar esse comportamento em membros de cultos e outras pessoas "extremas", mas e quanto àqueles de

---

3   Festinger, L. *A Theory of Cognitive Dissonance*. Stanford: Stanford University, 1957.
4   Festinger, L.; Riecken, H.; Schachter, S. *When Prophecy Fails*. Minneapolis: University of Minnesota Press, 1956.

nós que se presumem menos esquisitos, que se orgulham de serem equilibrados e razoáveis?

Poderíamos pensar no estudo Challenger como uma curiosidade, mas aqui estão outros exemplos de escolha consciente de uma crença falsa porque ela *parece* correta, mesmo quando sabemos que não é. Escolhi o primeiro exemplo como um prelúdio para uma discussão posterior no Capítulo 13 sobre o componente biológico profundamente arraigado da luta ciência-*versus*-religião. O segundo exemplo, enfatizando a dissonância cognitiva do efeito placebo, introduz a ideia de que uma *sensação de saber* injustificada pode ter um benefício adaptativo claro.

Um cientista contempla o criacionismo

Kurt Wise, que possui um bacharelado em geofísica pela Universidade de Chicago, um doutorado em geologia por Harvard, onde estudou sob a supervisão de Steven Jay Gould, e um professorado no Bryan College em Dayton, Tennessee, escreve sobre seu conflito pessoal entre ciência e religião.[5]

> *Tive que tomar uma decisão entre a evolução e as Escrituras. Ou as Escrituras estavam certas e a evolução estava errada, ou a evolução era verdade e eu devia jogar fora a Bíblia [...] Foi então, naquela noite, que aceitei a Palavra de Deus e rejeitei tudo que pudesse ir contra ela, incluindo*

---

5 Weiss, K. *In Six Days: Why 50 Scientists Choose to Believe in Creation.* Austrália: New Holland Publishers, 1999. Um fascinante resumo da conversão de Wise ao criacionismo é fornecido em um comentário de Richard Dawkins em www.beliefnet.com/story/203/story_20334_2.html.

a evolução. Com isso, muito triste, joguei no fogo todos os meus sonhos e as minhas esperanças na ciência [...] Se todas as evidências do universo se voltassem contra o criacionismo, eu seria o primeiro a admiti-lo, mas eu ainda seria um criacionista porque é isso que a Palavra de Deus parece indicar. [Grifos meus.]

Um paciente confronta o efeito placebo

Em um estudo envolvendo 180 pessoas com osteoartrite no joelho, uma equipe de cirurgiões de Houston liderados pelo Dr. Bruce Moseley descobriu que pacientes que tinham recebido cirurgias artroscópicas "falsas" informaram níveis de alívio da dor e melhoria na mobilidade iguais aos de pacientes que tinham realmente passado pelo procedimento.[6]

O Sr. A, um veterano de 76 anos da Segunda Guerra Mundial com um histórico de cinco anos de dores incapacitantes no joelho causadas por uma osteoartrite degenerativa, documentada por radiografia, foi colocado no grupo placebo (uma cirurgia falsa na qual era dada anestesia geral e incisões superficiais eram feitas na pele sobre o joelho, mas nenhum reparo cirúrgico era realizado). Depois do procedimento, o Sr. A foi informado de que tinha recebido uma falsa cirurgia, e o procedimento foi descrito em detalhes. Mesmo assim, ele melhorou dramaticamente; pela primeira vez em anos, foi capaz de caminhar sem uma bengala. Quando questionado, ele mostrou entender totalmente como tinha sido a cirurgia falsa e acreditar totalmente que o joelho tinha sido consertado.

---

6 Moseley, B. et al. A Controlled Trial of Arthroscopic Surgery for Osteoarthritis of the Knee. *New England Journal of Medicine*, v. 347, n. 2, p. 81-88, 2002.

"A cirurgia aconteceu há dois anos e o joelho nunca mais me incomodou. Está como meu outro joelho agora. Dou muito crédito ao Dr. Moseley. Sempre que o vejo na TV, chamo minha esposa e digo: 'Veja, este é o médico que consertou meu joelho!'".[7]

Nosso geólogo criacionista arrepia-se com a sua própria irracionalidade e mesmo assim declara que não tem escolha. Um paciente "sabe" que não recebeu nenhuma cirurgia reparadora, mas insiste que o médico consertou seu joelho. E se pudéssemos encontrar pacientes que desenvolveram dificuldades parecidas com a razão como resultado de insultos (lesões) específicos no cérebro? Se o mau funcionamento do cérebro pode produzir uma lógica igualmente equivocada, o que isso poderia nos dizer sobre os alicerces biológicos das dissonâncias cognitivas?

A síndrome de Cotard

A Srta. B, uma estudante de 29 anos hospitalizada com uma encefalite viral aguda (uma inflamação viral do cérebro), reclamava: "Nada parece real. Estou morta". A paciente se recusava a receber qualquer cuidado médico. "Não faz sentido tratar uma pessoa morta", ela insistia. O médico tentou convencê-la. Pediu que ela colocasse a mão no próprio peito e sentisse seu coração bater. Ela fez isso e concordou que seu coração estava batendo. Ele sugeriu que a presença de pulso devia significar que ela não estava morta. A paciente respondeu que, como ela estava morta, seu coração batendo não podia ser evidência de estar viva. Disse reconhecer que havia uma inconsistência lógica entre estar morta e ser capaz de

---

[7] Talbot, M. "The Placebo Prescription". *The New York Times*, 9 jan. 2000. Também disponível em www.nytimes.com.

sentir seu coração batendo, mas que estar morta parecia mais "real" do que qualquer evidência contrária de que estava viva.

Semanas depois, a Srta. B começou a se recuperar e não acreditava mais que estava morta. Era capaz de distinguir entre sua "realidade" recuperada e suas ilusões anteriores, mas continuava a acreditar que deve ser possível sentir o próprio coração bater depois da morte. Afinal, tinha acontecido com ela.

A síndrome de Cotard – *le délire de négation* – é atribuída a um psiquiatra francês, Jules Cotard, que, em 1882, descreveu vários pacientes com ilusões de autonegação. Iam da crença de que partes do corpo estavam faltando, ou tinham apodrecido, até a completa negação da existência corporal. A síndrome tem sido descrita junto com uma variedade de lesões cerebrais, derrames e demência, assim como com transtornos psiquiátricos severos. O elemento mais extraordinário da síndrome é a crença inabalável do paciente de estar morto, que supera qualquer argumento lógico em contrário. Sentir o próprio coração bater não é prova suficiente para superar a sensação mais poderosa da realidade de estar morto.

Outras síndromes ilusórias associadas a lesões cerebrais agudas incluem acreditar que um amigo ou um parente foi substituído por um impostor, ou por um dublê, ou assumiu diferentes aparências ou identidades, ou que um objeto inanimado foi substituído por uma cópia inferior. A característica clínica comum a todas essas síndromes é a incapacidade do paciente de afastar uma crença que ele sabe logicamente estar errada.

O Sr. C, um elegante comerciante de arte aposentado, foi hospitalizado durante a madrugada com um pequeno derrame. Na manhã seguinte, sentia-se bem e foi liberado. Poucos momentos depois de voltar para casa, ele telefonou para meu consultório em pânico. Tinha certeza de que sua escrivaninha favorita, uma antiguidade, tinha sido substituída por uma reprodução Levitz barata.

"Corra aqui e veja por si mesmo." Ele morava perto do meu consultório; fui até lá na hora do almoço. A escrivaninha em questão era uma enorme mesa de refeitório italiana do século XVIII que tomava quase todo o seu escritório. Doze pessoas poderiam se sentar com tranquilidade; só para levantá-la, seriam necessários pelo menos três homens. E era larga demais para passar pelo batente sem que as portas duplas fossem removidas. Rapidamente, mostrei a impossibilidade de alguém entrar, tirar a mesa e substituí-la por uma falsa. O Sr. C balançou a cabeça. "É, admito que é fisicamente impossível que a mesa tenha sido substituída. Mas foi. Você precisa acreditar em mim. Reconheço um original quando o vejo, e essa mesa não é original." Ele alisou os veios da madeira, enfiando o dedo várias vezes em um par de buracos proeminentes. "É engraçado", ele disse, com uma expressão espantada. "São réplicas exatas dos buracos na minha mesa. Mas não parecem nem um pouco familiares. Não", ele anunciou enfaticamente, "alguém deve tê-la substituído". Ele deu, então, o xeque-mate cognitivo: "Afinal, eu sei o que eu sei".

Apesar de não estar restrita a uma única área do cérebro ou a uma única fisiologia definitiva, a característica comum mais surpreendente dessas *síndromes ilusórias de falta de identificação* é que o conflito entre a lógica e uma *sensação de conhecimento* contraditória tende a ser decidido em favor da sensação. Em vez de rejeitar ideias e crenças que desafiam o senso comum e as irrefutáveis evidências em contrário, esses pacientes terminam usando uma lógica tortuosa para justificar a sensação mais poderosa de *saber o que sabem*.[8]

As declarações do Sr. C ainda apontam que *saber* também pode envolver estados mentais adicionais difíceis de definir, como uma sensação de familiaridade e sensações de "realidade". Como a sensação

---

[8] Um fascinante panorama das síndromes de identificação equivocada pode ser encontrado em Hirstein, W., *Brain Fiction: Self-Deception and the Riddle of Confabulation* (Cambridge: MIT Press, 2005).

de que algo está na ponta da língua ou a sensação de *déjà-vu*, uma sensação de familiaridade sugere alguma experiência ou algum conhecimento prévio. Quando não sabemos a resposta de uma questão de múltipla escolha, tendemos a escolher a resposta que parece mais familiar. Apesar de não termos justificativa, presumimos que é mais provável que essas respostas estejam corretas do que as que não reconhecemos ou que não parecem familiares. O "reconheço um original quando o vejo" do Sr. C mostra como uma sensação de "realidade" também poderia nos levar a acreditar que uma ideia é correta. Pacientes com síndromes ilusórias de falta de identificação geralmente usam as palavras "correto" e "real" intercambiavelmente.

É provável que o derrame do Sr. C tenha afetado sua capacidade de experimentar adequadamente sensações de familiaridade e "realidade". Como nem a visão, nem a sensação da mesa desencadearam tais sensações, ele foi forçado a concluir que essa escrivaninha não poderia ser a original. Tais ilusões poderiam ser vistas como uma tentativa de resolver uma dissonância cognitiva entre a evidência concreta (a escrivaninha é muito grande para ser movida) e a ausência de qualquer sentimento de familiaridade e realidade quando o Sr. C examinou sua escrivaninha.

No Capítulo 3, vamos ver que os estados mentais de familiaridade, "realidade", convicção, verdade, *déjà vu* e ponta da língua compartilham uma fisiologia similar com a *sensação de saber*, incluindo a capacidade de ser diretamente desencadeada com estímulos elétricos do sistema límbico do cérebro.

Pode estar certo, mas não é certo

Outro dia, em um estacionamento no centro, deixei meu carro com o manobrista. Voltei, comecei a dirigir, mas senti que algo estava errado. Questionei o olhar do atendente, pensando se tinha pagado a mais. Verifiquei os mostradores de combustível e óleo, ou se alguma das portas estava aberta. Então, percebi que o banco tinha sido reajustado pelo manobrista. Era uma diferença pequena, o banco estava no máximo 1,5 centímetro mais alto do que o normal. Meu traseiro percebeu imediatamente; eu demorei bem mais.

Lembrei-me de uma história atribuída a Ludwig Wittgenstein.

Um homem entra em uma alfaiataria. A placa em cima da porta diz: SATISFAÇÃO DO CLIENTE GARANTIDA. O homem pede um terno feito sob medida que deve ter um caimento exatamente igual ao do que ele está usando. O alfaiate mede com cuidado todos os detalhes e os anota em um caderno. Uma semana depois, o cliente volta para experimentar o novo terno.

"Não está certo", diz o cliente, irritado...

"Claro que está", responde o alfaiate. "Aqui, vou mostrar." O alfaiate pega sua fita métrica e compara as marcações do terno com as de seu caderno. "Veja, são idênticas."

O cliente move-se com o novo terno, mas ainda se sente desconfortável e insatisfeito. "Pode estar certo, mas não está *certo*." Ele se recusa a pagar pelo terno e vai embora.

No caso do banco do meu carro, fui forçado a pensar em todas as possíveis razões pelas quais sentia que algo estava errado. Felizmente, havia algo mensurável (o novo ângulo do banco do carro) que *explicava* o que eu estava *sentindo*. No exemplo do alfaiate, a sensação do cliente de que algo estava errado é uma questão de gosto, de uma estética inexprimível ou subconsciente. Pouco importam as medidas, o terno não *parece* certo.

O alfaiate exige seu dinheiro; o cliente admite que o terno está de acordo com suas especificações, mas não com o gosto dele, e, portanto, não tem a obrigação de comprá-lo. Os dois *sentem* que estão certos. Daí aquele refrão popular e irritante: fim de conversa. Sempre falamos de instintos. Existe, agora, uma extensa literatura sobre o cérebro neuroentérico, como se alguma forma de pensamento realmente pudesse se originar no fundo do seu estômago. Pode ser. E talvez meu corpo simplesmente *soubesse* que o banco do meu carro estava diferente. Mas, seja qual for a origem da sensação, a característica central é que parece existir um *sentido* ou *sensação* subjacente de que algo está correto ou incorreto.

Considere a semelhança no tom entre o aluno do estudo Challenger que falou "Esta é a minha letra, mas não foi isso o que aconteceu" e o cliente do terno que disse "Pode estar certo, mas não está *certo*". Quando um tal sentido de convicção supera inconsistências lógicas óbvias ou provas científicas, o que está acontecendo? É possível que exista uma base neurofisiológica subjacente para a sensação específica de *parecer certo* ou de *estar certo* tão poderosa que o pensamento racional comum *pareça* errado ou irrelevante? Convicção *versus* conhecimento – será que o júri está comprado e o jogo, decidido por uma fisiologia básica escondida sob a consciência?

3. Convicção não é uma escolha

*Não é um grande feito ouvir uma voz na sua cabeça.
O feito é se certificar de que ela está falando a verdade.*
— Um paciente descrevendo uma experiência de quase morte

Os estudos de visão cega demonstram que o conhecimento e a consciência desse conhecimento surgem de regiões separadas do cérebro. Então, também deveríamos ser capazes de encontrar exemplos clínicos do oposto da visão cega – momentos de função cerebral anormal ou alterada em que a expressão da *sensação de saber* ocorre na ausência de qualquer conhecimento.

Claro, à primeira vista, a própria ideia de uma *sensação de saber* isolada parece absurda. Uma sensação de saber, para ter qualquer sentido, deve se referir a algo "conhecido". Sabemos "algo", não "nada". Para descartar essa noção de que uma *sensação de saber* deve estar ligada a um pensamento, este capítulo vai tocar brevemente em fenômenos aparentemente não relacionados, como as experiências religiosas espontâneas e quimicamente induzidas e a aura epiléptica de Dostoiévski, assim como em estudos detalhados de estímulo do lóbulo temporal.

Para experimentar a amplitude desses estados de *saber* não associados com qualquer conhecimento específico, vamos começar com o clássico centenário *Variedades da experiência religiosa*, de William James, que, para mim, continua sendo um dos testemunhos mais elegantes do poder da observação clínica para explorar a mente. James oferece essas citações iluminadoras seguidas por seus próprios comentários (nesses excertos, os grifos são meus).

Alfred Lord Tennyson:

> *Nunca tive nenhuma revelação por meio de anestésicos, mas um tipo de transe desperto – por falta de palavra melhor – eu tive com frequência, desde a meninice, quando estava completamente sozinho. Isso acontece por meio da repetição silenciosa do meu próprio nome para mim mesmo, até que, de repente, como se saísse da intensidade da consciência da individualidade, a própria individualidade parecia se dissolver e desaparecer em um ser sem limites, e* esse não é um estado confuso, mas o mais claro, o mais certo entre os certos, totalmente além das palavras *[...] Por Deus Todo Poderoso! Não há ilusão na matéria!* Não é um êxtase nebuloso, mas um estado de fascinação transcendente, associado com absoluta claridade da mente.[1]

Santa Teresa:

> *Um dia, recebi a permissão de perceber em um instante como todas as coisas são vistas e contidas em Deus. Não as*

---

[1] James, W. *The Varieties of Religious Experience*. New York: New American Library, 1958. p. 295.

percebi em sua própria forma, e mesmo assim a visão que tive delas era de uma claridade soberana e permaneceu vividamente impressa na minha alma [...] A visão era tão sutil e delicada que a compreensão não pode entendê-la.[2]

A opinião resumida de James:

A experiência religiosa pessoal tem suas raízes e seu centro em estados místicos de consciência [...] Sua qualidade deve ser experimentada diretamente; não pode ser compartilhada ou transferida para outros. Nessa peculiaridade, os estados místicos são mais como estados de sensação do que estados de intelecto [...] Apesar de serem tão semelhantes com estados de sensação, estados místicos parecem ser, para aqueles que os experimentam, também estados de conhecimento. São estados de discernimento nas profundezas da verdade não sondadas pelo intelecto discursivo. São iluminações, revelações, plenas de significado e importância, embora permaneçam totalmente inarticuladas; e, via de regra, carregam consigo um curioso sentido de autoridade para o porvir.[3]

---

2 Ibid., p. 292-293.
3 Em *The Varieties of Religious Experience*, James cita a extraordinária descrição de Walt Whitman de um estado místico de "saber" na ausência de qualquer raciocínio consciente. "Há, além do mero intelecto, na formação de toda identidade humana superior, algo maravilhoso que percebe sem argumentos, frequentemente sem o que é chamado educação, uma intuição do equilíbrio absoluto, no tempo e no espaço, de toda essa multiplicidade, essa diversão de tolos, e faz de conta incrível e desordem generalizada, que chamamos de mundo... [De] tal visão anímica e centro enraizado da mente, o mero otimismo explica somente a superfície" (p. 304).

Essa é uma observação brilhante, que iguala estados religiosos e místicos com a sensação de *saber*, e com o reconhecimento adicional de que esse conhecimento é sentido, não pensado. Apesar de não possuir as técnicas modernas da neurociência, James conseguiu colocar seu dedo exatamente em uma característica central de como sabemos o que sabemos: "A verdade mística [...] lembra o conhecimento que nos é dado pelas sensações mais do que os que nos são dados pelo pensamento conceitual".[4]

A descrição de James é perfeitamente direta – com os estados místicos, as pessoas experimentam sensações mentais espontâneas que passam a sensação de conhecimento, mas ocorrem na ausência de qualquer conhecimento específico. Conhecimento sentido. Conhecimento sem pensamento. Certeza sem deliberação ou mesmo percepção consciente de ter tido um pensamento.

Neuroteologia

Na época de James, as especulações sobre a causa das epifanias religiosas caíam em dois grandes campos: o psicológico – histeria, reação de conversão, transtorno de personalidade esquizoide, e assim por diante – ou o espiritual, com alegações de uma revelação direta oriunda de um poder superior. Agora, ouvimos falar cada vez mais de uma terceira possibilidade. Estudos neurofisiológicos recentes sugerem que tais sensações vêm diretamente da ativação de áreas localizadas do cérebro (o sistema límbico) – seja de forma espontânea ou como resultado do estímulo direto. De acordo com o neurologista da UCLA, Jeffrey Saver, essa é a explicação mais convincente para as experiências místicas de São Paulo, Maomé, Emanuel Swedenborg, Joseph Smith, Margery Kempe, Joana D'Arc

---

4 Ibid., p. 311.

e Santa Teresa.[5] A passagem mais citada pelos neurologistas é uma anotação do diário de Dostoiévski. Apesar de não termos confirmação patológica, a natureza das convulsões de Dostoiévski é típica das convulsões geradas por transtornos nas estruturas do sistema límbico-lóbulo temporal.

Na noite de véspera da Páscoa, em cerca de 1870, Dostoiévski está conversando com um amigo sobre a natureza de Deus. De repente, ele grita: "Deus existe; ele existe". Então, perde a consciência, passando por um ataque epiléptico. Dostoiévski escreveu mais tarde em seu diário:

> *Senti que o céu tinha descido sobre a Terra e que tinha me envolvido. Eu realmente toquei Deus. Ele entrou em mim, sim. Todos vocês, pessoas saudáveis, não conseguem imaginar a felicidade que nós, epilépticos, sentimos durante o segundo anterior ao nosso ataque [...] Não sei se essa felicidade dura segundos, horas ou meses, mas acreditem em mim, de todas as felicidades que a vida pode trazer, eu não trocaria esta daqui.*[6]

Uma felicidade extática desencadeada somente por elétrons erráticos? Por que não? Se você aceitar os estudos do psicólogo de Toronto Michael Persinger, o mesmo efeito pode ser criado com a estimulação externa do cérebro. Voluntários usaram uma touca de natação com uma fileira de bobinas magnéticas. Usando os ímãs para estimular áreas localizadas do cérebro, Persinger foi capaz de gerar sensações de "presença sentida", "outro eu" ou "unidade com o universo" (descrições reais dos pacientes). Os que tinham base

---

5   Saver, J. L.; Rabin, J. "The Neural Substrates of Religious Experience", *Journal of Neuropsychiatry and Clinical Neurosciences*, n. 9, p. 498-510, 1997.
6   Alajouanine, F. "Dostoievski's Epilepsy", *Brain*, n. 86, p. 209-218, 1963.

cristã muitas vezes descreviam a presença de Jesus; os com base muçulmana, a de Maomé. Também frequentemente são mencionadas emoções profundas, como reverência, alegria e sensação geral de harmonia e profundo significado – mesmo sem estarem ligadas a nenhuma ideia ou crença específica.

Não surpreende que exista uma literatura crescente sobre a origem biológica do impulso religioso, por exemplo, *Why God Won't Go Away* (Por que Deus não vai embora) e *The "God" Part of the Brain* (A parte "Deus" do cérebro), ou que minha caixa postal esteja cheia de convites para conferências de fim de semana sobre "neuroteologia". A questão subjacente é tanto profunda quanto autoevidente: mesmo se a origem da sensação de Deus for extracorporal – oriunda de um distante buraco negro, de uma vida passada, de um parente morto, dos anéis ao redor de Urano, ou de Deus em seu céu –, o caminho final para a percepção da mensagem deve estar dentro do cérebro.

A ativação química de estados místicos é tão velha quanto o psicodélico mais antigo. William James descreveu o fenômeno com vários anestésicos – clorofórmio, éter e óxido nitroso. A seguinte experiência mística induzida por clorofórmio é um bom exemplo de uma dissonância cognitiva induzida quimicamente: o conhecimento de que a experiência mística é resultado da química mundana não nega o sentido irritante (e persistente) da certeza da existência de Deus. Note também que o clorofórmio evocou as sensações de pureza e verdade *sem nenhuma referência a qualquer ideia ou pensamento específico.*

> *Não consigo descrever o êxtase que senti. Então, enquanto acordava gradualmente da influência da anestesia, o velho sentido da minha relação com o mundo começou a voltar e o novo sentido da minha relação com Deus começou a desaparecer [...] Pense nisso. Ter sentido a pureza, a ternura, a verdade e o amor absoluto e depois descobrir que*

não tinha tido, no final, nenhuma revelação, mas que tinha sido enganado pela excitação anormal do meu cérebro. Mesmo assim, essa questão persiste. É possível que o sentido interno de realidade [...] não tenha sido uma ilusão, mas uma experiência real? É possível que eu tenha sentido o que alguns dos santos diziam que sempre sentiam, a indemonstrável, mas indiscutível, certeza de Deus?[7] [Grifos meus.]

No seguinte exemplo, induzido pelo éter, outro sujeito confirma que o poder da experiência mística é sentido como um conhecimento maior do que provas objetivas: "Naquele momento, toda a minha vida passou na minha frente, incluindo cada pequeno sofrimento insignificante, e entendi todos eles. Esse era o significado de tudo aquilo, essa era a obra para a qual tudo tinha contribuído [...] *Percebi também, de uma forma que nunca vou esquecer, o excesso do que vemos sobre o que podemos demonstrar*".[8] (Grifos meus.)

Voluntários que receberam infusões intravenosas de cetamina (um anestésico similar em termos moleculares à droga PCP, ou pó de anjo) frequentemente experimentam uma profunda claridade de pensamento. Um dos voluntários descreveu "uma sensação de entender tudo, de saber como o universo funciona".[9] Tais descrições são bastante similares às de quem teve "experiências de quase morte" provenientes de parada cardíaca ou complicações com anestesia; de fato, pode haver um mecanismo comum de ação.[10] A falta de

---

7 James, p. 300.
8 Ibid., p. 302.
9 www.iands.org/nde.html.
10 www.nida.nih.gov/ResearchReports/Hallucinogens/halluc4.html. Jansen, K. "Using Ketamine to Induce the Near-Death Experience: Mechanism of Action and Therapeutic Potential", *Yearbook for Ethnomedicine and the Study of Consciousness*, n. 4, p. 55-81, 1995.

oxigenação adequada no cérebro tem como característica a liberação do glutamato neurotransmissor. Sob condições normais, o glutamato se une a receptores NMDA; em quantias excessivas, é neurotóxico e facilita a morte neuronal. Em uma tentativa de evitar essa morte celular, o cérebro privado de oxigênio também libera químicos protetores que bloqueiam o efeito do glutamato nos receptores NMDA. A cetamina tem um efeito de bloqueio dos receptores NMDA parecido, assim como a MDMA (*ecstasy*), outra droga psicoativa conhecida por produzir sensações de clareza mental.[11] Acredita-se hoje que esse bloqueio do receptor NMDA é responsável pelo quadro clínico da experiência de quase morte.

Vozes do sistema límbico

Com cada uma das descrições anteriores, estamos à mercê de reações breves, muito carregadas emocionalmente e difíceis de reproduzir tidas por pacientes. Felizmente, temos um método mais consistente, controlado e reproduzível para obter esses estados mentais de *saber* – estímulo/mapeamento formal do sistema límbico-lóbulo temporal. Ao continuarmos, lembre-se de que o mapeamento do cérebro é a mesma técnica usada por neurologistas para localizar outras funções cerebrais primárias, como movimentos motores, visão e audição. Mas, primeiro, uma palavra sobre o sistema límbico.

Embora alguns neurocientistas questionem sua existência como uma entidade específica,[12] o termo *sistema límbico* é útil para discutir essas regiões do cérebro fundamentais para as emoções mais

---

11 wwv.usdoj.gov/ndic/pubs/652/odd.htm#top.
12 LeDoux, J. *Synaptic Self*. New York: Viking, 2002. p. 210. Blakeslee, S. "Using Rats to Trace Anatomy of Fear, Biology of Emotion", *The New York Times*, 5 nov. 1996. Também disponível em www.cns.nyu.edu.

primárias e básicas.[13] Ele inclui as regiões evolutivamente mais velhas do córtex e do subcórtex – o giro do cíngulo, a amígdala, o hipocampo, o hipotálamo e uma variedade de estruturas do encéfalo frontal, incluindo a área tegmental ventral (a região do principal sistema de recompensa do cérebro), assim como as regiões associadas do córtex frontal que estão implicadas em respostas emocionais e na tomada de decisões.[14]

Infelizmente para os animais de laboratório, a emoção mais fácil de estudar é o bom e velho terror. Entra Joseph LeDoux, professor de neurociência da Universidade de Nova York, com sua provocativa e engenhosa série de experiências. LeDoux condicionou ratos a associarem o som de um sino com choques elétricos aplicados em suas patas. Depois de estarem condicionados, o som do sino, sem os choques elétricos, era suficiente para provocar uma resposta típica de medo – paralisação momentânea do movimento corporal, mudança no batimento cardíaco e na pressão sanguínea, sudorese e liberação de hormônios de estresse.[15] LeDoux decidiu descobrir os caminhos que produzem essa resposta de medo.

Ele descobriu que cortar os nervos acústicos dos ratos – a conexão neural entre as orelhas e o cérebro – abolia a resposta do medo. (O som do sino não chegava ao cérebro.) Se ele deixava os nervos intactos, mas removia cirurgicamente o córtex auditivo – a região do cérebro que processa e cria a percepção consciente dos sons –, os ratos não "ouviam" mais o som, mas o comportamento de medo continuava.[16] Assim como o fenômeno da visão cega baseia-se nas imagens visuais sendo transmitidas e processadas em áreas que não

---

13 Damasio, A. *O erro de Descartes*. São Paulo: Cia das Letras, 2012.
14 Phan, L. et al. "Functional Neuroimaging Studies of Human Emotions", *CNS Spectrums*, v. 9, n. 4, p. 258-266, 2004.
15 LeDoux, J. "Emotion, Memory and the Brain", *Scientific American*, n. 270, p. 34, 1994.
16 LeDoux, J. *The Emotional Brain*. New York: Simon & Schuster, 1996.

são o córtex visual, LeDoux deduziu que o som do sino chegava a áreas do cérebro subcortical capazes de desencadear a resposta do medo sem que o rato ouvisse conscientemente o sino. LeDoux conseguiu demonstrar a presença de caminhos neurais que contornam o córtex auditivo, conectando-se diretamente com uma estrutura do lóbulo temporal – a amígdala – há muito conhecida como crucial para reconhecimento, processamento e lembrança das reações emocionais, incluindo a resposta ao medo. Da amígdala, esses caminhos de fibra nervosa seguem para regiões do hipotálamo que controlam o sistema nervoso simpático, levando a um aumento de frequência cardíaca, pressão sanguínea e sudorese, assim como para regiões do tronco cerebral que controlam os reflexos e as expressões faciais do medo.

As experiências de LeDoux esclareceram muito o papel da amígdala em evocar a resposta do medo sem a necessidade de uma percepção consciente e de um reconhecimento do estímulo provocador.[17] Outras experiências confirmaram que o estímulo direto da amígdala produz a mesma resposta de medo que as experiências condicionantes de LeDoux. Inversamente, a remoção bilateral da amígdala em animais, de ratos a macacos, produz um estado de completa falta de medo. Desabilitar um único gene ativo na amígdala pode diminuir muito a resposta de medo em ratos.

Essa falta de medo também foi observada nos raros pacientes com danos bilaterais da amígdala. Esses pacientes costumam enfrentar situações novas e potencialmente arriscadas com uma atitude positiva, não temerosa. Um homem com dano bilateral na amígdala adorava caçar veados na Sibéria dependurado em um helicóptero.

---

17 LeDoux, J., citado em Daniel Goleman, *Inteligência Emocional* (Rio de Janeiro: Objetiva, 1996). "Anatomicamente, o sistema emocional pode agir de forma independente do neocórtex [...] Algumas reações e lembranças emocionais podem formar-se sem absolutamente nenhuma participação consciente e cognitiva."

Outra paciente muito estudada, SM, uma jovem com calcificação e atrofia das duas amígdalas, não ficava assustada pelo inesperado toque de uma buzina de barco de 100 decibéis. Apesar de repetidas tentativas de condicionamento, SM não demonstrava nenhuma mudança autônoma – como aumento de pulso ou de pressão sanguínea.[18] De acordo com Antonio Damasio, o neurologista comportamental que investigou extensamente os déficits dela, SM pode discutir intelectualmente o que é o medo, mas o dano bilateral em sua amígdala evita que ela aprenda o significado de situações potencialmente perigosas.[19] (No Capítulo 9, vamos voltar ao papel da amígdala no processamento e na criação de memórias de eventos assustadores.)

Como resultado desses estudos, os neurologistas hoje aceitam que a amígdala é necessária para a expressão do medo. Mas o estudo de estados mentais que desafiam uma classificação precisa – como o *déjà vu* ou uma sensação de terror – é muito mais difícil. Temos problemas em relação a como chamá-los e como padronizar nossas observações. É fácil reconhecer um rato assustado, mas o sentido de alienação do roedor é menos óbvio. Como consequência, há poucos estudos formais e sistemáticos; o mais perto disso que chegamos são as investigações informais realizadas durante a avaliação de pacientes com uma forma específica de epilepsia que é originada em estruturas límbicas-lóbulo temporal.

Mais comumente em resultado de danos sofridos durante o nascimento e anormalidades no desenvolvimento, e ocasionalmente em virtude de um tumor, um paciente pode desenvolver uma forma específica de epilepsia: um ataque parcial complexo. Essas descargas elétricas espontâneas oriundas de estruturas límbicas-lóbulo

---

18 Bechara, A. et al. "Double Dissociation of Conditioning and Declarative Knowledge Relative to the Amygdala and Hippocampus in Humans". *Science*, n. 269, p. 1115-1118, 1995.
19 Damasio, A. *The Feeling of What Happens: Body and Emotion in the Making of Consciousness*. New York: Harcourt Brace, 1999. p. 66.

temporal costumam produzir uma alteração transitória (segundos a minutos) ou um obscurecimento da consciência, geralmente associados com a intrusão de outras sensações mentais – *déjà vu*, terror, medo e até sentimentos religiosos como os descritos por Dostoiévski. A intensidade dessas descargas varia desde breves lapsos na percepção até perda completa de consciência e fortes convulsões. A frequência também varia muito. Alguns pacientes têm poucos ataques que são completamente controlados com medicação; outros menos afortunados podem experimentar picos de várias dezenas de ataques por dia apesar da dose máxima de medicação.

Para o último grupo, a remoção cirúrgica da área danificada do lóbulo temporal pode resultar em uma redução notável ou no fim dos ataques. Como o maior risco da cirurgia é criar danos às áreas adjacentes vitais, o neurocirurgião responsável pelo procedimento deve primeiro identificar as funções de todos os tecidos cerebrais circundantes. A cirurgia pode ser realizada com anestesia local (o cérebro é insensível à dor); os pacientes continuam conscientes e são capazes de descrever exatamente o que estão experimentando. O cirurgião sistematicamente estimula pequenas áreas de córtex cerebral; as respostas do paciente são gravadas. Após a conclusão desse mapeamento cortical, o cirurgião tem uma excelente correlação entre a anatomia do cérebro e a sua função, podendo evitar operar perto de áreas críticas.

Para a nossa discussão, escolhi três séries detalhadas de mapeamento operativo do cérebro – estímulos do lóbulo temporal que fornecem as mais detalhadas descrições do paciente. Para evitar possíveis vieses culturais, incluí estudos de pacientes de Canadá, França e Japão.[20] Apesar das óbvias diferenças de educação, cultura e idioma,

---

20 Penfield, W.; Perot, P. "The Brain's Record of Auditory and Visual Experience", *Brain*, n. 86, p. 595-696, 1963. Bancaud, J. et al. "Anatomical Origin of Déjà Vu and Vivid 'Memories' in Human Temporal Lobe Epilepsy", *Brain*, n. 117,

as similaridades continuam notáveis. Apesar de ter agrupado descrições de pacientes de acordo com categorias gerais de experiência, há algum grau de sobreposição óbvia. Além disso, muitos desses "sentimentos" ocorrem ou de forma concomitante, ou em rápida sucessão. Também incluí algumas descrições dos ataques espontâneos do paciente. Estímulos corticais estão marcados como EC; ataques espontâneos estão marcados com AE. Cada descrição é de um paciente diferente. Todos os grifos são meus.

Enquanto ouve essas vozes do sistema límbico, lembre-se de que o que esses pacientes descrevem não depende de nenhum pensamento antecedente específico, linha de raciocínio, humor, peculiaridade de personalidade ou circunstância. Um choque de eletricidade é a única coisa necessária.

Déjà vu e sensações de familiaridade

AE: "Não sei onde é, mas me *parece bem familiar* [...] Sinto-me muito perto de um ataque – acho que vou ter um – uma lembrança familiar."

EC: "Tenho a impressão de já ter estado aqui, de que já vivi isso."

AE: "O paciente declarou que um pensamento que parecia já ter tido antes entrou em sua cabeça. Era algo que ele tinha ouvido, sentido e pensado no passado [...] Ele não foi capaz de descrevê-lo."

AE: "De repente, a paciente experimenta uma sensação de lembrança, que parece uma cena que ela tinha experimentado em algum momento do passado. Ela sente como se tivesse visto algo familiar. Quando tenta lembrar o que é, sente uma sensação de prazer."

---

p. 71-90, 1994. Sengoku, A.; Toichi, M.; Murai, T. "Dreamy States and Psychoses in Temporal Lobe Epilepsy: Mediating Role of Affect", *Psychiatry Clinical Neuroscience*, v. 51, n. 1, p. 23-26, 1997.

Os autores comentam: "*Nessa descrição, a familiaridade está dissociada da memória e 'o sentimento de saber' aparece na mente.*"[21]

Jamais vu e outras "sensações de estranheza"

EC: "Eu tive um sonho – eu não estava aqui [...] Meio que perdi contato com a realidade [...]". O estímulo foi repetido no mesmo lugar. "Um pequeno sentimento como um aviso". O estímulo foi repetido de novo. "Eu estava *perdendo o contato com a realidade* de novo."

AE: "Ele teve uma sensação da '*estranheza das palavras*', como se nunca as tivesse visto ou ouvido antes."

AE: "Sua aura começa com uma sensação de que os *objetos parecem bizarros* e de que o discurso, apesar de entendido, *parece estranho* de uma maneira indefinível."

EC: "*As coisas estão deformadas* [...] *Sou outra pessoa e parece que estou em outro lugar.*" O paciente também descreveu angústia com um sentimento de morte iminente.

EC: "Desde a idade de 35 anos, a paciente súbita e intermitentemente sente como se estivesse *caindo em outro, e terrível, mundo.*"

EC: "Ele sentia a si mesmo *sozinho em outro mundo*, e sentia medo."

AE: "Quando tem um ataque em seu próprio quarto, ele sente como se *seu quarto tivesse sido mudado e tivesse se tornado estranho.*"[22]

---

21 Sengoku et al.
22 Note a semelhança com a reclamação do Sr. C de que sua escrivaninha antiga tinha sido substituída por uma imitação barata.

Estranhamente familiar – um dueto de opostos

Descrições que incluem sentimentos simultâneos de familiaridade e estranheza:

AE: "Um breve 'sonho' sem perda de consciência, onde de repente ele teve uma forte lembrança de uma cena que já havia vivido e que, mesmo assim, *parecia bizarra*. Mais tarde, a cena foi precedida pela 'impressão de já ter feito o que estou no processo de fazer; me parece que já vivi toda essa situação; com uma *sensação de estranheza* e frequentemente de medo.'"

AE: "Começa com um sentimento de medo, depois um *sentimento interno de estranheza indefinível, às vezes associado com a emergência de lembranças antigas ou recentes* (apresentadas mais como pensamentos do que imagens sensoriais)."

AE: "Começa com uma *ilusão estética muito agradável* [...] que parecia a ele como se fosse *magnífica*, dando-lhe *grande prazer*. Mais ou menos no mesmo momento, *pensamentos intensos apareciam para ele, e ele os aceitava de forma acrítica*; podia ser uma voz, como em um sonho – *ele acha que alguém lhe desejava o mal, que as pessoas estão dizendo coisas ruins sobre ele, mas ao mesmo tempo ele sente prazer nisso.*"

AE: "Começa com uma sensação de desconforto e constrição epigástrica; uma *sensação de estranheza e irrealidade do ambiente, com uma vaga sensação de* déjà vécu; depois perda de contato.

Estou em uma pequena vila onde todo mundo se conhece [...] Tive a impressão de ter visto aquelas pessoas e senti algo no estômago, como uma bola [...] aquilo que eu vi poderia ter sido qualquer coisa. É mais como uma ideia do que uma imagem que foi apresentada rapidamente de uma maneira bastante passageira; *alguma coisa estranha, sem relação com a realidade*, movendo-se, mas não necessariamente, com cores realistas".

AE: "Começa com uma sensação indefinível de medo, às vezes associada com uma voz sussurrando internamente e depois um *estado emocional intensamente doloroso com uma ressonância familiar, 'como a memória de uma emoção'.*"

Meu objetivo ao apresentar essas descrições detalhadas não é identificar categoricamente o sistema límbico como o único lugar de origem das sensações como familiaridade, realidade, "saber", claridade de pensamento, e assim por diante, mas mostrar como esses sentimentos que qualificam como experimentamos nossos pensamentos podem ser obtidos tanto química quanto eletricamente sem qualquer pensamento ou memória desencadeante antecedente. O familiar e o real não são conclusões conscientes. Tampouco o são o estranho e o bizarro. Eles são facilmente obtidos sem qualquer raciocínio ou pensamento consciente associado. Mas o que exatamente são esses "estados mentais"? É hora de um esclarecimento.

4. A classificação dos estados mentais

> *A armadilha para peixes existe por causa do peixe. Quando você pega o peixe, pode esquecer a armadilha. O laço para pegar coelhos existe por causa do coelho. Quando você pega o coelho, pode esquecer o laço. As palavras existem por causa do significado. Quando você entende o significado, pode esquecer as palavras. Onde posso encontrar um homem que esqueceu as palavras para que eu possa conversar com ele?*
>
> – Chuang-Tzu (*c.* 200 a.C.)

A observação de Wittgenstein de que as dificuldades da filosofia, no fundo, são problemas com a linguagem seguramente se aplica ao estudo da mente. As classificações atuais dos estados mentais são um enorme obstáculo para qualquer compreensão mais aprofundada de como a mente funciona. Embora o medo seja obviamente uma emoção elementar, sentimentos desde o ter algo na ponta da língua até a completa estranheza, desde o totalmente real até o sobrenatural, não são nem emoções puras, nem pensamentos. São tonalidades de sentimentos que colorem nossas experiências mentais. Ao escrever este livro, tive dificuldades para nomear esses sentimentos e falhei nas minhas tentativas. Idealmente, o rótulo deveria ser um reflexo preciso da fisiologia subjacente.

O neurologista comportamental Antonio Damasio resume nosso atual estado de ignorância. "Decidir o que constitui uma emoção não é uma tarefa fácil, e, quando pesquisamos todo o conjunto de fenômenos possíveis, realmente nos perguntamos se alguma definição sensata de emoção pode ser formulada e se um único termo permanece útil para descrever todos esses estados. Outros lutaram com o mesmo problema e concluíram que não há esperanças".[1]

Psicólogos normalmente dividem certos estados de sentimentos em *emoções primárias*, como felicidade, tristeza, medo, raiva, surpresa e desgosto,[2] e *emoções secundárias* ou *sociais*, como vergonha, ciúme, culpa e orgulho.[3] Os métodos de classificação e o número de emoções primárias variam dependendo do que está sendo medido – desde expressões faciais universais ou atividade motora básica à linguagem usada quando falamos sobre emoções.[4]

Ninguém questionaria que a vergonha é uma sensação nauseante e, na fala comum, é uma emoção plena manifestada por correlatos

---

1 Damasio, A. *The Feeling of What Happens: Body and Emotion in the Making of Consciousness*. New York: Harcourt Brace, 1999. p. 340.
2 Ortony A.; Turner, T. J. "What's Basic About Basic Emotions?", *Psychological Review*, n. 97, p. 315-331, 1990. Plutchik, R., "A General Psychoevolutionary Theory of Emotion". In: Plutchik, R.; Kellerman, H. (Eds.). *Emotion: Theory, Research, and Experience*, vol. 1, *Theories of Emotion*. New York: Academic, 1980. p. 3-33. Ekman, P. "Expression and Nature of Emotion". In: Scherer, K.; Ekman, P. (Eds.). *Approaches to Emotion*. Hillsdale: Erlbaum, 1984. p. 19-43.
3 Damasio, p. 50.
4 Johnson-Laird, P.; Oatley, K. "Basic Emotions, Rationality, and Folk Theory", *Cognition and Emotion*, n. 6, p. 201-223, 1992.

comportamentais óbvios como o rubor e uma olhada para a saída mais próxima. Mas e quanto às assim chamadas emoções que são tão desprovidas de tom emocional que parecem mais pensamentos? A gratidão é uma emoção, um pensamento ou uma combinação mutante dependendo de outros humores? Todas as manhãs, penso em como sou afortunado. Digo a mim mesmo para ser grato, e sou. Para mim, a gratidão parece uma comparação – antes um exercício intelectual do que uma emoção (embora possa resultar em uma sensação de contentamento, que é mais um humor do que uma emoção crua). Sou grato por X, o que implica estar melhor do que Y.

Não consigo imaginar sentir orgulho sem estar orgulhoso de *algo*. Sentimos orgulho de, somos gratos por, sentimos vergonha de ou ficamos contentes por – em meu conhecimento, esses estados emocionais mais complexos raramente, se é que alguma vez, ocorrem com ataques parciais complexos ou estudos de estímulos cerebrais, a menos que sejam provocados coincidentemente por um pensamento ou uma lembrança que os acompanhe. Não há nenhum corpo de literatura neurológica demonstrando a ausência isolada de orgulho ou gratidão como resultado de danos cerebrais localizados. Tais emoções não parecem ser primárias, não mais do que magenta é uma cor primária. São o produto final de outros estados mentais mais elementares.

E quanto às outras assim chamadas emoções primárias? A surpresa é uma resposta espontânea ao inesperado. Mas surpreender-se com a boa frase final de uma piada ou a ótima mudança de rumo de um suspense exige alguns elementos cognitivos. (Estou usando o termo *cognitivo* para me referir a qualquer forma de pensamento, consciente ou inconsciente, em oposição a um sentimento, um humor ou uma emoção.) Você espera uma coisa e experimenta outra diferente. Uma sensação de surpresa tampouco é facilmente conseguida por estímulos cerebrais. E a felicidade? É uma emoção ou um humor? A felicidade de uma pessoa é o alívio de outra pelas coisas não estarem piores.

Se emoções tão básicas quanto a surpresa são difíceis de categorizar fisiologicamente, qual seria uma abordagem razoável para a ainda mais enganadora *sensação de saber*? Talvez uma situação análoga seria a voz do fluxo de consciência na minha cabeça. Ainda que não audível, eu de fato "ouço" minha voz interna da mesma forma como "vejo" um objeto com o olho da minha mente. Ambos são representações sensoriais de estados internos da minha mente.[5] A *sensação de saber* também o é. Percebemos nosso mundo externo por meio de sentidos primários como visão, audição e olfato; percebemos nosso mundo interno por meio de sensações como familiar ou estranho, real ou irreal, correto ou incorreto, e assim por diante.

Mencionei anteriormente que o *déjà vu* poderia ser descrito como uma sensação mental. O termo *sensação mental* é forçado e desajeitado; *sentimento* ainda parece preferível. Mas existem várias razões convincentes para, pelo menos, considerarmos esses sentimentos como sensações – como em uma *sensação de convicção*.[6] Sensações parecem estar mais perto da verdade neurofisiológica de um resultado relativamente discreto das estruturas neurais localizadas, da mesma forma que a visão é o resultado sensorial do olho e de suas áreas corticais relacionadas do cérebro. Sensação tende a

---

5 Por meio de puras construções mentais, eles podem ser facilmente vistos em ressonâncias magnéticas, geralmente ativando regiões corticais também envolvidas na percepção de objetos externos. Se você olhar uma foto de George Washington e, em seguida, imaginar o rosto dele, regiões semelhantes – mas não necessariamente idênticas – do córtex visual são ativadas.
6 Woody, E.; Szechtman, H. "The Sensation of Making Sense". *Psyche,* v. 8, n. 20, out. 2002. Também disponível em psyche.cs.monash.edu.au/v8/psyche-8-20-woody.html. Uma excelente discussão da categorização do sentimento de saber como uma sensação mental.

minimizar a ênfase nos fatores psicológicos; falar em sentimentos reforça essa relação.

Mas a razão mais prática para pensar nesses estados mentais como sensações é que estão sujeitos a certos princípios fisiológicos comuns a outros sistemas sensoriais. Se você cortar o nervo mediano – o principal nervo sensorial do seu dedão –, não conseguirá impedir voluntariamente que seu dedão sinta-se dormente. Quando um sistema sensorial é afetado, sensações alteradas são inevitáveis. Fenômenos parecidos ocorrem dentro do cérebro. Pense no exemplo da dor no membro fantasma. O braço de um homem é acidentalmente amputado. A região do cérebro que anteriormente recebia estímulos sensoriais do braço que não existe mais sofre mudanças que fazem com que ela falhe. O trágico resultado é a recriação fantasmagórica e geralmente dolorosa do braço desaparecido – o chamado membro fantasma. Assim como ocorre em caso de dano no nervo mediano, em que a vontade do paciente não é capaz de controlar o adormecimento, o amputado consegue ver claramente que o braço está ausente, mas não consegue deter as sensações perturbadoras do membro fantasma.

A mesma linha de raciocínio pode permitir que repensemos tais crenças bizarras como sentir-se morto ou que sua adorada escrivaninha antiga é uma reprodução barata. Não esperaríamos que essas crenças – caso sejam os produtos de sistemas sensoriais alterados – pudessem ser voluntariamente superadas pela razão ou por provas em contrário. A mesma lógica também se aplica à *sensação de saber*.

Durante o auge de sua doença mental, o matemático ganhador do Prêmio Nobel John Nash acreditava que alienígenas do espaço sideral estavam tentando se comunicar com ele. Não pôde aceitar uma cátedra no MIT porque "vou me tornar o imperador da Antártida".[7]

---

7 books.guardian.co.uk/departments/biography/story/0,6000,674208,00.html.

Quando um colega perguntou a ele como um homem tão brilhante e lógico era capaz de acreditar nessas besteiras, Nash respondeu que ambas as ideias tinham chegado a ele da mesma forma. Os dois pensamentos *passavam a sensação de estarem corretos*.[8]

E o oposto: se você conhece alguém com um severo transtorno obsessivo-compulsivo (TOC), já viu como eles não conseguem confiar naquilo que deveriam saber que é verdade. Verificam repetidamente o forno para ter certeza de que está desligado, checam três vezes fechaduras que conseguem ver facilmente que estão trancadas ou contam e recontam o troco. É como se as provas objetivas não pudessem desencadear uma *sensação de saber* adequada, deixando as vítimas do TOC em um intenso estado de dúvida e ansiedade.

Recentemente, os psicólogos começaram a considerar o papel da *certeza patológica* e da *incerteza patológica* na relação com a esquizofrenia e o TOC.[9] Essa é uma possibilidade intrigante, já que ambas as desordens mentais possuem uma importante contribuição genética. As diferenças genéticas poderiam desempenhar um papel no quanto uma pessoa é facilmente "convencida" ou permanece "não convencida"? Poderiam as variações inerentes da expressão da *sensação de saber* contribuir para os excessos caracterológicos do sabe-tudo, do cético permanente (o Tomé que sempre duvida) ou do paciente com queixas psicossomáticas que está seguro de que há algo errado, apesar dos testes negativos? Mas estou me adiantando.

Uma classificação dos estados mentais também poderia basear-se no grau de autonomia neurológica. O mais elementar seriam os

---

8 psyche.cs.monash.edu.au/v8/psyche-8-20-woody.html.
9 Hirstein, W. *Brain Fiction: Self-Deception and the Riddle of Confabulation*. Cambridge: MIT Press, 2005. p. 97-99. Rasmussen, S. A.; Eisen, J. L. "The Epidemiology and Differential Diagnosis of Obsessive Compulsive Disorder", *Journal of Clinical Psychiatry*, n. 53 suppl., p. 4-10, 1992.

sentimentos e as emoções que são universais, profundamente embutidos em nossos circuitos neurais e passíveis de ativação independentemente de qualquer pensamento. Uma confirmação adicional seria a demonstração de um lugar de origem relativamente específico, a exemplo da relação já bem estabelecida entre o medo e a amígdala, ou o *déjà vu* e o lóbulo temporal.

Estados mais complexos são os que tendem a não serem bem localizados, ou que surgem espontaneamente, e exigem alguma contribuição do pensamento, da memória ou da intervenção consciente. O *déjà vu* é universal e espontâneo; a culpa e o arrependimento, não (pergunte a Bill Clinton ou Dick Cheney). Experiências de estímulo do cérebro ou lesões cerebrais discretas não geram comentários internos depreciativos ou sentidos isolados de orgulho, indignação, culpa ou humilhação. Não existe nenhum registro de alguém que tenha experimentado uma sensação de ironia como aura epiléptica principal. Algumas atividades cerebrais como a esperança parecem desafiar qualquer categorização.

Para resumir: ao usar esses critérios de universalidade – localização anatômica relativamente discreta e fácil reprodutibilidade sem entrada cognitiva consciente –, a *sensação de saber* e os sentimentos aparentados deveriam ser considerados tão primários quanto os estados de medo e raiva. A relação recentemente definida entre medo ou ansiedade e o pensamento consciente gerou o conceito de *inteligência emocional*; é hora de um exame similar do papel da *sensação de saber* na formação de nossos pensamentos.

5. Redes neurais

> *Essencialmente, tudo o que o cérebro faz é conseguido pelo processo da transmissão sináptica.*
> – Joseph LeDoux, *Synaptic Self*

Se a *sensação de saber* é um estado mental primário não dependente de nenhum estado subjacente de conhecimento, então nosso próximo passo é ver como a interação entre o pensamento consciente e a *sensação de saber* involuntária determina como sentimos que sabemos o que sabemos. Não precisamos nos inquietar sobre os detalhes absurdamente complexos da neurobiologia subjacente; o que é importante é uma boa compreensão dos elementos centrais que governam estruturas hierárquicas cerebrais. Ao entender como camadas cada vez mais complexas de redes neurais emergem ininterruptamente na mente consciente, teremos a base para ver onde colidem os aspectos contraditórios do pensamento e por que a certeza é contrária aos princípios biológicos básicos. Neste capítulo, vamos dar uma olhada nas redes neurais.

No cérebro humano, um neurônio típico recebe informação de aproximadamente 10 mil outros neurônios. Cada pedaço de informação ou estimula (entrada positiva) ou inibe (entrada negativa) a descarga das células. O neurônio age como uma pequena calculadora. Se a soma das entradas chega a um nível crítico, uma descarga elétrica viaja pela fibra nervosa (axônio) até a região onde são guardados os neurotransmissores. Os transmissores são liberados na fenda sináptica – uma pequena lacuna entre neurônios adjacentes. Se um neurotransmissor encontra um lugar receptivo (receptor) no neurônio adjacente, o processo será repetido nesse neurônio adjacente.

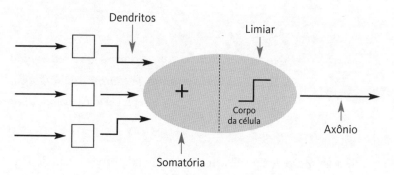

Figura 5.1 *Um neurônio.*

Todos os passos no processo da atividade neuronal – do dendrito mais distante ao terminal axonal mais longínquo – são finamente ajustados por vários mecanismos de controle. Estima-se que haja pelo menos trinta neurotransmissores diferentes com passos enzimáticos na criação e na destruição de cada transmissor afetado por todo tipo de coisa, da genética às doenças. Circuitos de retorno alteram a disponibilidade e a receptividade de sítios receptores pós-sinápticos e até mesmo como as células assinalam e aderem uma à outra. (A compreensão desses mecanismos regulatórios é um grande desafio da neurobiologia moderna.)

Apesar de uma verdadeira sinfonia de mecanismos de interação, o neurônio, afinal, possui apenas duas opções – ou envia a descarga ou não. Nesse nível mais básico, o cérebro poderia parecer uma enorme compilação de interruptores de liga e desliga. Mas as conexões entre neurônios não são entidades fixas. Em vez disso, elas estão em fluxo constante – sendo fortalecidas ou enfraquecidas por estímulos constantes. As conexões são reforçadas pelo uso, enfraquecidas pela negligência e são elas mesmas afetadas por outras conexões aos mesmos neurônios. Quando deixamos a sinapse individual entre dois neurônios, a complexidade cresce excepcionalmente – de neurônios individuais a uma centena de bilhões de células cerebrais, cada uma com milhares de conexões. Embora a compreensão de como neurônios individuais criam pensamentos coletivamente continue sendo o Santo Graal da neurociência, a comunidade da inteligência artificial (IA) nos deu algumas pistas intrigantes de como isso poderia ocorrer.

Figura 5.2 *Uma sinapse.*

Em um terminal pré-sináptico (alto), pequenas vesículas com vinte a trinta nanômetros de diâmetro cheias de moléculas neurotransmissoras estão aguardando. A chegada de uma ação potencial (ou pico) induz uma fusão da membrana com algumas das vesículas, de modo que um neurotransmissor pode se dispersar na fenda sináptica e alcançar os receptores (não mostrados) do outro lado, que, então, abrem canais iônicos aos quais estão ligados. Uma sinapse se torna mais ou menos eficiente, como quando as vesículas se tornam maiores ou menores, ou mais ou menos sítios de lançamentos se tornam disponíveis, enquanto pós-sinapticamente os canais iônicos podem aumentar ou diminuir em número e ficar abertos durante um período mais longo ou curto de tempo. Assim, a maioria, embora não todos, dos processos ativos está acontecendo na membrana pré e pós-sináptica. O resultado é chamado aprendizado.

A imagem é uma cortesia da Synaptic Corporation, Aurora, Colorado, Estados Unidos (www.synapticusa.com).

Usando o neurônio biológico e as suas conexões como modelo, cientistas de IA conseguiram construir redes neurais artificiais (RNAs) capazes de jogar xadrez e pôquer, ler rostos, reconhecer a fala e recomendar livros na Amazon.com. Enquanto os programas-padrão de computador funcionam linha a linha, sim ou não, com todas as eventualidades programadas com antecedência, as RNA partem de uma proposta totalmente diferente. As RNA se baseiam em programas matemáticos que, inicialmente, não possuem nenhum valor específico. Os programadores só fornecem as equações; é a informação entrante que determina como as conexões são formadas e qual será a força de cada uma com relação a todas as outras conexões (ou ponderações). Não há solução previsível para um problema – em vez disso, quando uma conexão muda, todas as outras mudam também. Essas inter-relações mutantes são a base para o "aprendizado".

A comunidade da IA chamou esse espaço virtual onde ocorrem as ponderações de *camada escondida*.

Com uma RNA, a *camada escondida* está conceitualmente localizada dentro das inter-relações complexas entre todas as informações adquiridas (entrantes) e o código matemático usado para processar essa informação. No cérebro humano, a *camada escondida* não existe como uma interface discreta ou uma estrutura anatômica específica; em vez disso, ela reside dentro das conexões entre todos os neurônios envolvidos em qualquer rede neural. Uma rede pode estar relativamente bem localizada (como em um módulo visual especializado confinado a uma pequena área do córtex occipital), ou pode estar bastante distribuída por todo o cérebro. O sabor de uma *madeleine* desencadeou em Proust uma lembrança que envolvia os córtices visual, auditivo, olfativo e gustativo – as representações multissensoriais corticais de uma memória complexa. Com uma ressonância magnética suficientemente sensível, veríamos todas essas áreas se iluminando quando Proust contemplasse a *madeleine*.

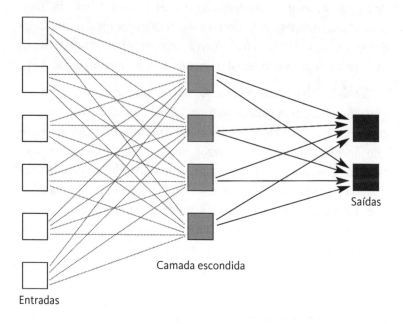

Figura 5.3 *Uma rede neural.*

A *camada escondida*, um termo normalmente considerado jargão de IA, oferece uma metáfora poderosa para o processamento de informação do cérebro. É na camada escondida que todos os elementos da biologia (de predisposições genéticas a variações e flutuações de neurotransmissores) e todas as experiências passadas, quer sejam lembradas ou há muito esquecidas, afetam o processamento de informações entrantes. Ela é a interface entre os dados sensoriais entrantes e uma percepção final, o cruzamento anatômico onde o inato e o adquirido se encontram. Ela é o motivo pelo qual o seu vermelho não é o meu vermelho, a sua ideia de beleza não é a minha, por que testemunhas oculares diferem sobre como aconteceu um acidente ou por que todos nós não apostamos no mesmo número da roleta.

Eu tomei emprestado o termo *camada escondida* da comunidade de IA para sublinhar um elemento crucial da neurofisiologia. Todo pensamento que manipula ideias e informações por meio da mudança de associações (valorizações relativas) entre uma quantidade imensa de redes neurais também deve surgir dessas camadas escondidas.

Dada a importância do conceito de camada escondida, vamos seguir o funcionamento interno de uma RNA que muitos de nós conhecemos: as recomendações de livros na Amazon.com. Qualquer um que já tenha comprado na Amazon mais de uma vez teve a inquietante experiência de ver o site sugerindo outros livros de que você poderia gostar. O *software* que aconselha você é um programa RNA que compila um banco de dados de todos os livros que você visita na Amazon. A primeira vez que você faz *login* na Amazon não há recomendações. A RNA não tem ideia das suas preferências. Embora as equações matemáticas estejam lá, elas são inúteis sem as suas entradas.[1]

---

1 Essa é a localização conceitual da ideia sem sentido da tábula rasa. Na ausência da experiência, as equações podem não conter valores específicos, mas contêm certas predileções ou predisposições. Gêmeos idênticos terão um grau maior de semelhança na forma como suas camadas escondidas processam a informação entrante do que estranhos, mas suas percepções individuais ainda serão singulares.

Então, você começa a navegar no site. Cada clique em um livro fornece informações ao banco de dados da RNA. Gradualmente, vai se desenvolvendo um padrão; os livros vão sendo classificados uns em relação aos outros (ponderação), dependendo da sua ação: se você só clicou no livro, leu um capítulo de amostra ou o comprou. Obviamente, para a Amazon, uma compra terá um peso maior do que uma rejeição depois do exame de um capítulo de amostra.

De fato, a RNA aprende suas preferências e quais livros, se forem recomendados, você tem maior probabilidade de comprar. A RNA formou o equivalente a ligações neurais entre suas compras iniciais e livros parecidos na Amazon. Se, quando você começou a usar a Amazon, só procurava e comprava romances policiais, as sugestões seguintes seriam principalmente desse gênero, com algumas sobreposições com áreas mais próximas, como crimes reais ou biografias de Sherlock Holmes. Quanto mais livros de crimes você comprar, mais a rede neural subjacente estaria voltada para a recomendação de livros similares.

Então, sua esposa dispara um monte de comentários depreciativos sobre seus gostos de leitura. Depois de algum autoexame relutante, você concorda, desalentado. Começa uma moratória na ficção sensacionalista. Agora, só vai ler filosofia existencial e peças do teatro do absurdo. Clica em Pinter e Beckett e compra um exemplar de *Esperando Godot*. Da próxima vez que entrar na Amazon.com, ainda vai receber recomendações de romances policiais, mas, no final da lista, estará uma recomendação de *A Peste*, de Camus. Parece um pouco o nome de um suspense, então você compra o livro.

Da próxima vez que entrar na Amazon, há recomendações de livros de Sartre e Ionesco. O último lançamento de Elmore Leonard está no fim da lista. Se você parar de ler romances policiais por um bom tempo, as ponderações dos romances policiais dentro do banco de dados vão gradualmente virar zero. Em essência, o programa está aprendendo seus gostos a partir de um acompanhamento detalhado do que você lê/não lê e compra/não compra. Está construindo um banco de dados relacional – um que é continuamente ajustado de acordo com novas experiências (se é que se pode dizer que um banco de dados está tendo uma "experiência"). Se você gosta dos diálogos cínicos de Raymond Chandler, seria lógico que apreciasse mais *The Grifters* (Os trapaceiros), de Jim Thomson, do que se preferisse a prosa de Henry James. Se for assim, algum programa algorítmico estático poderia ser capaz de fazer recomendações pré-programadas. Mas a programação linha a linha não consegue imitar as inconsistências e a natureza imprevisível do gosto. Vai continuar a dar as mesmas recomendações até ser reescrita.

A RNA, por outro lado, está sempre aprendendo com os próprios erros. Ela consegue monitorar as recomendações dela acessando suas compras. Se estiver certa – se você comprar tanto James quanto Leonard apesar das aparentes diferenças entre eles –, a RNA vai receber um retorno imediato sobre a sua estética idiossincrática. Subjetividade, devaneio e todo tipo de correlações imprevisíveis serão incluídas nessas ponderações. Até as compras de outras pessoas afetam as ponderações. Se mil leitores de Elmore Leonard de repente comprarem um romance de Danielle Steel, talvez você seja bombardeado com recomendações do último romance dela.

Se víssemos cada livro da Amazon como um neurônio conectado a todos os outros livros disponíveis (neurônios), teríamos o modelo inicial de uma rede neural. O modo como um livro se relaciona com outro está sendo constantemente recalculado (reponderado) com base nas mudanças de relacionamento entre todos os livros.

Um importante ponto conceitual: o leitor pode acompanhar em quais livros ele clicou e tabular suas entradas. Pode registrar as recomendações feitas pela Amazon (saídas). Mas nem o consultor de IA mais inteligente do mundo pode dizer a ele com antecedência por que a RNA agiu da forma como agiu. Não existe um programa ou algoritmo subjacente que contenha uma razão. O processo depende de todo o conjunto de inter-relações, nenhuma das quais está fixada. Não podemos extrair uma parte da rede para observação independente, assim como não podemos arrancar um único fio de um tapete persa e a partir dele inferir qual é o padrão do tapete.

Aqui está a sequência de eventos:

ENTRADA: o clique em um livro na Amazon.com.

A CAMADA ESCONDIDA: a ponderação das relações entre todos os livros, clicados ou comprados, ocorrida dentro das formulações interdependentes que englobam os "instintos" da rede neural.

SAÍDA: recomendação para mais compras.

A rede neural mais simples de todas envolve uma única entrada e uma única saída. Redes mais complexas decorrem de várias entradas e várias saídas.

Agora, vamos aumentar a aposta e ver uma rede neural humana em ação. Uma luz brilhante é brevemente jogada sobre seus olhos. A retina transforma o feixe de luz em dados elétricos que viajam pelos nervos ópticos e entram no cérebro (entrada). Mas, em vez de uma rota direta para a consciência com uma duplicação precisa e sem alteração da luz, os dados vão primeiro para uma estação de armazenamento subconsciente onde são esquadrinhados, avaliados e discutidos por um comitê de triagem que representa todas as suas tendências biológicas e as suas experiências passadas. Esse comitê se reúne a portas fechadas, operando fora da consciência na camada escondida.

Considere cada membro do comitê como sendo um conjunto de conexões neurais. Um deles poderia representar uma lembrança infantil de ter visto uma luz parecida quando uma torradeira entrou em curto e começou a pegar fogo; o segundo é um sistema de alarme geral que recentemente se tornou muito sensível e vigilante à possibilidade de terrorismo; o terceiro é uma memória composta por diferentes shows de rock; o quarto é uma predisposição genética para um forte reflexo de susto com luzes brilhantes. Cada membro tem sua própria opinião e cada um tem direito a um voto. Depois de ouvir todos os argumentos, cada membro do comitê dá seu voto e eles são contados (ponderados). No nível mais elementar, uma decisão é tomada – seja suprimir inteiramente a luz ou enviá-la à consciência (saída). O grau de percepção gerado é outra função dessa decisão – indo de uma luz pouco notada na periferia da visão até uma luz brilhante frontal e central.

A memória da infância vota "sim": envie a luz para a percepção. A rede de alarme terrorista, temendo que a luz possa indicar uma explosão, vota sim. A lembrança do show de rock está indiferente, viu as mesmas luzes um zilhão de vezes e sente que a luz deveria ser ignorada. Vota não. A predisposição genética vota sim reflexivamente.

O terceiro membro é derrotado, e a luz é enviada com alta prioridade para a consciência. Você olha ao redor, com o coração batendo forte, altamente atento a tudo, desde um tiro até a explosão de uma bomba terrorista. Mas você está em um casamento, e todo mundo está fotografando a noiva. Você solta um suspiro e diz a si mesmo para não ficar tão ansioso.

Da próxima vez que uma luz igual for recebida, o comitê vai lembrar a cada um dos membros que da última vez tinha sido um alarme falso. Alguns dos membros do comitê que tinham votado sim antes agora ficam tímidos e não votam. O comitê vota pela quase total supressão da imagem. A predisposição genética é ignorada. Então, você quase nem nota os *flashes* acendendo enquanto assiste à peça de teatro escolar do seu filho.

No final, se o comitê for apresentado à luz vezes suficientes, e não houver explosão ou incêndio, até os membros mais nervosos do comitê acabarão desistindo relutantemente de sua postura alarmista. A essa altura, seria possível dizer que, na rede neural, foi alta a ponderação a favor da supressão da luz entrante. A menos que houvesse um evento alternativo subsequente como um incêndio ou uma explosão, o voto evoluiria para um selo de veto. Fotógrafos profissionais não prestam atenção ao *flash* de outras câmeras (a não ser que pensem que estão perdendo um furo).

Nesse esquema, cada membro do comitê representa uma rede neural com sua tendência ou seu viés particular. Com a possível exceção de algumas tendências genéticas inatas, cada membro também é capaz de ouvir e ser influenciado por outras redes. Se ele gostar da visão de mundo de outra rede, poderia fazer contato e cerrar fileiras, aumentando (fortalecendo) as conexões com essa outra rede. Ao contrário, se não gostar, pode reduzir suas conexões com o membro ofensivo (rede). Não é possível saber como cada membro vai responder sem saber como cada um dos outros membros vai responder. Todos monitoram todos constantemente, e cada decisão é influenciada pelo que os outros estão fazendo.

Para ter uma ideia da magnitude desse processo, imagine bilhões de membros do comitê, cada um com pelo menos 10 mil mãos estendidas para cumprimentar, cutucar, beliscar, seduzir ou se defender dos outros membros. Milagrosamente, essa orgia de caos completo é transformada em um fluxo de consciência relativamente ininterrupto e focado. Apesar da quantidade de informações potenciais entrando a todo instante, podemos focar em um único aspecto da consciência e não notar ou ignorar o enorme estrépito subconsciente.

O esquema da camada escondida fornece um modelo conceitual de uma enorme rede de conexões neuronais microscopicamente entrelaçada por todo o cérebro. Tais redes neurais são os verdadeiros corretores de poder do cérebro, os traficantes de influência e os tomadores de decisão que trabalham por trás das portas fechadas da substância branca escurecida. Como a consciência ocorre continua sendo um profundo mistério, mas, conceitualmente, deve surgir dessas camadas escondidas.

O conceito de redes neurais também ajuda a explicar por que hábitos, crenças e julgamentos estabelecidos são tão difíceis de mudar. Imagine a formação gradual do leito de um rio. O fluxo inicial de água poderia ser completamente aleatório – não há rotas preferenciais no começo. Mas, depois que um riacho foi formado, é mais provável que a água siga esse caminho recém-criado de menor resistência. Com a continuidade da passagem da água, o riacho se aprofunda e nasce um rio.

Na sua primeira visita à Amazon, você não tem uma preferência especial na mente. Escolhe um *best-seller* qualquer – um romance de Elmore Leonard. Da próxima vez que clicar na Amazon, será bombardeado com recomendações de outros romances policiais. Talvez você não tivesse planos de comprar mais um, mas foi seduzido pelas sinopses e pelas resenhas. No final, as recomendações feitas a você são um reflexo de uma compra inicial ao acaso – como o começo de um fluxo que aprofunda a si mesmo inconscientemente.

O cérebro é apenas humano; ele também se baseia em caminhos estabelecidos. Conforme aumentam as conexões interneuronais, elas vão ficando cada vez mais difíceis de superar. Uma falha na sua tacada de golfe, roer as unhas, insistir em uma ideia furada, não vender suas ações pontocom no final de 1999 – hábitos, sejam mentais ou físicos, são exemplos irritantes da força dessas conexões microscópicas. No nível mais pessoal de todos, a maioria de nós reconhece, com desalento, que poderia abandonar muitos esforços falhos de automelhoria se pudesse alterar de alguma forma indolor essas redes neurais. Ainda assim, B. F. Skinner foi atacado de todos os lados por promover a modificação comportamental. (Se ele tivesse conseguido o que queria, teríamos sido criados como bezerros.) Mas ele não estava sozinho. A ideia de desfazer, de alguma forma, os circuitos não é só coisa de ficção científica; é um tema recorrente na medicina.

Em 1935, Egas Moniz, um neurologista português que recebeu o Prêmio Nobel, observou: "É necessário alterar esses ajustes da sinapse e mudar os caminhos escolhidos pelos impulsos em sua constante passagem de maneira a modificar ideias correspondentes e forçar pensamentos para canais diferentes [...] Ao perturbar os ajustes existentes e colocar outras [conexões] em execução, eu [espero] ser capaz de transformar as reações psíquicas e, assim, aliviar os pacientes".[2]

Em 1936, o Dr. Moniz apresentou um procedimento cirúrgico – leucotomia pré-frontal – principalmente para o tratamento da esquizofrenia. A operação – mais tarde chamada de lobotomia frontal – foi criada para destruir conexões entre a região pré-frontal e outras partes do cérebro. Em 1949, o comitê do Nobel comentou sobre o trabalho de Moniz: "A leucotomia frontal, apesar de certas limitações do método operativo, deve ser considerada uma das descobertas mais importantes já feitas na terapia psiquiátrica".[3]

Notável em Moniz foi a sua capacidade de prever o poder das redes neurais combinada com uma profunda ingenuidade ao acreditar que elas poderiam ser alteradas cirurgicamente. Se quiser ver o que aconteceu com esses pacientes, assista ao filme *A noite dos mortos-vivos*, de George Romero, ou a *Um estranho no ninho*, de Milos

---

[2] Moniz, E. "How I Came to Perform Leucotomy", *Psychosurgery*, p. 11-14, 1948.
[3] Olivecrona, H., discurso de apresentação do Prêmio Nobel em fisiologia ou medicina de 1949, www.nobel.se/medicine/laureates/1949/press.html.

Forman. (Para ser justo com Moniz, naquela época, a medicina tinha pouco mais a oferecer a pacientes perturbados psiquiatricamente. A era da moderna psicofarmacologia começou com a introdução da primeira fenotiazina, a Thorazine – Amplictil no Brasil –, em 1954.)

Mas velhas ideias morrem com dificuldade – talvez porque a forma como conceitualizamos a prática da medicina é, em si, um padrão difícil de mudar. Por isso, continua a mentalidade cirúrgica do "se parece doente, corte fora". O chefe de neurocirurgia estereotáxica e funcional da Cleveland Clinic recentemente sugeriu que uma combinação de técnicas microneurocirúrgicas, implante de processadores de computador e evolução de estratégias biológicas moleculares poderia ser capaz de "substituir redes neurais inteiras que foram afetadas por doenças psiquiátricas e outras doenças neurológicas".[4]

Isso é ficção científica, pensamento mágico, completa loucura ou uma tentativa sincera e genuína de neurocientistas que se esforçam para moldar essas conexões essencialmente infinitas em um modelo médico funcional? As redes não estão localizadas como um ponto de ferrugem em um para-lama. Não são separáveis em suas partes componentes, assim como um bolo não pode ser transformado novamente em ovos, açúcar, farinha, água e chocolate por engenharia reversa. Essas redes *são* o cérebro.

---

4 Kopell, B.; Reza, A. "The Continuing Evolution of Psychiatric Neurosurgery", *CNS Spectrum*, v. 5, n. 10, p. 20-31, 2000.

6. Modularidade e emergência

Organizando a complexidade

Ver cada neurônio individual como um simples "aparelho" de liga e desliga é conveniente, mas profundamente enganador. A decisão final sim-não de ligar ou não é influenciada por complexos mecanismos de controle, que vão das interações entre genes até mudanças momento a momento nos níveis hormonais. Entender como a mente funciona exigiria nada menos que uma compreensão total dessas relações a todo instante *e* a capacidade de prever com precisão o resultado final de tais forças em disputa. Quando deixamos os neurônios individuais, a escala de interação se torna exponencialmente mais complexa. Felizmente, para os objetivos de nossa discussão, não precisamos nos perder em especulações sem fim e atualizações momento a momento do que se conhece atualmente sobre esses mecanismos. Para entender as origens de um pensamento, podemos nos safar usando a mais grosseira das simplificações: neurônios individuais "inconsequentes" se unem para criar misteriosamente a mente. O que nos leva aos conceitos inter-relacionados de modularidade, estrutura hierárquica e emergência.

Módulos

Talvez a região mais estudada do cérebro – o sistema visual – nos forneça uma excelente generalização sobre como o cérebro converte funções de nível mais baixo em comportamentos de nível mais alto. O córtex visual está organizado em grupos de células que respondem seletivamente aos vários componentes da visão, desde o reconhecimento de ângulos discretos, linhas e extremidades, primeiro e segundo planos, até a detecção de movimento e cor. Tais neurônios só ligam quando são apresentados a certas categorias de estímulos, mas não a outras. Por exemplo, uma célula poderia responder de forma máxima a um ângulo de luz, mas menos para outros ângulos de luz, e simplesmente não responder a outros. Uma célula poderia responder a um formato especial, mas não a outro. Um grupo desses neurônios altamente individualizados específicos para uma única função visual é chamado de *módulo*.[1]

A *organização hierárquica dos dados sensoriais*

Sua retina detecta uma palpitação laranja e preta. A informação é enviada para o córtex visual primário. Cada categoria de módulo coleta seus próprios dados específicos (como detecção de movimento horizontal ou vertical, cor, formato e tamanho). Nenhum módulo sozinho é capaz de criar uma imagem visual. Na verdade, a saída de cada um flui para redes de ordem superior dentro das

---

1 Um excelente resumo da modularidade e da função cerebral é apresentado em Pinker, S., *How the Mind Works* (New York: Norton, 1997), e em Dennett, D., *Consciousness Explained* (Boston: Little, Brown, 1991). Pinker, p. 21: "A mente é organizada em módulos ou órgãos mentais, cada qual com um design especializado faz desse módulo um perito em uma área de interação com o mundo. A lógica básica dos módulos é especificada por nosso código genético".

áreas de associação visual, onde se junta a um grupo de informações entrantes provenientes de circuitos não visuais – a lembrança de ver um padrão similar sobrevoando um lago numa montanha, uma visita a um museu de ciência natural com seu avô, a capa de um livro sobre teoria do caos, uma cena assustadora de *O silêncio dos inocentes*. O comitê de detecção sensorial dentro da camada escondida de associação visual pondera as entradas e dá seu voto; a saída se torna a percepção e o reconhecimento de uma borboleta-monarca voando na sua varanda.

Os módulos processam diferentes aspectos da visão, mas funcionam como uma equipe. Não podemos ver o movimento puro, apesar de ter um módulo para detecção de movimento. Precisamos ver um objeto ou uma forma se movendo. Da mesma forma, não podemos ver cor pura na ausência de alguma forma. A percepção de módulos individuais ocorre principalmente quando não conseguem operar adequadamente, deixando um buraco em nosso tecido da percepção. Por exemplo, um pequeno derrame limitado à área do córtex occipital que controla a detecção de movimento pode causar uma súbita incapacidade de ver imagens em movimento. Uma paciente como tal informou ter visto um carro parado na estrada há alguma distância; então, enquanto continuava a observar o carro, ele de repente estava bem na frente dela. Incapaz de detectar o movimento, ela via somente uma sucessão de planos fixos descontínuos do carro. Quando servia uma xícara de chá, ela via um arco congelado de chá em vez da água fluindo. Só quando via uma poça aparecer no chão é que percebia que a xícara tinha transbordado. Ela não era capaz de ver nem o carro se aproximando, nem a xícara enchendo.[2] Ao trabalhar de trás para frente em históricos de casos como esse, os neurologistas conseguiram identificar pelo menos trinta módulos

---

2 Zihl, J.; von Cramon, D. "Selective Disturbance of Movement Vision After Bilateral Brain Damage", *Brain*, n. 106, p. 313-340, 1983.

discretos que geram a imagem visual (embora seja provável que encontremos outros).

Os módulos são os blocos de construção da percepção, mas não são normalmente detectáveis individualmente. Um aparte: sejamos gratos por normalmente não experimentarmos o efeito separado de cada módulo que contribui para uma imagem visual. Ter consciência constante dos andaimes da percepção seria frustrante e confuso, a informação sensorial entrante seria tão desnecessária quanto rotular todo e qualquer item que vemos ou tocamos. Imagine um mundo no qual você tivesse que comer as receitas junto com a refeição.

O modelo básico da hierarquia cerebral é que os neurônios individuais, que não contêm imagem e operam fora da consciência, fluem para redes de ordem cada vez mais alta até o surgimento de uma imagem. Em modelos de IA – que são extraordinariamente simples se comparados ao cérebro do animal mais primitivo –, a conversão de informações de nível mais baixo na imagem final é conseguida a partir de uma série de cálculos matemáticos efetuados dentro da *camada escondida* das redes neurais. Os mecanismos precisos continuam sendo um profundo mistério e são a chave para a compreensão de como a consciência surge a partir de neurônios "inconsequentes". Para dar a esse processo extraordinário uma explicação oriunda do senso comum, os cientistas nos forneceram a teoria autodefinidora, mas intuitivamente atrativa, da *emergência*.

Emergência

Um exemplo clássico da emergência é como os cupins, com seus pequenos cérebros, são capazes de construir enormes colônias com mais de sete metros de altura. Nenhum cupim tem ideia de como ou por que construir uma colônia; seu cérebro não é grande o suficiente para carregar tais informações. Não existem cupins engenheiros, arquitetos ou críticos; todos os cupins são operários de baixo nível trabalhando sem planta baixa, sem nem mesmo uma noção formada pelo olho da mente do que é uma colônia de cupim. Mesmo assim, a colônia é construída. De alguma forma, a interação das capacidades de nível mais baixo produz uma atividade de nível mais alto.[3]

O mesmo processo aplica-se ao cérebro humano. Cada neurônio é como um cupim. Ele é incapaz de conter uma memória completa ou manter uma discussão inteligente. Não há superneurônios, e não existe um plano mestre dentro de cada neurônio. O DNA de cada neurônio fornece instruções gerais de como uma célula opera e se relaciona com outras células; ele não fornece instruções para lógica, razão ou poesia. E, mesmo assim, dessa massa de células sai Shakespeare e Newton. Consciência, intencionalidade, propósito e significado emergem das interconexões entre bilhões de neurônios que não contêm esses elementos.[4] Os cupins são para as colônias o que os neurônios individuais são para a mente. Módulos primários fornecem *tijolos e cimento*, áreas de associação secundária constroem a *casa*, e interações ainda mais complexas são necessárias para chamar essa construção de *lar*.

---

[3] Johnson, S. *Emergence: The Connected Lives of Ants, Brains, Cities, and Software*. New York: Simon & Schuster, 2001. Da orelha do livro: "Emergência é o que acontece quando um sistema interconectado de elementos relativamente simples se auto-organiza para formar um comportamento mais inteligente e mais adaptativo. É um modelo de baixo para cima; em vez de ser criado por um planejador geral ou um mestre, a emergência começa no nível do solo. Sistemas que à primeira vista parecem muito diferentes – colônias de formigas, cérebros humanos, cidades, sistemas imunológicos – acabam seguindo as regras da emergência. Em cada um desses sistemas, agentes que residem em uma escala começam a produzir um comportamento que dispõe uma escala acima deles: formigas criam colônias, urbanistas criam bairros".

[4] emergent.brynmawr.edu/eprg/?page=EmergenceReadingList é uma excelente fonte para discussões mais detalhadas sobre emergência.

A modularidade, quando combinada com um arranjo hierárquico esquemático de camadas cada vez mais complexas de redes neurais e com o conceito de emergência, serve como um excelente modelo funcional de como o cérebro constrói percepções, pensamentos e comportamentos complexos. O professor de psicologia de Harvard Steven Pinker foi mais longe ao sugerir que deveríamos usar o termo *módulos* de forma intercambiável com "órgãos mentais" para enfatizar que o cérebro é composto de muitos mecanismos funcionalmente especializados que criam a "mente" coletivamente. Claro que isso não é literalmente verdade – o cérebro é um órgão único –, mas nos ajuda a conceitualizar como aspectos de comportamentos complexos podem ser divididos em porções mais administráveis. A má notícia e uma enorme ressalva quando aplicamos a ideia de modularidade ao comportamento é que o reducionismo excessivo ou uma definição vaga de um comportamento podem levar a uma grande tolice. Qualquer pessoa que conheça as biografias de Rockefeller, Carnegie e Gates percebe que atos de caridade não podem ser atribuídos a motivações e desejos precisos ou a um gene do altruísmo. A compaixão de um homem é o desconto no imposto de renda de outro.

Uma palavra rápida sobre localização de módulo. Quando neurologistas falam de módulos visuais, estão se referindo a colunas de células adjacentes dentro do córtex visual que desempenham as várias tarefas necessárias para a criação de uma imagem visual. Esses módulos são anatomicamente discretos, confinados a uma pequena região do cérebro e podem ser identificados por meio de estudos neurofisiológicos padronizados, como registros intracelulares com microelétrodos. Os módulos de comportamento não estão bem localizados; eles representam aspectos amplamente distribuídos de uma função comum. A descrição maravilhosamente asquerosa de Steven Pinker vale a repetição.

A palavra "módulo" traz à mente algo destacável, componentes que se encaixam, e isso é um engano. Módulos mentais provavelmente não são visíveis ao olho nu [...] Um módulo mental, provavelmente, se parece mais com um animal atropelado, espalhando-se desordenadamente pelas saliências e pelas brechas do cérebro. Ou pode estar separado em regiões interconectadas por fibras que fazem as regiões agirem como uma unidade.[5]

Considere a grande quantidade de componentes envolvidos na aquisição da linguagem, que vão desde o reconhecimento visual de símbolos e o processo auditivo de sons falados (fonemas) até a compreensão de nuances e ironia implícita. Um epíteto racial pode ser uma acusação ou um termo afetivo, dependendo de circunstância, expressão facial, linguagem corporal e entonação. (O comediante George Carlin fez sua carreira nos forçando a ouvir palavras politicamente carregadas vindo de ângulos inesperados.) Na interpretação de uma única palavra, grandes áreas do córtex amplamente separadas, mas interconectadas, funcionam como uma unidade comportamental – por isso a aplicabilidade do termo *módulo*.

Qualquer classificação de modularidade disseminada não discreta nesse nível exige um pouco de fé – fé que essas áreas anatomicamente separadas do cérebro e que contribuem para um comportamento estão na verdade geneticamente conectadas, da mesma forma que os componentes de um brinquedo de montar são parte de um grande projeto de brinquedo. Com o tempo, é provável que alguns traços comportamentais atendam a esses critérios; outros serão jogados na lixeira da psicologia ultrapassada. Mesmo assim, alguma versão da modularidade é essencial para qualquer

---

5 Pinker, p. 30.

compreensão da biologia do comportamento. Seja conversando sobre genes para assunção de riscos, tom perfeito ou capacidade matemática ou sobre o valor adaptativo de compaixão, engano ou astúcia maquiavélica, os biólogos evolucionistas assumem como ponto de partida que certos atributos biológicos são parte integral da expressão de traços comportamentais. Se a evolução é responsável, a transmissão genética é presumida.

O conceito geral de modularidade é uma ferramenta poderosa para generalizar como o cérebro funciona, incluindo a formação de nossos pensamentos. A *sensação de saber* é universal e origina-se, mais provavelmente, dentro de uma região localizada do cérebro. Pode ser ativada espontaneamente por meio de estímulo direto ou manipulação química, mas não pode ser iniciada por um esforço consciente. Esses argumentos para sua inclusão como módulo cerebral primário são mais persuasivos do que os postulados para o engano, a compaixão, o perdão, o altruísmo ou a astúcia maquiavélica. Podemos estimular o cérebro e produzir *uma sensação de saber*; não podemos estimular o cérebro e criar um político.

Que dilema. A ideia de um pensamento sendo criado por módulos mais especializados, alguns operando fora de nosso controle e nossa consciência, parece tanto intuitivamente óbvia quanto antitética com relação a como experimentamos nossos pensamentos. Não estou falando da diferença entre cognição consciente e inconsciente, e sim me referindo a como construímos um pensamento "do zero". Está em jogo o conceito de uma mente racional. Para começar essa exploração, podemos aprender alguma coisa com a forma como um neurologista vê a função cerebral e procurar condições nas quais uma ativação imprópria de um módulo afeta o pensamento de formas não previstas e não intencionais. Um dos fenômenos mais fascinantes e esclarecedores é a sinestesia.

Sinestesia

Descrita pela primeira vez em 1880 por Francis Galton, primo de Charles Darwin, a sinestesia é normalmente vista como uma representação da união involuntária de duas modalidades sensoriais normalmente não relacionadas, como visão e som. Os afetados por ela experimentam duas sensações diferentes como uma unidade única; são incapazes de suprimir voluntariamente a segunda entrada sensorial. Um sinesteta poderia ouvir cores, sentir o gosto de formas e descrever cor, forma e sabor da voz de alguém ou de uma música. De acordo com os neurologistas que dedicaram um tempo considerável entrevistando sinestetas, essas percepções são experimentadas como "reais", e não como meras ilusões, alucinações ou visões do "olho da mente".[6]

Eis aqui duas descrições típicas. Um psicólogo de 47 anos: "O jazz estilo Nova Orleans me atinge como gotas de chuva pesadas e pontiagudas. O som das guitarras sempre me dá a sensação de que alguém está soprando nos meus tornozelos". Patricia Duffy, jornalista e cofundadora da American Synesthesia Association: "Não consigo lembrar o nome dele, mas sei que é roxo".[7]

Vladimir Nabokov, sobre o alfabeto:

> *O a longo do alfabeto inglês [...] tem para mim o matiz da madeira desgastada, mas um a francês evoca o ébano polido. Esse grupo negro também inclui o g duro (borracha vulcanizada) e o r (um pano cheio de fuligem sendo rasgado). O n de aveia, o l molenga como macarrão e o espelho*

---

6 Cytowic, R. *Synesthesia: A Union of the Senses*. New York: Springer-Verlag, 1989. p. 1.
7 Primeira citação: Lemley, B. "Do You See What They See?", *Discover*, n. 20, p. 12, 1999. O comentário de Patricia Duffy está em www.bluecatsandchartreusekittens.com.

de mão forrado de marfim do o cuidam do branco [...] Passando para o grupo azul, há o x de aço, o z como uma nuvem de chuva e o h que parece uma baga de murta. Como existe uma sutil interação entre som e forma, vejo o q mais marrom que o k, enquanto o s não tem o mesmo azul-claro do c, mas uma curiosa mistura de azul-celeste e madrepérola.[8]

Arthur Rimbaud, Vassili Kandinsky, Vladimir Nabokov, David Hockney[9] e Aleksandr Scriabin são apenas alguns dos grandes artistas que tinham essa misteriosa capacidade, se *capacidade* for a palavra adequada. Para ver como essas sensações involuntárias moldam tanto o comportamento quanto o pensamento, aqui está a descrição de David Hockney sobre a criação de um cenário para o Metropolitan Opera: "Ouvi a música de Ravel e há uma árvore em uma parte dela, e há música que acompanha a árvore. Quando ouvi aquela música, a árvore simplesmente se pintou sozinha". Para Hockney, o som musical de um segmento de Ravel fez com que seu cérebro "visse uma árvore". (Hockney também falou sobre ouvir as cores que pintava.)[10]

---

8 Nabokov, V. *Speak, Memory.* New York: G. P. Putnam, 1966. p. 35: "As confissões de um sinesteta devem parecer tediosas e pretensiosas para aqueles que são protegidos desses vazamentos e desses sopros por paredes mais sólidas do que as minhas. Para minha mãe, no entanto, isso tudo parecia bastante normal. A questão surgiu, um dia no meu sétimo ano, quando eu estava usando um monte de blocos velhos de alfabeto para construir uma torre. Casualmente, comentei com ela que as cores estavam todas erradas. Descobrimos, então, que algumas das letras dela tinham o mesmo matiz que as minhas e que, além disso, ela muitas vezes era afetada opticamente pelas notas musicais. Estas não evocavam nenhum cromatismo em mim".
9 Cytowic, R., em uma entrevista para wvvw.abc.net.au/rn/talks/8.30/helthrpt/hstories/hr080796.html.
10 publicaffairs.uth.tmc.edu/Media/newsreleases/nr2005/synesthesia.html. realmagick.com/articles/10/2210.html.

Aleksandr Scriabin, compositor e pianista russo, foi um dos primeiros sinestetas a catalogar totalmente suas associações entre cores e notas musicais. O dó sustenido era violeta e o mi era branco-perolado com o tremeluzir do luar.

O neurologista V. S. Ramachandran faz algumas especulações persuasivas de como a sinestesia pode ocorrer: "Talvez uma mutação faça com que surjam conexões entre áreas do cérebro que estão normalmente separadas. Ou talvez a mutação leve a defeitos no corte de conexões preexistentes entre áreas que estão normalmente conectadas apenas de forma esparsa". Apesar de Ramachandran inicialmente pensar em termos de fios cruzados fisicamente, ele agora acredita que o mesmo efeito também poderia ocorrer com desequilíbrios neuroquímicos entre regiões. "Por exemplo, regiões vizinhas no cérebro geralmente inibem a atividade uma da outra, o que serve para minimizar conversas cruzadas. Um desequilíbrio químico que reduz essas inibições – por exemplo, bloqueando a ação de um neurotransmissor inibitório ou deixando de produzir um inibidor – também faria com que a atividade em uma área levasse a atividades em uma área vizinha. Tais ativações cruzadas poderiam, teoricamente, também ocorrer entre áreas bem separadas, o que explicaria algumas das formas menos comuns de sinestesia".[11]

A sinestesia normalmente tem origem familiar, e a maioria dos neurologistas aceita um componente genético. Uma entrada do diário de Carol S, uma artista de Nova York: "Estava sentada com minha família ao redor da mesa de jantar e falei: 'O número cinco é amarelo'. Houve uma pausa, e meu pai falou: 'Não, é amarelo-ocre'. [...] Nesse momento da minha vida, eu estava tendo dificuldades em decidir se o número dois era verde e o número seis azul, ou o

---

11 Ramachandran, V. S.; Hubbard, E. "Hearing Colors, Tasting Shapes". *Scientific American,* May 2003.

contrário. E falei para meu pai: 'O número dois é verde?', e ele respondeu: 'É, com certeza. É verde'".[12]

Um aparte interessante: membros de uma família não experimentam necessariamente as mesmas cores, ou até os mesmos tipos de sinestesia. O mesmo suposto gene (ou genes) pode produzir experiências parecidas ou diferentes – mais um argumento para distinguir entre os genes associados com um comportamento específico e a manifestação real do comportamento.

Ilhas privadas

A sinesteta Patricia Duffy resume elegantemente como essas diferenças de percepção estão no coração de diferentes visões de mundo.

> *Na vida, tanta coisa depende da pergunta: "Você está vendo o que eu estou vendo?". Essa pergunta, a mais básica de todas, une os seres humanos socialmente [...] Ter uma percepção que não é corroborada pode fazer com que nos sintamos especialmente sozinhos no mundo [...] isolada em minha própria ilha de Cs azul-marinhos, Ds marrom-escuros, 7s verde-brilhantes e Vs cor-de-vinho. "O que mais eu via diferente do resto do mundo?" era o que me perguntava. O que o resto do mundo via que eu não via? Ocorreu-me que talvez todas as pessoas do mundo tivessem alguma pequena esquisitice de percepção que elas não percebiam e que as colocava em ilhas privadas, misteriosamente separadas dos outros. De repente, tive a sensação*

---

[12] web.mit.edu/synesthesia/www/perspectives.html.

perturbadora de que talvez existissem tantas ilhas privadas quanto havia pessoas no mundo.[13]

A sinestesia oferece uma ideia surpreendente: que módulos cerebrais de nível mais baixo podem afetar profundamente não só nossas percepções sensoriais comuns, mas também nossa forma de experimentar símbolos abstratos como letras e números. Se o pensamento é a manipulação de palavras e símbolos, precisamos considerar se nossos próprios blocos de construção de pensamento poderiam também estar sujeitos a influências involuntárias, até mesmo genéticas, que fazem de cada um de nós "ilhas privadas" de percepção e pensamento.

---

13 Duffy, P. *Blue Cats and Chartreuse Kittens: How Synesthetes Color Their Worlds.* New York: Henry Holt, 2001.

7. Quando começa um pensamento?

O momento ou a galinha e a ideia recém-chocada

Você remói uma ideia; contempla, rumina, medita e vai dormir com ela em mente. Gradualmente, fica convencido e diz a si mesmo: "Sim, está certo". Essa aparente sequência temporal de causa e efeito – primeiro o pensamento, depois a análise do pensamento e, finalmente, a sensação de estar correto – é o que dá autoridade à *sensação de saber*. Qualquer outra sequência não faria sentido e eliminaria qualquer valor prático da *sensação de saber*. Mas a experiência nos diz que a *sensação de saber* tem um relacionamento temporal variável com o "raciocínio" consciente.

Possíveis sequências de momentos poderiam incluir os seguintes exemplos. No cenário A, experimentamos uma *sensação de saber* sem a companhia de nenhum pensamento, como acontece nas experiências místicas e nos estudos de estímulo do cérebro. Qualquer interpretação ou explicação desse sentimento ocorre depois da experiência. Um exemplo comum contemporâneo é um profundo "sentido de unidade" espiritual seguido pela interpretação de que esse "momento" representou uma revelação divina.

No cenário B, uma série de associações inconscientes é infundida com um *sentido de correção*. O pensamento e a *sensação de correção* chegam à consciência como uma unidade e são experimentados em conjunto como uma ideia ou um momento do tipo "ahá!". Muitos grandes cientistas descreveram suas descobertas como "*brainstorms*" ou "simplesmente apareceu na minha cabeça", em vez do produto de deliberação metódica. Falam em preparação – a criação de uma base –, mas a ideia em si é sentida mais como uma explosão vinda do nada. Srinivasa Ramanujan, o famoso matemático indiano, disse uma vez que "simplesmente sabia" que um resultado complexo na teoria dos números era verdadeiro, e que bastava apenas provar isso mais tarde.

É bastante improvável que teoremas matemáticos difíceis possam aparecer sem quaisquer contemplação e preparação prévias. Mas é fácil aceitar que uma ideia ocorra como resultado de uma nova associação que surge do retrabalhar de ruminações anteriores não resolvidas, perguntas meio formuladas ou palpites vagos. Essas associações começam dentro da camada escondida e, uma vez julgadas corretas, são então passadas para a consciência. Experimentamos o pensamento e a sensação de sua correção simultaneamente, como um *eureka* ou um *momento da verdade*.

No cenário C, uma ideia é encontrada pela primeira vez. Está objetivamente determinada a ser correta, e então "sabemos" que a resposta está correta. Por exemplo, você sabe que encontrou a casa do seu amigo quando ele atende a campainha, ou disca um número de telefone e fala com a pessoa que queria. No cenário C, a sensação de correção de um pensamento segue claramente a avaliação e os testes conscientes.

Para termos confiança incondicional de que uma *sensação de saber* representa uma conclusão justificável, precisamos saber qual desses três cenários ocorreu realmente. O momento é tudo. Mas e se o cérebro contém mecanismos que reorganizam a percepção de uma sequência de eventos? E se os nossos cérebros conseguem nos enganar e nos fazer acreditar que o evento X acontece depois do evento Y, apesar de na verdade ser precedente? Parece uma proposição absurda, mas e se essa reorganização é necessária para superar outras barreiras fisiológicas à percepção apropriada de uma sequência de eventos?

Ilusões de ótica, quando explicadas, parecem visões de como nosso cérebro monta o que chamamos de realidade. Mas quando foi a última vez que você viu o tempo apresentado como uma ilusão de ótica?

Projeção retroativa subjetiva do tempo

A bola rápida de Sandy Koufax era tão rápida que alguns rebatedores começavam a girar o taco enquanto ele se dirigia ao monte.
– Jim Murray

J. Blow senta-se em seu quarto de hotel em Pittsburgh, aquecido demais e decorado de menos, deprimido. Seu time está em último lugar; ele está a quase dois mil quilômetros de casa e a alguns *strikeouts* de ser mandado para um clube de segunda categoria. Na manhã do jogo, ele recebe uma ligação de sua esposa perguntando se terão um bônus de final de ano – as duas filhas precisam de aparelhos nos dentes e aulas de balé. Seu filho de 6 anos vem ao telefone e diz que sente saudades do pai, então fala em uma voz baixinha que poderia quebrar um coração de pedra: "Por favor, faça um *home run* para mim".

Ele desliga e assiste a um jogo do Giants; Barry Bonds acerta três de três, incluindo uma rebatida dupla e um *home run*. Blow abre sua carteira e tira uns pedaços de papel amassados e amarelados – recortes de jornais com citações de Bonds, Ted Williams e Stan Musial, três dos maiores rebatedores da história do beisebol.

Bonds contou ao jornalista e vencedor do Prêmio Cy Young Rick Sutcliffe que tinha reduzido a zona de *strike* a uma pequena área, e era só para aquele lugar que ele olhava. "É do tamanho de uma moeda", falou Bonds.

Em 1986, Ted Williams falou: "Até acertar dois *strikes*, eu me concentrava em um ponto em uma área, mais ou menos do tamanho de uma moeda de um dólar".[1]

Stan Musial contou a um novato: "Se quero acertar um *grounder*, acerto o terço mais alto da bola. Se quero acertar um *line drive*, eu acerto no terço médio. Se quero acertar uma *fly ball*, acerto no terço mais baixo".[2]

"Como eles fazem isso? "Blow se pergunta." Hoje em dia, eu quase não consigo ver a bola saindo da mão do arremessador".

No treino, o técnico é uma combinação de segurança e sutil ameaça. "Apenas encoste um pouco de taco na bola. Não precisa girar para a cerca. E não se preocupe. Talvez consiga recuperar sua confiança em Springfield [o clube de segunda categoria]..."

Pense em todas as informações entrantes, conscientes e inconscientes, girando na cabeça de Blow quando ele entra em campo. Seu pai está carrancudo, duvida dele e está desapontado; sua mãe está enrolando e desenrolando a barra da saia, rezando baixinho.

---

[1] Gammons, P., "The Science of Hitting". *The Boston Globe*, 22 jul. 2002. Também disponível em www.boston.com/sports/redsox/williams/july_22/The_science_of_hitting+.shtml.

[2] Will, G. *Men at Work*. New York: Harper Perennial, 1991. p. 193.

Seu treinador do tempo da escola está gritando seu nome; é a primeira vez que ele começa como titular e está se sentindo orgulhoso e amedrontado. A camada escondida está lotada de trabalho; a tarefa não é nada menos do que ponderar desprezos infantis, erros há muito esquecidos, triunfos inesperados anteriores, atitudes dos pais e uma grande quantidade de variáveis suficientes para afundar um *Titanic* psicanalítico.

Faça como diz o técnico, conclui Blow. Você pode explicar ao seu filho que vencer é mais importante do que estatísticas pessoais. Apenas se conecte com a bola. Faça um giro tranquilo. Blow crava os pés e se prepara.

Aí vêm o *windup* e o arremesso... Uma velocidade média, sem efeito, grande como uma lua cheia, praticamente flutuando em sua direção, Blow pensa, a julgar pela mão do arremessador no momento do lançamento. Os centros motores subcorticais começam a salivar. Não vão deixar essa bola passar de jeito nenhum. E Blow, com toda a intenção de apenas acertar a bola, gira com tudo o que tem.

Acerta um incrível *home run* no campo esquerdo. O time vence por 1-0. Blow é o herói do dia. Depois do jogo, o técnico pergunta a Blow por que ele ignorou suas instruções. Blow afirma, com completa honestidade cortical: "Não sei. Algo tomou conta de mim".

Arremessadores de beisebol profissionais jogam a bola a uma velocidade entre 130 e 160 quilômetros por hora. O tempo decorrido entre o momento do lançamento da bola e o momento em que esta cruza a base principal é de aproximadamente 380 a 460 milissegundos. O tempo mínimo de reação – do instante em que a imagem do lançamento da bola alcança a retina até o início do giro – é de aproximadamente 200 milissegundos.[3] O giro demora outros 160 a 190 milissegundos. A combinação dos tempos de reação e de giro é aproximadamente igual ao tempo que demora para uma bola rápida viajar pelo campo, do monte do arremessador à base principal.[4]

Para conseguir uma apreciação da magnitude do problema, pense que uma bola rápida vai viajar cerca de três metros antes que sua retina transmita e seu cérebro processe a notificação inicial da bola deixando a mão do arremessador.[5] A percepção total do lançamento demora bem mais. A demora no processamento significa que, quando a bola parece estar em certa posição, ela não está

---

[3] McLeod, P. "Reaction Time and High-Speed Ball Games" *Perception*, v. 16, n. 1, p. 49-59, 1987. "Medidas de laboratório de tempo de reação visual sugerem que alguns aspectos de jogos com bola em alta velocidade como críquete são 'impossíveis' porque não há tempo suficiente para o jogador responder a movimentos imprevisíveis da bola. Dado o sucesso com o qual algumas pessoas realizam esses atos supostamente impossíveis, foi presumido por alguns comentaristas que medidas de laboratório de tempo de reação não são aplicáveis a pessoas habilidosas. Relata-se uma análise de filmagens em alta velocidade de jogadores internacionais de críquete acertando uma jogada especialmente preparada que produzia movimentos imprevistos da bola. Mostra-se que, quando rebatem, jogadores de críquete muito habilidosos mostram tempos de reação de cerca de 200 ms, tempos similares aos encontrados em estudos de laboratório tradicionais. Além disso, jogadores profissionais demoram mais ou menos o mesmo tempo que os amadores para registrar informações de voo da bola de filmes de arremessadores. Esses dois conjuntos de resultados sugerem que o contraste dramático entre a capacidade de esportistas hábeis e inábeis para atuar tendo como base a informação visual não está nas diferenças na velocidade de operação do sistema perceptivo. Está na organização do sistema motor que usa o resultado do sistema perceptivo".

[4] Mori, S. "Toward a Study of Sports Psychophysics". Apresentada na 15ª Reunião Anual da Sociedade Internacional de Psicofísica, Tempe, Arizona, 1999. Esses tempos mínimos baseiam-se em restrições fisiológicas e não podem ser reduzidos significativamente com treinamento adicional. As pequenas diferenças no tempo de reação e giro entre jogadores novatos e especialistas não explicam as grandes diferenças na capacidade de rebater.

[5] Adair, R. *The Physics of Baseball*. New York: Harper Perennial, 2002. p. 42.

mais naquela posição. Para vê-la "onde vai estar", o cérebro deve integrar a velocidade de movimento sobre o tempo, estimar o grau de mudança de posição e combinar isso com a aparição do objeto como visto no tempo atual.[6] Bastante incrível – uma microversão da precognição, mas em um nível probabilístico –: o "agora" que o rebatedor experimenta quando inicia seu giro é "virtual", gerado por complicadas computações subliminares.

Uma vez que a bola esteja voando, é muito tarde para deliberações detalhadas. O rebatedor vê o lançamento e o começo da sua trajetória e, depois, entra em piloto automático. Parece suspeito, como uma máquina debaixo do boné, algum tufo neuronal robótico responsável por um rebatedor como Babe Ruth ou Barry Bonds. Mas todos sabemos que a habilidade de um rebatedor, além do mero atletismo, depende de práticas anteriores e extenso estudo do jogo. Grandes rebatedores mantêm extensas notas sobre as tendências dos arremessadores adversários, incluindo o tipo de arremesso e onde será usado em várias condições. Um arremesso 3-0 com as bases carregadas tem maior probabilidade de acertar o meio do que um arremesso 0-2 com as bases vazias. A combinação de circunstâncias é infinita, mas cada rebatedor desenvolve um perfil de probabilidades de velocidade, trajetória e localização do próximo arremesso. É nesse domínio que os grandes jogadores são mais precisos que os jogadores novatos.[7]

O ato de atingir a bola envolve duas estratégias fundamentalmente diferentes conectadas de forma inextricável: a análise consciente anterior ao evento e a confiança em cálculos subconscientes

---

6 Nishida, S.; Johnston, A. "Influence of Motion Signals on the Perceived Position of Spatial Pattern". *Nature*, n. 397, p. 610-612, 1999.

7 Gomes, G. "The Timing of Conscious Experience: A Critical Review and Reinterpretation of Libet's Research". *Consciousness and Cognition*, n. 7, 559-95, 1998. Gomes, G. "Problems in the Timing of Conscious Experience". *Consciousness and Cognition*, n. 11, p. 191-197, 2002.

quase instantâneos no início do evento. O córtex estabelece linhas gerais de quando girar e onde; então, entrega os controles a mecanismos subcorticais mais rápidos.[8] Um esquema simplificado fornecido por um cientista-engenheiro de computação depois de extensivos estudos da física de um arremesso: "Dividimos o arremesso em terços. Durante o primeiro terço, o rebatedor coleta dados sensoriais; durante o terço do meio, ele faz os cálculos (prevendo onde e quando a bola vai colidir com seu taco); durante o último terço, ele está girando o taco. *Durante o giro, ele poderia fechar os olhos e isso não faria nenhuma diferença.* Ele não consegue alterar o giro. O máximo que ele pode fazer é verificar o giro".[9] (Grifos meus.)

Esses estudos foram duplicados com uma variedade de outros esportes, de pingue-pongue a *squash* e críquete. Dá para imaginar uma luta de boxe na qual um lutador espera até ter visto e analisado completamente um soco antes de decidir o que fazer? Os benefícios da ação imediata para a sobrevivência são evidentes.

Concluindo, o rebatedor gira de acordo com probabilidades determinadas previamente, não com uma bola observada atentamente. Um rebatedor fabuloso como Barry Bonds é melhor no ajuste fino da rebatida no meio do caminho do que a média dos jogadores, mas isso não resulta de percepção consciente, deliberação e, depois, uma decisão. Simplesmente não há tempo suficiente.[10] Mesmo assim, Bonds, Williams e Musial juram que podem ajustar seu giro para dentro de um alvo do diâmetro de uma bola de beisebol,

---

8 Jaeger, D.; Gilman, S.; Aldridge, J. "Primate Basal Ganglia Activity in a Precued Reaching Task: Preparation for Movement". *Experimental Brain Research*, n. 95, p. 51-64, 1993.

9 Bahill, T., comunicação pessoal. Ver também Bahill, T.; Watts, R. *Keep Your Eye on the Ball: Curve Balls, Knuckleballs, and Fallacies of Baseball*. New York: W. H. Freeman, 2000.

10 "O tempo de reação médio para iniciar o giro e para mudar a direção do giro em resposta aos sinais eram de, respectivamente, 206 e 269 milissegundos."

ou menos. Um recurso realmente extraordinário quando até a mais avançada física aplicada à trajetória inicial do voo da bola não consegue fazer uma previsão tão precisa.

Então, os maiores rebatedores do mundo são realmente adeptos do pensamento mágico – eu acertei a bola, portanto a vi conforme se aproximava da base? Como podemos conciliar o que os jogadores acreditam que viram com o que a ciência afirma ser fisiologicamente possível?

"Agora" você vê, "agora" não

Quando olhamos para o universo, é fácil entender que a luz do Sol leva nove minutos para chegar à Terra e que estamos olhando para um evento de nove minutos de idade. O mesmo vale para os anos-luz que a luz demora para chegar até nós de uma galáxia distante. Não temos dificuldade em viver em um universo não simultâneo, com o presente e o passado sendo representados como *agora* em nossa retina. As distâncias são simplesmente grandes demais para que isso faça qualquer diferença em nossas vidas diárias. Mas e uma bola de beisebol em rápida aproximação?

Os instrutores dos rebatedores enfatizam: "Fique de olho na bola". Alguns dizem que é possível ver a bola até que ela esteja bem perto da base; outros acreditam que é possível ver a bola batendo no taco. Não importa. O peculiar é que tais imagens só alcançariam a consciência depois que a rebatida fosse feita e a bola já estivesse voando sobre o campo ou na luva do *catcher*. Se o cérebro não compensasse de alguma forma e projetasse a imagem da bola de beisebol se aproximando retroativamente no tempo, você veria a bola se aproximando da base depois que já tivesse batido nela.

Essa aberração no tecido do tempo percebido tem sido calorosamente sustentada como a representação de tudo, desde a evidência da não causalidade até a intenção precedente à consciência. Mas a explicação não precisa ser profundamente filosófica. Essa coordenação de entradas é uma ocorrência diária. Se você chuta uma porta, as entradas sensoriais do seu nariz chegam mais rápido ao cérebro do que as do seu dedão, mas você percebe que bateu na porta com todo o seu corpo de uma só vez.[11] O cérebro faz ajustes para esses atrasos. Quando eu bato meu pé, os movimentos motores parecem estar em sincronia com meu pé batendo o chão. O período de tempo que demora para a sensação do meu pé batendo no chão atingir o cérebro e ser processada não é aparente. Sem esses ajustes, o atraso variável entre as entradas sensoriais criaria um sentido de tempo caleidoscópico, um presente que é espalhado pelo tempo (um presente "espesso"), ao contrário de um "agora" instantâneo.

Color phi

Se você quiser ver uma projeção retroativa subjetiva no tempo, pode tentar uma experiência simples.[12] Quando luzes próximas são brevemente acesas em rápida sucessão, vemos uma única luz se movendo do ponto A ao ponto B (a base do aparente movimento em antigas placas de neon). O cérebro interpreta essas duas piscadas como se a luz estivesse se movendo entre os dois pontos.

---

11 A velocidade de transmissão dos impulsos nervosos pode variar de 0,5 metro por segundo para mais de 100 metros por segundo, dependendo do tipo de nervo envolvido. Para um homem de 2 metros de altura, impulsos do dedão do pé chegariam ao cérebro pelo menos 1/50 segundos depois dos impulsos do nariz (e talvez bem mais tarde), mas essa diferença não é notada. O cérebro de alguma forma junta toda a informação entrante em um único pacote *agora*.
12 Para uma demonstração de *color phi*, ver www.yorku.ca/eyelcolorphi.html.

Agora, coloque cor nas luzes. Faça o ponto A vermelho e o ponto B verde. Quando virmos a luz indo do ponto A para o ponto B, ela de repente vai mudar de vermelho para verde aproximadamente no ponto médio entre as duas luzes.[13] Em outras palavras, veremos a luz verde antes de ela estar ligada. Dentro do intervalo fornecido pela transmissão retinal-cortical e por seu processamento, por mecanismos ainda desconhecidos, o cérebro empurrou a imagem da luz verde piscando para trás no tempo (nós a experimentamos antes). Tirando vantagem da janela de tempo exigida para processar dados sensoriais entrantes antes de enviá-los como percepção, o tempo do cérebro e o tempo "externo", discordantes, são realinhados para permitir que a percepção crie um mundo ininterrupto do "agora". Foi estimado que o cérebro pode rotineiramente eliminar as discrepâncias por meio da projeção para trás da segunda imagem em até 120 milissegundos.[14] De acordo com essa bizarra, mas necessária, neurofisiologia, "estar no momento" é uma receita virtual que rouba tanto do passado recente quanto do futuro imediato.

Para complicar ainda mais o problema do momento da percepção, considere o quanto a bola de beisebol em aproximação parece diferente para o rebatedor e para você, um observador sentado atrás da base principal. O arremessador manda três petardos sucessivos a 150 quilômetros por hora. O rebatedor nem vê o primeiro e erra os outros dois, mandando para o lado errado. Ele se prepara para outra pancada. Em vez disso, o arremessador manda um lançamento muito mais lento, a pouco mais de 100 quilômetros. O rebatedor gira muito antes e erra. Você olha espantado e se pergunta como o rebatedor pode ganhar cinco milhões de dólares por ano e errar uma bola como essa que, para seu olho distanciado, até um iniciante conseguiria rebater.

---

13 Kolers, P.; Von Grnau, M. "Shape and Color in Apparent Motion". *Vision Research*, n. 16, p. 329-335, 1976.
14 Damasio, A. "Remembering When". *Scientific American*, p. 66, set. 2002.

A diferença é que, enquanto a decisão do rebatedor de girar começa antes de sua apreciação consciente completa de que o arremessador mandou uma bola lenta, você tem o luxo de ver toda a trajetória da bola até a base. Ao não ser forçado a decidir imediatamente se deve girar ou não, você vê o rebatedor sendo enganado por um lançamento que não engana você.

O princípio neurobiológico básico é que a necessidade de um tempo de resposta imediato reduz a precisão da percepção da informação entrante. Apesar de a maioria de nós não estar envolvida em esportes de velocidade, todos experimentamos esses limites na mais crucial das atividades diárias: uma conversa normal. De fato, assim como uma partida de tênis de mesa, a conversa também é uma competição de alta velocidade.[15] Primeiro, considere o ato de ouvir. Somos bombardeados com a rápida apresentação de fonemas individuais alinhados para criar palavras, frases e sentenças. Processar leva tempo. Uma palavra talvez não seja decifrada de início; só o avanço do discurso a esclarece. Pense em como ouvimos alguém com um sotaque estrangeiro ou um dialeto regional. Mantemos uma frase na memória de curto prazo até que ela seja colocada no contexto. Assista a um programa de reconhecimento de voz moderno em ação e você verá as palavras sendo corrigidas conforme mais informações (mais palavras) são inseridas.

Por exemplo, ao testar um novo programa de reconhecimento de voz, eu ditei a frase: *"No cuts, bruises, or lacerations"* (Nenhum corte, contusão ou laceração). O programa digitou: *"No cuts, bruises, or lesser Asians"* (Nenhum corte, contusão ou menos asiáticos). Tentei falar o mais devagar e claro possível, mas sem sucesso. Só quando

---

15 A uma velocidade média de apenas quarenta quilômetros por hora, uma bolinha de tênis de mesa vai viajar por todo o comprimento da mesa no limite aproximado do tempo de reação humana. Em níveis de competição mundial, a velocidade média de uma bola golpeada com força é de cerca de 88 quilômetros por hora. www.jayandwanda.com/tt/speed.html.

acrescentei a frase: "A radiografia do paciente mostrou uma fratura fina" foi que o programa, depois de uma pausa de vários segundos, corrigiu *lesser Asian* para *laceration*. O programa precisava de mais informações para melhorar sua precisão.

Nosso reconhecimento de fala funciona de uma maneira parecida. Com o tempo, vamos construindo grandes redes neurais que reconhecem letras, palavras, frases, sintaxe pessoal, e assim por diante. Tente ditar: "*He's a wolf in cheap clothing*" (Ele é um lobo em pele barata). O programa de reconhecimento de voz, se possuir a frase original em seu banco de dados, vai continuar digitando "*sheep's clothing*" (pele de cordeiro). Ao contrário de um programa de reconhecimento de voz guiado por computador, nós temos o benefício de ver a linguagem corporal e os gestos – todas as pistas não verbais que dão indícios adicionais quanto ao sentido. Ao julgar a forma de falar do emissor, a presença ou a ausência de um sorriso ou uma expressão séria, somos mais capazes de determinar se a escolha de palavras foi intencional (um trocadilho) ou não intencional (uma paronímia). Essa interpretação poderia levar um tempo adicional considerável, após o qual podemos corrigir nossa impressão original. O prazer da frase final inesperada de uma piada ou um homônimo não compreendido ressalta como o significado é contextual e contingente com o que ainda não foi dito.

Agora, visualize a conversa como um meio para a troca de ideias complexas, com a resposta de cada participante dependendo de ele acreditar ou não que a ideia é correta. Em vez de atirar uma bola rápida, cada participante está jogando uma ideia no outro. Se o ouvinte julgar que a ideia é correta, ele não vai girar (vai aceitar a ideia como ela é). Se ele achar que a ideia em aproximação é incorreta, ele vai girar (formular uma refutação imediata e/ou interromper quem está falando para colocar sua correção).

Aqui está o *windup*, e aqui está a ideia. A decisão do ouvinte em relação à correção do pensamento estará baseada em uma olhada rápida para a ideia que sai dos lábios do outro, julgamentos rápidos sobre linguagem corporal, suspiros, gestos e expressões faciais e todas as outras várias contribuições verbais e não verbais para a interpretação da palavra falada. Se o ouvinte for forçado a dar uma resposta rápida, a decisão quanto à correção do pensamento estará submetida às mesmas restrições fisiológicas da avaliação que o rebatedor faz da bola que vem na sua direção. Mesmo assim, em virtude da referência retroativa subjetiva do tempo, o ouvinte vai sentir que considerou completamente a ideia *antes* de decidir sobre sua correção (o equivalente a Barry Bonds acreditar que pode ver a bola numa zona de *strike* do tamanho de uma moeda *antes* de começar seu giro). Um grande jogador de beisebol acerta em 0,3 segundo; um conversador de 0,3 segundo está nas *minor leagues*.

Como soa diferente uma conversa quando não nos sentimos obrigados a responder. Quando somos apenas espectadores, com o luxo de um tempo de processamento mais lento, facilmente vemos a superficialidade, as evasivas e a falta de uma real troca de ideias na maioria dos diálogos. Sabemos que não devemos confiar na maioria das conversas rápidas; nos incomodamos com sons rápidos e a ênfase da MTV na rapidez da resposta para evitar silêncios mortos. Não gostamos das óbvias respostas vazias que caracterizam os debates entre candidatos presidenciais. Mas nada muda. Infelizmente, o problema é, pelo menos em parte, uma questão de fisiologia da conversa. Quando passamos de observador silencioso a discutidor ativo, nos enrolamos no próprio problema de processamento que estamos tentando superar. Dadas as restrições temporais da conversa de respostas rápidas, a *sensação de saber* será desencadeada antes da percepção completa da ideia entrante, mas será sentida como se tivesse ocorrido depois da consideração dessa ideia.

Na parte final do espectro temporal, é possível ver como essa referência retroativa subjetiva da *sensação de saber* poderia levar a conclusões equivocadas, mas ilusões temporais também ocorrem ao longo de um intervalo de tempo muito maior. O que nos traz a uma pergunta crítica: quando começa um pensamento? Com o exemplo do beisebol, podemos detectar uma percepção alterada da sequência de eventos porque conseguimos medir a velocidade da bola assim como as velocidades de condução dos impulsos elétricos dentro do sistema nervoso central e periférico. Mas como vamos medir o tempo de um pensamento?

A *sensação de saber* pode vir depois de um pensamento: "Qual é o número de telefone de Ima Klutz?" (cenário C do começo deste capítulo). Você verifica a lista telefônica e encontra cinco nomes idênticos e os números. Tenta o primeiro, sem saber se é o correto ou não. Quando Ima atende, você imediatamente *sabe* que o número está correto. A *sensação de saber* sucede a audição da voz de Ima ao telefone.

Mas, quando deixamos os exemplos mais simples de causa e efeito, caminhamos sobre gelo fino. O surgimento de um pensamento complexo envolvendo novas associações pode variar de milissegundos a décadas. Eu poderia passar por uma mulher na rua hoje e, de repente, amanhã (ou assim parece), me lembrar de uma namorada de muito tempo atrás. O tempo para a germinação de uma ideia para um novo livro pode ser de anos. Até um pensamento chegar à consciência, é inacessível para as medidas científicas padronizadas – um viajante silencioso invisível dentro da camada escondida. Mas podemos tentar algumas experiências simples de pensamento para ver se podemos chegar a alguma conclusão.

Izzy Nutz mora na rua Filbert, 123. Você foi convidado para jantar, mas nunca esteve na casa dele. Você dirige pela rua Filbert quando vê o número 123. Nesse exemplo, está razoavelmente claro o momento em que pensamos: "Aqui é a rua Filbert, 123" e quando soubemos que o pensamento estava correto. Você percebe o número 123 e então diz: "É aqui".

Agora, considere uma história alternativa. Você foi à casa de Izzy vinte anos antes com sua esposa e acha que lembra bem onde era. Dessa vez, está escuro e chovendo; as placas das ruas nas redondezas foram derrubadas. "Não se preocupe", você diz à sua esposa, "lembro-me da casa dele como a palma da minha mão". (Qualquer um que já tenha viajado com a esposa sabe como essa história termina.) Depois de muita discussão, você entra numa rua que parece exatamente igual à rua Filbert de suas lembranças. "Confie em mim", diz à sua esposa, que está pensando em divórcio. Você vê uma casa que parece exatamente com a do Izzy. "Aí está."

"Tem certeza?", pergunta sua esposa. "Não se parece em nada com o que eu lembro."

"Sim. Sei que esta é a casa."

Você sai do carro, toca a campainha, e o morador diz que esta nem é a rua Filbert: "Izzy mora no outro quarteirão." De volta ao carro, sua esposa dá de ombros desgostosa enquanto você tenta eliminar da cabeça a estranha ideia de que o homem dentro da casa está errado. Deve ser a casa do Izzy; é exatamente como você se lembrava dela. "Acho que estava errado", você admite, com relutância, e depois acrescenta: "Podia jurar que era a casa dele", ainda não completamente convencido.

Nesse caso, quando você "soube" que era a casa do Izzy? Há vinte anos, você e o Izzy passaram a noite na sala de estar dele. Naquela época, você tinha muitas provas de que a casa era do Izzy. Sendo essencial para o processo de aprendizado, a *sensação de correção* mesclou-se com a lembrança da noite para formar a rede neural que representa a casa do Izzy. Imagine essa rede funcionando como uma velha mesa telefônica na qual vários circuitos estão conectados em uma confusão de linhas. Não há nenhuma privacidade – os circuitos permanecem em constante comunicação –, todo mundo ouve todo mundo. A imagem da casa e o *saber* não se afastam um do outro. Vinte anos depois, os dois são ativados quando você vê a casa semelhante à imagem guardada da casa do Izzy.

A sequência sentida é que você vê a casa e depois fala para si mesmo: "É, esta é a casa do Izzy". Nenhum outro momento faria sentido. Imagine como você ficaria confuso se a sensação acontecesse antes que você sentisse que viu a casa. E, no entanto, foi a *sensação de saber* com 20 anos de idade que permitiu que você reconhecesse a casa que você então disse que deveria ser do Izzy.

Apesar de ser um evento diário, a reorganização temporal continua sendo pouco entendida. Sem implicar que temos uma ideia da anatomia ou da fisiologia subjacente, conceitualmente, deve existir um mecanismo central de sincronização de tempo. Apesar de esse nome difícil não nos dizer nada sobre atividades cerebrais específicas, ele nos ajuda a reconhecer que nosso "tempo cerebral" interno pode não ser um reflexo preciso do "tempo externo" e que o cérebro é capaz de eliminar discrepâncias de tempo interno-externo de acordo com suas próprias necessidades.

Para aqueles pensamentos que ativam pensamentos e lembranças anteriores, não podemos saber que porção de pensamento está atualmente sendo formada, o que está sendo lembrado ou quando a *sensação de saber* ocorreu. Nem sempre se pode confiar no que poderia parecer causa e efeito – A antes de B e causando C – como a sequência correta de eventos. O tempo cerebral tem uma agenda própria.

8. Pensamentos perceptivos: um esclarecimento adicional

Sua lembrança equivocada da casa de Izzy Nutz também levanta o problema complicado da confiabilidade da memória. Se vemos a placa rua Filbert, 123, e Izzy atende a porta, a *sensação de saber* é adequada. Mas e o segundo cenário, quando não é a casa do Izzy? A *sensação de saber* era a mesma, só que dessa vez não era confiável. Para entender o problema da mesma *sensação de saber* vinculada a conclusões corretas e incorretas, precisamos dar uma rápida olhada na atual compreensão da memória.

Memória episódica versus memória semântica

Minha escola primária foi derrubada há algumas décadas; minha escola secundária se transformou em um prédio de administração pública. Mas os nomes continuam marcados no meu cérebro. Neuropsicólogos as chamam de memórias *semânticas*, em contraste com as memórias *episódicas*, que são as memórias do que aconteceu na escola.

As memórias semânticas incluem desde a data e a época do ataque a Pearl Harbor e o número de *home runs* conseguido por Babe Ruth até seu endereço atual e números de documentos. Estes são pacotes de informações concretas que podem ser verificadas externamente e com as quais se pode concordar. Podemos contar o número de andares do Empire State Building. Posso pegar meus livros do ano do colegial e ver o nome da Lowell High School gravado na capa. Um metro sempre terá cem centímetros.

Em contraste, *episódica* se refere à lembrança de episódios específicos unidos por uma narrativa de *primeiro aconteceu isso, e depois aconteceu aquilo*. São as lembranças que são revisadas pela experiência subsequente.[1]

Precisão de "sou testemunha"

Se você passar algum tempo relembrando o passado com um irmão, existe a chance de descobrir relatos diferentes daquilo que você achava que eram infâncias compartilhadas. Minha irmã e eu poderíamos muito bem ter sido criados em planetas separados, tão diferentes são os nossos respectivos relatos infantis. Até o frango borrachento do domingo era fresco ou congelado, insosso ou apimentado, servido quente ou frio. Tenho um amigo cuja irmã publicou suas memórias de infância; enquanto o lia, meu amigo não parava de olhar a orelha do livro, para se certificar de que tinha mesmo sido escrito por sua irmã.

---

1 Budson, A. E.; Price, B. "Memory Dysfunction". *New England Journal of Medicine*, v. 352, n. 7, 2005. Acredita-se, agora, que as memórias semânticas sejam mediadas pelos lóbulos temporais ínfero-laterais, enquanto as memórias episódicas são mediadas por lóbulos temporais medianos, núcleo talâmico anterior, corpo mamilar, fórnix e córtex pré-frontal.

Vamos presumir que minha irmã está certa, que o frango era exatamente como ela agora o descreve e que eu, originalmente, via exatamente o mesmo que ela. (Isso não é uma concessão, apenas uma hipótese.) Agora, minha lembrança é diferente da dela. Mas não estou equipado com um mecanismo de alarme ou uma caixa de diálogo *pop-up* que me avisa quando uma memória é alterada. Não fui notificado; nunca experimentei a mutação de uma antiga memória (uso a palavra *mutação* intencionalmente). Se tais mudanças ocorrem com uma irrastreabilidade silenciosa, devo admitir que sou o quintessencial narrador pós-moderno não confiável. O *eu* da experiência anterior é somente um padrão passageiro sem nenhuma previsibilidade particular; eu não sou nada se não meu passado.

Nenhum de nós tem uma crença instintiva de que nossas lembranças são frágeis assim. Apesar da proliferação de estudos psicológicos questionando a precisão da lembrança da memória episódica, nos atemos à crença de que nossos passados correspondem aproximadamente a nossas lembranças. Às vezes, sentimos que os detalhes estão um pouco apagados, mas raramente duvidamos da essência de uma lembrança. Nós confiamos na noção de que, no mínimo, as lembranças de nosso passado refletem verdades fundamentais.

O argumento bastante sedutor: se posso ter certeza de onde nasci, e essa *sensação de saber* pode ser facilmente verificada, não deveria confiar em todas as minhas lembranças que passam a sensação de serem corretas? Se posso cantar a letra completa de uma música obscura dos Beatles e verificar se estou certo em algum website da internet, então certamente posso me lembrar de duas linhas de diálogo daquela terrível conversa durante a qual você me acusou de... ou me prometeu que... ou na qual "eu especificamente falei para você que...".

Diálogo é diálogo. Memória é memória. Certo? Se você acha que isso é algo que o cérebro consegue fazer regularmente, então nunca teve o seguinte diálogo exasperante:

"Você que começou."

"Não, primeiro você falou, e depois eu disse..."

"Só uma vez, por que você não consegue entender direito? Você falou, e depois eu falei..., e, por falar nisso, não foi de jeito nenhum isso que eu realmente disse."

"Eu ouvi o que ouvi. Você começou isso me acusando de..."

"Eu não tinha nem aberto minha boca ainda. Nem um pio."

"Então agora isso é coisa da minha imaginação? Deveríamos gravar nossas conversas."

"Não conseguiríamos nem concordar quanto ao momento de ligar a câmera."

Se ficamos tão facilmente confusos sobre quem disse o que para quem e quando, como podemos considerar essas lembranças precisas? Mas é assim que vivemos nossas vidas. Se você tem alguma dúvida sobre a instabilidade e a falta de confiabilidade inerentes às lembranças episódicas, basta considerar o estudo Challenger, os testemunhos sobre OVNI e abdução alienígena, ou o julgamento de O. J. Simpson. (Este não é o lugar para citar capítulo e versículo sobre as fragilidades da memória episódica; para um ótimo resumo dos últimos estudos sobre fragilidade das lembranças, memórias mutantes e síndromes de memória falsa, veja os escritos excelentes e facilmente acessíveis de Daniel Schacter, psicólogo de Harvard.)[2]

Se aceitarmos que há duas formas bastante distintas de memória – semântica e episódica –, poderíamos também contemplar a possibilidade de uma distinção análoga para diferentes categorias de pensamento. Em uma ponta do espectro do pensamento, estaria a memorização bruta e a utilização rotineira dos fatos como ferramentas. Se, na aula de física da escola, você aprende que f = ma, memorizou

---

2 Schacter, D. (Ed.). *Memory Distortion: How Minds, Brains, and Societies Reconstruct the Past*. Cambridge: Harvard University Press, 1997. Schacter, D. *Searching for Memory*. New York: Basic Books, 1996. Schacter, D. *Os sete pecados da memória*. Rio de Janeiro: Rocco, 2003.

uma equação que não vai mudar com a experiência subsequente. Se um mecânico quântico se arrastasse de debaixo de um átomo e dissesse que f = ma não funciona, sua lembrança da equação continuaria correta. Memorizar fatos não exige lógica, causa e efeito ou qualquer capacidade importante de raciocínio.

Alguns pensamentos, como lembranças semânticas, são essencialmente autodefinidores – o Natal é no dia 25 de dezembro. Um metro sempre tem cem centímetros. Não é necessário nenhum processamento complexo na camada escondida; um fato vai continuar sendo um fato para sempre (desde que persistam as pressuposições subjacentes iniciais). Não é necessário raciocinar que o Natal é no dia 25 de dezembro, porque 25 de dezembro faz parte da definição do Natal.

Por uma questão de simplicidade, vamos chamar os pensamentos que só exigem memorização, mas nenhuma tomada de decisão, análise lógica ou raciocínio, de *pensamentos semânticos*. Não é um termo muito atrativo, mas é útil como um lembrete da similaridade com as *memórias semânticas*. Em contraste, pensamentos que surgem de cálculos complexos dentro da camada escondida poderiam ser vistos como o equivalente das memórias episódicas, que estão contínua e subliminarmente passando por revisões, aumentos e diminuições. A exemplo das memórias episódicas, esses pensamentos exigem um elemento de percepção e estão sujeitos a uma variedade de ilusões perceptivas. Como o termo *pensamento episódico* é complicado, eu escolhi o termo mais descritivo *pensamento perceptivo*.[3] Na discussão seguinte sobre pensamento, vamos tratar principalmente dos pensamentos perceptivos.

---

3 A diferença entre o verdadeiro pensamento e a memória é evidente durante o estímulo do cérebro. Quando se aplica um elétrodo no lóbulo temporal, os indivíduos podem lembrar de nomes antigos, lugares, eventos e rostos. Mas o estímulo não reproduz o ato de pensar. Ninguém jamais teve raciocínio forçado ou experimentou um silogismo como resultado de um ataque. O ato de raciocinar não existe dentro do cérebro de uma forma análoga à existência de regiões dedicadas a processar som e imagem. É uma capacidade potencial e embutida que surge como uma habilidade adquirida, como a capacidade de ler ou tocar acordeão.

9. O prazer dos seus pensamentos

É óbvio que a *sensação* de saber é essencial para o processo de aprendizado, mas, para apreciar seu enorme poder, é preciso uma breve discussão sobre os sistemas de premiação do cérebro.

Sou um inveterado jogador de pôquer. Para justificar minha degeneração, sou famoso por resmungar sobre a emoção da competição; um fascínio pelo rápido cálculo das probabilidades apropriadas; um campo de jogo nivelado (tomar esteroides não ajuda); a melhor mão *sempre* ganha (não existem formações erradas, zonas de ataque flexíveis ou outros problemas). Para usar um título de Paul Auster, eu posso até fazer poesia sobre a música do acaso em um mundo de imprevisibilidade.

Tudo isso poderia ser verdade, mas devo confessar a existência de uma motivação mais forte: eu jogo para me sentir sortudo.

"Eu, não", protesta o estatístico. O pôquer não é aposta; no longo prazo, as cartas vão se equilibrar e a habilidade vai prevalecer. Para ser justo, conheci jogadores que aparentam aceitar 100% as leis das probabilidades, mas suspeito de que estejam apenas fazendo uma grande cara de pôquer. No momento em que a carta crucial está sendo dada, mostre-me um apostador, não importa o quanto seu fluido cérebro-espinhal seja gelado, e eu lhe mostrarei um homem primitivo uivando para a lua, esperando pelo milagre que vai livrá-lo da normalidade. Coloque o mais racional dos racionalistas em um jogo de pôquer, ligue um detector de mentiras a seu subconsciente e vai ouvir as súplicas silenciosas. Oh, deus do pôquer, me dê um ás.

Observe as expressões cruas de esperança das pessoas unidas ao redor da roleta ou na lotérica durante o sorteio, ou dos corretores fixados nos números da NASDAQ na Times Square. Pare na esteira de chegada de bagagens do aeroporto de Las Vegas e já será tomado pela eletricidade e pela animação. Aqueles que aguardam impacientemente para pegar suas malas e ir para as mesas de jogo ignoram a linguagem corporal da derrota e as expressões de verdades cansadas dos que partem da cidade. A pouca possibilidade de "ganhar muito" é momentaneamente ignorada. De acordo com as torturadas chances do pensamento mágico, o conhecimento de que quase todo mundo perdeu só significa que suas chances de ganhar devem ser maiores. ("Vamos jogar naquele caça-níqueis. Faz dias que ninguém ganha nele, então deve estar na hora de alguém ganhar.")

A recente bolha no mercado de ações dependeu, em grande, parte de uma suspensão irracional da descrença. As pessoas falam sobre investimentos, mas a sensação de ver as ações subindo não tem a ver apenas com ganhar dinheiro. Apesar do aumento parabólico dos valores das ações, a grande maioria dos analistas descartou as lições da história em favor da intoxicação segundo a segundo de um mercado descontrolado. Todos deveríamos ter percebido isso, mas não conseguimos evitar.

O princípio do prazer

Se você colocar elétrodos cerebrais em centros estratégicos de prazer dos ratos, eles vão apertar continuamente a barra que ativa os elétrodos de produção de prazer, renunciando a comida e água, até desmaiarem.[1] Pelo uso de imagens e estudos anatômicos detalhados, assim como implantes de microelétrodos, os neurocientistas demonstraram as extensas conexões existentes entre as regiões do cérebro responsáveis por sistemas de recompensa do prazer, afeto e emoção e os peptídeos opioides (endorfinas). Um componente central do circuito de recompensa do cérebro é o *sistema dopaminérgico mesolímbico*, um conjunto de células nervosas que se origina no tronco cerebral superior (a área tegmental ventral). Apesar de vários neurotransmissores poderem estar envolvidos, a dopamina é considerada essencial para a ativação desse circuito de recompensa.[2] Esse sistema estende-se para aquelas áreas que integram emoção e cognição, incluindo porções do sistema límbico

---

1 Olds, J.; Milner, P. "Positive Reinforcement Produced by Electrical Stimulation of Septal Area and Other Regions of Rat Brain". *Journal of Comparative and Physiological Psychology*, n. 47, p. 419-427, 1954.
2 Bozarth, M., "Pleasure Systems in the Brain", In: Warburton, D. M., (Ed.) *Pleasure: The Politics and the Reality*. New York: Wiley, 1994. p. 5-14. "Vários neurotransmissores podem estar envolvidos nos efeitos recompensadores [...], mas a dopamina parece ser o neurotransmissor essencial para a recompensa oriunda da ativação do sistema de pilhas do encéfalo frontal [...] A origem do sistema de dopamina tegmental ventral (quer dizer, tegmentum ventral) parece fornecer uma importante interface neuroquímica em que os opiatos exogêneos (p. ex., heroína, morfina) e os peptídeos opioides endógenos (p. ex., endorfina, encefalina) podem ativar um mecanismo cerebral envolvido na motivação do apetite e na recompensa. O ponto aqui não é sugerir que todos os efeitos de motivação dessas recompensas emanam desse único sistema cerebral, mas sim que esse sistema de dopamina representa um importante mecanismo para o controle do comportamento tanto normal quanto patológico." Nestler, E.; Malenka, R. "The Addicted Brain", *ScientificAmerican.com*, 9 fev. 2004.

e do córtex orbitofrontal e o núcleo accumbens – uma área na base do cérebro amplamente vista como envolvida no comportamento viciante.

Nos estudos de imagem do cérebro, podemos ver sistemas de recompensa ocorrendo naturalmente – grupos de neurônios positivamente radiantes em resposta a gostos, cheiros, toques e músicas agradáveis.[3] O homem, em sua grande engenhosidade psicofarmacêutica, conspirou formas de enganar o cérebro – cocaína, anfetaminas, álcool e nicotina ativam regiões parecidas.[4] Ganhar no jogo transforma o córtex orbitofrontal em puro neon.[5] Sem esse júbilo, não existiria vício. Por outro lado, a obliteração da região orbitofrontal via leucotomias pré-frontais (lobotomias) resulta em zumbis apáticos e desmotivados; a intenção de longo prazo é abolida.[6]

Pesquisas sobre o vício em drogas, álcool, jogo e cigarros foram instrumentais para revelar como o comportamento é recompensado. O princípio geral, igualmente aplicável para o pior vício em cocaína, uma coleção de selos ou a contemplação ociosa, é que, para um comportamento persistir, deve existir uma recompensa mediada pelo cérebro.

A pergunta que agora precisamos fazer: o que é o sistema de recompensa do pensamento?

---

3 Blood, A. J.; Zatorre, R. J. "Intensely Pleasurable Responses to Music Correlate with Activity in Brain Regions Implicated in Reward and Emotion". *Proceedings of the National Academy of Science*, v. 98, n. 20, p. 11818-11823, 2001.
4 Goleman, D. "Brain Images of Addiction in Action Show Its Neural Basis". *The New York Times*, 13 ago. 1996.
5 Berridge, K. "Pleasures of the Brain". *Brain and Cognition*, v. 52, p. 106-128, 2003. Uma excelente resenha das últimas teorias e da neuroanatomia dos sistemas de recompensa do cérebro.
6 Bechara, A.; Damasio, H.; Damasio, A. "Emotion, Decision Making and the Orbitofrontal Cortex". *Cerebral Cortex*, v. 10, n. 3, p. 295-307, 2000.

Se, por meio de um julgamento rápido ou uma deliberação profunda, você evita um leão faminto que vem atacá-lo subindo em uma árvore, você tem uma prova concreta do valor dos seus pensamentos. O leão se afasta e se contenta com um *tartare* de gazela para o almoço. Você desce da árvore sentindo que aprendeu algo. A *sensação de saber* e a decisão de subir na árvore se unem na rede neural chamada "o que fazer no caso de um ataque de leão". Quanto mais poderosa a experiência e quanto mais vezes ela ocorrer, maior se tornará a conexão entre a decisão e a sensação de que a decisão está correta.

A *sensação de saber* e as sensações relacionadas de familiaridade são tão importantes para o aprendizado quanto o sistema visual é para a visão e o sistema olfativo para o olfato, tão básicas quanto os mecanismos de fugir ou lutar.[7] Sensações de estranheza e falta de familiaridade podem nos avisar de que estamos escolhendo um caminho errado em nosso pensamento. ("Isso não parece certo", "Há algo podre no reino da Dinamarca", "De jeito nenhum; há péssimas vibrações por todos os lados".)

É muito provável que a *sensação de saber* tenha sido o primeiro puxa-saco do pensamento. "Você é um cara esperto", exclama o sentimento, cumprimentando você, geralmente seguido por ainda mais autobajulações do tipo "Isso que é usar a cabeça". O homem evoluiu. Os pensamentos se tornaram mais complexos e abstratos; muito do que pensamos hoje não tem uma resposta clara, nem um resultado

---

7 Elliott, R.; Dolan, R.; Frith, C. "Dissociable Functions in the Medial and Lateral Orbitofrontal Cortex: Evidence from Human Neuroimaging Studies". *Cerebral Cortex*, v. 10, n. 3, p. 308-317, 2000. "Sugerimos que o sentido irracional da correção de um estímulo (que pode estar relacionado com a familiaridade) também está associado com o valor da recompensa [...] assim como ocorre com outras regiões do córtex pré-frontal, a atividade no córtex orbitofrontal é mais propensa à observação quando há informações disponíveis insuficientes para determinar o curso apropriado de ação [...] aquela seleção de estímulos com base em sua familiaridade e respostas com base em um sentimento de 'correção' também são exemplos de seleção com base no valor de recompensa."

óbvio de causa e efeito, e não é facilmente mensurável. Nunca podemos saber com certeza se as decisões de invadir o Iraque, restringir a pesquisa com células-tronco ou permitir a posse privada de armas de fogo são as melhores decisões. A lei das consequências imprevistas nos diz que o resultado aparentemente positivo de hoje poderia ser a catástrofe da próxima década. (Lembra-se do DDT?) Decisões pessoais, desde decidir se deve fazer o teste genético para Alzheimer até se deve dar o título de *Ardil 22* a seu livro, não podem ser testadas. Muito de nosso pensamento ocorre no escuro.

Nosso ardil 22: para perseguir um novo pensamento, devemos sentir que vale a pena persegui-lo *antes* de termos qualquer prova ou justificativa que o apoie. De outra forma, só considerariamos ideias que já sabemos que são corretas. Mas qual seria a recompensa para uma ideia nova ou única? Falamos do prazer do conhecimento pelo próprio conhecimento, mas isso presume que aquilo que você está adquirindo é conhecimento genuíno. Proceder sem nenhuma ideia do valor de um pensamento não é uma atividade de alta prioridade. É só olhar seu filho fugindo da lição de casa, reclamando amargamente que estudar latim ou lógica não serve para nada. "Para que serve isso?" não é nada mais do que o sistema de recompensa do pensamento desligado (ou correndo sem energia, se você preferir a metáfora neuroquímica).

Não posso continuar, devo continuar

Odeio palavras cruzadas, mas tenho muitos amigos que são viciados. Vinte e seis horizontal: uma palavra em inglês de seis letras para intoxicado. Começa com s. Termina com d. Você repassa todas as palavras das quais se lembra, depois vai testando sistematicamente. *Stewed*? *Stoned*? Depois de alguma dificuldade, encontra uma palavra que se encaixa no resto do jogo – *soused*. É recompensado com uma pequena alegria do tipo "eu descobri".

Faz isso algumas vezes e acaba fisgado.

Nesse exemplo das palavras cruzadas, o retorno é bastante imediato. Assim que algumas palavras estão no lugar, você pode rapidamente analisar outras escolhas. Agora, expanda o escopo do desafio. Imagine-se preenchendo sozinho palavras cruzadas do tamanho de um campo de futebol. Vai demorar anos antes que qualquer padrão seja discernível. Até lá, você não consegue retroceder para ver se suas escolhas se encaixam em outras partes do jogo. A maioria jogaria a toalha, derrotada.

A menos que exista uma forte razão para terminar. E se as palavras cruzadas forem a chave para escapar de uma sentença de prisão perpétua numa horrível prisão terceiro-mundista capaz de fazer Abu Ghraib parecer um hotel de luxo? Sua vida depende de terminar as palavras cruzadas da forma mais precisa e rápida possível.

Quando você começa, cada espaço tem muitas possibilidades. Não dá para imaginar tentar combinar 25.999.000 horizontal com 45.999.990 vertical sem algumas palavras que os conectem. Você espera por um pouco de encorajamento, um animador tapinha nas costas mental. Sem evidências, está disposto a aceitar falsas esperanças e alternativas irracionais. Procura em seu coração. Se acredita em revelação divina, pode ter a garantia pessoal de Deus de que a palavra selecionada deve estar certa. Suas escolhas, abençoadas pelo selo de aprovação da maior autoridade, são incontestáveis. Mas e se você não tiver esse sentido de fé? O prazer solitário dos pensamentos incomprovados é suficiente? Lembre-se, esse projeto vai demorar anos, não milissegundos *à la* MTV.

A maioria dos sistemas de recompensa fisiológicos é medida com um cronômetro, não um calendário. No caso de lutar ou fugir, você sabe imediatamente se correr foi a escolha correta. Cocaína e apostas são recompensas do tipo *agora*. Ninguém nunca ouviu Bach com o objetivo de experimentar prazer um mês depois, ou contou uma piada para rir no ano seguinte. Sistemas de prazer não têm memória; são agora ou nunca, medidos dentro do intervalo de tempo da transmissão sináptica e do metabolismo neurotransmissor. A recompensa contínua exige estímulos cerebrais contínuos. Até os ratos já entenderam isso.

Estudos atuais de ressonância magnética sobre os sistemas de recompensa medem resultados de curto prazo. Um voluntário joga videogame dentro de um aparelho de ressonância magnética; as respostas para a vitória ou a derrota são transmitidas durante uma única sessão de exame. Estudos mais longos estão cheios de campos minados interpretativos, assim como de enormes, e talvez insuperáveis, desafios logísticos. Para o futuro próximo, quer investigando as razões para terminar palavras cruzadas do tamanho de um estádio ou dedicando uma década a ruminações obsessivas sobre um poema épico, nossa compreensão dos sistemas de recompensa de longo prazo serão extrapolações improváveis de estudos de breve duração.

Outro problema é que há muitos estudos sobre sistemas de recompensa e vários aspectos do pensamento relacionados com assuntos específicos – como estudos de ressonância magnética sobre os centros de prazer envolvidos no pensamento sobre vencer, sexo, drogas e assim por diante. Mas é muito mais difícil construir um estudo para examinar como pensamos sobre o próprio processo de pensar e como nos recompensamos por meditações amplas de difícil categorização. Imagine pedir a um voluntário dentro de um tubo de ressonância magnética que indicasse sempre que estivesse sonhando acordado ou meditando filosoficamente. O mero pedido de que sinalizasse quando uma categoria especial de pensamento estivesse ocorrendo alteraria tanto sua linha de base quanto a ativação das imagens de ressonância magnética (uma vívida demonstração da contribuição de Heisenberg para a neurologia comportamental).

Eu confesso que sinto um desconforto real com a explicação de todas as ações humanas exclusivamente em termos evolucionários. Assim como tantas das presunções fálicas de Freud terminaram mostrando-se fracas, a dependência atual das explicações adaptativas pode também ser muito simplista. Usar observações comportamentais para determinar por que uma característica física evoluiu poderia nos levar a concluir que o apêndice humano se desenvolveu como fonte de pagamentos de hipoteca para cirurgiões famintos. Não há nada errado com a ideia de que nossa biologia evoluiu e é adaptativa; na verdade, o problema está em saber exatamente o que deve ter sido essa adaptação. As transparências do senso comum de hoje podem ser as piadas históricas de amanhã. Mesmo assim...

O grande "e se"

Quando nossos cérebros trombaram com o potencial para o pensamento abstrato, um sistema de recompensa adequado era necessário. Embora uma grande variedade de prazeres pudesse oferecer soluções de curto prazo – a apreciação das complexidades de um pensamento, o esforço envolvido, a beleza de uma sequência específica de números, a elegância da sintaxe ou o ideal romântico de se dedicar apenas ao pensamento –, nenhum deles parece suficientemente poderoso e duradouro para fazer avançar nosso pensamento através de longas noites de dúvida e desespero. Sem alguma demonstração de um valor prático de um pensamento, pareceria sem sentido persistir indefinidamente.

Se você duvida da necessidade de um sistema de recompensa para os pensamentos não comprováveis, pare e considere o que o impulsiona a começar um projeto intelectual de longo prazo. Ao escrever um livro, há os dias escuros nos quais você quer rasgar o manuscrito e afogar as mágoas em Jack Daniels. Você atormenta sua esposa, perseguindo-a pela cozinha enquanto lê suas passagens favoritas, pedindo elogios. Telefona para um amigo e lê uma passagem para ele, sabendo que ele vai dizer que está bom mesmo se não estiver. É esbofeteado pelo vento seco da busca sem sentido.

Cedo ou tarde, você precisa de alguma convicção pessoal de que seu romance está funcionando. Em questões artísticas, você se baseia em um sentido de estética, uma sensação de que capturou uma visão ou uma verdade interna essencial. Independentemente do nome que der à sensação, ela contém uma conotação de valor, de conquista e direção. Em questões científicas, procuramos uma sensação de que nossas ideias, apesar de atualmente incompletas, representam realmente blocos de construção razoáveis que podem um dia se unir a um fato ou uma teoria estabelecida.

Uma visão maravilhosa do relacionamento entre a persistência em uma ideia e um sentido de correção como recompensa e motivação está na biografia do renomado físico Erwin Schrödinger.

> *Quando era estudante em Viena, Schrödinger era devotado à matemática, à poesia e à natureza. Parece característico de sua geração de cientistas o fato de que não tinham medo de admitir que eram movidos por um impulso estético, que estavam procurando uma visão, por mais fugidia que fosse, de alguma ideia de beleza confirmadora e autoaprovadora, uma equação que transcendesse todas as equações:* algum sentido de correção perfeita, uma sensação do universo fazendo todo o sentido.[8] [Grifos meus.]

---

8 Mantel, H. "Is the Particle There?". *London Review of Books*, 7 jul. 2005.

Talvez você discorde quanto à natureza da recompensa. Um desejo de ser bem-sucedido, uma forte ambição, uma necessidade de promoção, uma atitude do tipo "vou mostrar a vocês"; seja qual for a motivação psicológica que você vincular a um comportamento, ela não tem nada a ver com a fisiologia subjacente de como o cérebro recompensa esse comportamento. Não importa qual é o impulso psicológico, ninguém nunca passou vinte anos em algum laboratório fedido sem uma pílula de prazer periodicamente jogada em seu grupo prosencéfalo mediano.

As escolhas são: desenvolver um novo sistema de recompensas específico para essa capacidade emergente de pensamento ou expandir o papel dos sistemas já existentes. A economia de esforços escolheria a segunda. A *sensação de saber* já estava bem estabelecida como um sistema de recompensa de retorno para o aprendizado. E se o sentimento pudesse ser reempacotado como uma motivação para a persecução de um pensamento não comprovado?

Uma possibilidade perversa: uma sensação de saber *sem garantias poderia ter um papel evolucionário positivo.*

A noção de método empírico baseia-se na simples premissa de tentativa e erro. Uma ideia errônea inicial que leva a mais investigações é preferível a nenhum incentivo a qualquer pensamento. Com as palavras cruzadas, você não espera que todas as suas primeiras escolhas sejam as finais. O mesmo vale quando trabalha com equações para problemas matemáticos difíceis, desenha a planta da sua casa ou compõe uma sinfonia. A história da ciência é a história das aproximações sucessivas.

O problema é que precisamos de uma recompensa forte o bastante para nos satisfazer até que nossos pensamentos sejam verificados. E, para ser convincente, deve parecer similar ao sentimento que temos quando sabemos que um pensamento está correto e podemos prová--lo (como quando conseguimos o número de telefone certo).

Entra um espectro de motivações conectoras que vão desde palpites e instintos a fé, crença e certeza profunda. De vagas insinuações de familiaridade como *déjà vu* a um sentido inescapável de convicção, as várias sensações que contribuem para uma *sensação de saber* evoluíram até uma função adicional. Diga olá ao animador de torcida subliminar do pensamento abstrato.

Na Califórnia, o pedestre tem a preferência (pelo menos na teoria). Antes de chegar a Nova York, eu cruzei as ruas de São Francisco milhares de vezes, e os carros sempre paravam. No meu primeiro dia em Manhattan, sem saber que o único direito dos pedestres é a extrema-unção, eu fui atravessar um cruzamento com um amigo da faculdade que tinha sido criado ali. Um táxi estava descendo a rua, apontando diretamente para nós. Meu amigo correu em busca de abrigo. Eu tive a mesma vontade, mas resisti. Tinha feito a experiência milhares de vezes antes e sempre tinha chegado à mesma conclusão. O carro vai parar antes de me atingir. Eu permaneci no lugar que presumivelmente era meu por lei e olhei desafiador para o táxi que se aproximava. Meu amigo gritou da calçada, onde estava em segurança, mas eu me recusei a ouvir. Eu tinha direitos. Em vez de brecar, o táxi acelerou. Eu escapei no último minuto. O taxista riu, me mostrou o dedo e foi embora.

Na calçada, meu amigo falou: "Eu avisei, mas não, você precisava descobrir por conta própria". Ele acrescentou, com um sorriso: "A indecisão é a mãe do descontentamento".

Nunca vou saber se o taxista teria ou não desviado no último segundo. Nunca vou saber se minha decisão inicial de ficar parado teria sido certa ou errada. Esta não é uma pergunta mais bem respondida por um estudo controlado ou por metódica tentativa e erro.

Uma das supostas virtudes de uma pessoa madura é a capacidade de adiar a gratificação instantânea. Fique parado na fila de um carrinho de sorvete em um dia de calor no verão, segurando o aviso da *Harvard Health Letter* sobre os perigos da obesidade e do colesterol – depois se pergunte quais sistemas de recompensa trazem mais prazer. Um conflito central da civilização – desejos básicos *versus* respostas mais equilibradas e refletidas – é, no final, um concurso entre prazer imediato e recompensa de longo prazo. (Uma preferência baseada biologicamente pela gratificação imediata certamente fornece uma explicação loquaz, mas superficial, para nossas atitudes admiravelmente míopes em relação à política exterior, ecologia, aquecimento global e controle populacional.)

Determinação de dois gumes

Para dar sequência a pensamentos de longo prazo, devemos derivar recompensas o bastante de uma linha de raciocínio para manter a ideia, mas ao mesmo tempo continuar flexíveis e dispostos a abandonar a ideia quando existirem evidências contrárias. Mas, se o processo demorar e um repetido sentido de recompensa se desenvolver, as conexões neurais que unem o pensamento à sensação de estar correto vão se fortalecer gradualmente. Quando estabelecidas, essas conexões são difíceis de desfazer. Qualquer pessoa que tenha jogado golfe sabe como é difícil se livrar de um *slice* ou um *hook*. A pior parte é que o giro ruim que cria o *slice*, na verdade, passa a sensação de estar mais correto do que o giro melhor que o eliminaria. Você se aproxima da bola com o terrível dilema de se sentir mais confortável com uma postura que sabe que é incorreta. Se fosse fácil quebrar velhos padrões, também seria manter sua pontuação no golfe. Isso é particularmente verdadeiro com hábitos emocionais.

Usando estímulos elétricos repetitivos da amígdala, Joseph LeDoux produziu respostas condicionadas de medo em ratos que persistiram durante toda a vida do animal. LeDoux concluiu que, uma vez formadas, essas redes são indeléveis e que uma "memória emocional pode durar para sempre".[9] Resultados semelhantes foram vistos em experimentos sobre o vício. Se você viciar ratos em cocaína, heroína, anfetamina e outras drogas criadoras de hábitos, os animais vão autoadministrar as drogas à custa de atividades normais como comer ou beber. Quando a substância é retirada, o comportamento de procura de drogas acaba sendo abandonado, mas a recompensa não é esquecida. Um rato que permaneceu limpo por meses retomará rapidamente o comportamento de busca de drogas após receber novamente uma mínima dose da droga ou mesmo se voltar ao mesmo ambiente em que se tornou viciado. A mera visão do aparato que administra a droga é suficiente para restabelecer o comportamento.

Os estudos são impressionantes. Quando estabelecidos, hábitos e padrões emocionais e expectativas de recompensas comportamentais são difíceis de erradicar totalmente. Esse mesmo argumento se aplica aos pensamentos. Quando firmemente estabelecida, uma rede neural que conecta um pensamento e a *sensação de correção* não é facilmente desfeita. Uma ideia que sabemos ser errada continua a passar a sensação de estar correta. Veja o comentário do estudante do estudo Challenger; o geólogo que aceita as irrefutáveis provas da evolução, mas continua a acreditar no criacionismo; ou o paciente que continua a acreditar que uma falsa cirurgia corrigiu seu joelho.

Eu me pergunto com frequência se uma insistência em estar certo poderia ter similaridades fisiológicas com outros vícios, incluindo

---

[9] LeDoux, J.; Romanski, L.; Xagoraris, A. "Indelibility of Subcortical Emotional Memories". *Journal of Cognitive Neuroscience*, n. 1, p. 238-243, 1991.

possíveis predisposições genéticas.[10] Todos conhecemos outras pessoas (nunca nós mesmos) que exageram na tentativa de provar algo, parecem tirar mais prazer de respostas finais do que de perguntas em aberto e querem resoluções definitivas e simples para problemas sociais complexos, além de finais sem ambiguidade para filmes e livros. Como estão constantemente em busca da última palavra, elas geralmente parecem tão determinadas e impulsivas quanto o pior dos viciados. E talvez sejam. Deveria o traço de personalidade do sabe-tudo ser visto como um vício no prazer da *sensação de saber*?

No começo dos anos 1990, o bioquímico Richard Ebstein e colegas da Universidade Hebreia de Jerusalém convocaram voluntários para autoavaliar seu desejo por comportamentos arriscados ou de busca de novidades. Eles descobriram que, quanto mais alto o grau desse comportamento, mais baixos eram os níveis apresentados pelos sujeitos de um gene (o gene receptor DRD4) que regula a atividade da dopamina em estruturas mesolímbicas cruciais.[11] A hipótese deles é que as pessoas se envolvem em comportamentos

---

10 Kreek, M. et al. "Genetic Influences on Impulsivity, Risk Taking, Stress Responsivity and Vulnerability to Drug Abuse and Addiction". *Nature Neuroscience*, n. 8, p. 1450-1457, 2005. "A exposição crônica às drogas causa mudanças persistentes no cérebro, incluindo mudanças na expressão dos genes ou de seus produtos proteicos, nas interações proteína-proteína, nas redes neurais e na neurogênese e na sinaptogênese, sendo que todas acabam afetando o comportamento. Em roedores, há linhagens inatas e linhagens criadas seletivamente que prontamente autoadministram drogas (implicando uma vulnerabilidade genética), assim como linhagens que não autoadministram drogas tão prontamente (implicando uma resistência genética). Linhagens diferentes mostram diferenças na resposta celular e molecular às drogas. Fatores genéticos também podem estar envolvidos nos efeitos diretamente induzidos por drogas, incluindo alteração da farmacodinâmica (efeitos de uma droga em um receptor, incluindo as consequências fisiológicas da atividade receptora) ou da farmacocinética (absorção, distribuição, metabolismo e excreção de uma droga) de uma droga ou de um agente de tratamento."
11 Kreek, p. 1450-1457.

mais arriscados ou excitantes para estimular um sistema de recompensa baseado em dopamina menos responsivo.

Mais recentemente, em estudos de pessoas com nível mais alto de comportamento altruísta, ele descobriu níveis mais altos do mesmo gene, como se quantidades maiores do gene permitissem o mesmo grau de prazer com atividades menos excitantes do que nas pessoas com falta do gene. Ebstein afirmou: "Isso pode significar que as pessoas que não têm dopamina suficiente em seu cérebro procuram drogas ou outros meios para ficarem 'altas'. A dopamina, provavelmente, tem um papel central no comportamento pró-social. As pessoas com o gene do altruísmo talvez façam boas ações porque conseguem mais emoção com suas boas ações".[12]

Como ocorre com a maioria dos estudos baseados em questionários, ainda persistem consideráveis dificuldades na interpretação, assim como na reprodução. Além disso, a correlação entre comportamento socialmente responsável e metabolismo da dopamina parece excessivamente simplista. Mas o que de fato surge desses estudos é que os genes podem afetar o grau de resposta do sistema de recompensa do cérebro. Parece altamente provável que o mesmo argumento possa ser apresentado para os sistemas de recompensa do pensamento.

Não posso deixar de me perguntar se um sistema de educação que promove respostas preto ou branco e sim ou não poderia estar afetando como os sistemas de recompensa se desenvolvem em nossa juventude. Se o impulso fundamental da educação é "estar correto", e não tomar consciência de ambiguidades, inconsistências e paradoxos subjacentes, é fácil ver como os sistemas de recompensa do cérebro poderiam ser moldados para preferir certezas em vez de uma mente aberta. Enquanto a dúvida for menos enfatizada,

---

12 Brinn, D. "Israeli Researchers Discover Gene for Altruism". *Bulletin of Herzog Hospital*, 23 jan. 2005. Também disponível em www.herzoghospital.org.

haverá muito mais riscos em fazer perguntas difíceis. Ao contrário, nós, como ratos recompensados por apertar a barra, vamos ficar com as respostas já testadas e aprovadas.

Estendendo a analogia entre vício e sistema de recompensa, também me pergunto se cada um de nós experimenta um grau diferente de prazer oriundo da *sensação de saber* da mesma forma que cada um responde de modo diferente às drogas que alteram a consciência ou ao álcool. Contraste as três seguintes citações. Elas representam diferenças puramente filosóficas ou são predileções biológicas inerentes desempenhando um papel?

> *Eu consigo viver com a dúvida e a incerteza e o não saber. Tenho respostas aproximadas e crenças possíveis e graus diferentes de certeza sobre coisas diferentes... Isso não me assusta.*
> – **Richard Feynman, ganhador do Prêmio Nobel**

> *Cara Sra. Burton, obrigada por nos levar a uma visita ao museu. Eu era a garota que levantava a mão o tempo todo e sabia todas as respostas.*
> – **Uma nota de agradecimento recebida por minha esposa de uma precoce garota de 7 anos**

> *Julgue um homem pelas suas perguntas, e não por suas respostas.*
> – **Voltaire**

A *sensação de saber* é essencial tanto para confirmar nossos pensamentos quanto para motivar esses pensamentos que ainda não foram ou não podem ser provados. Esses dois papéis podem ser complementares e contraditórios e levar a uma confusão inevitável sobre o que achamos que sabemos – uma confusão que não pode ser inteiramente resolvida sem que o sistema de recompensa para pensamentos de longo prazo seja removido. Se vamos entender por que a certeza é um estado da mente tão comum e tão difícil de eliminar, precisamos brigar com várias questões fundamentais.

Quais são as recompensas biológicas para o pensamento puro e como estão relacionadas com a *sensação de saber*? Há diferenças individuais inerentes no grau e na qualidade da expressão dessas recompensas, incluindo o potencial para o vício? Essas diferenças podem ser resolvidas por mudanças de comportamento e ênfase educacional? Podemos aprender a sentir maior prazer nos sentimentos de dúvida, assim como algumas pessoas sentem mais prazer com as perguntas que com as respostas? Existem formas de ajustar esses sistemas de modo a otimizar o aprendizado e motivar buscas intelectuais de longo prazo sem exagerar e promover o dogmatismo e uma *sensação de convicção* excessiva e injustificada?

Resumindo, qualquer compreensão atual de como sabemos o que sabemos deve levar em conta a natureza contraditória dos sistemas de recompensa do pensamento. A *sensação de saber*, a recompensa para pensamentos comprovados ou não, é o melhor amigo do aprendizado e o pior inimigo da flexibilidade mental.

10. Os genes e o pensamento

Às vezes, eu participo de um clube do livro composto principalmente de professores da Universidade da Califórnia, designers de *software* e investidores. Eles raramente leem romances ou poesia, porque "esses livros não se prestam a uma troca viva de ideias. São apenas sentimentos". Eles preferem livros sobre política, história e ciência, nos quais as opiniões podem ser apoiadas em evidências. Quanto mais polarizadas as opiniões, mais animada a conversa – até que chega a frustração. Então, os argumentos mais ouvidos são: "Por que você não pode, só uma vez, ser razoável?" e "Seria tão bom se você conseguisse ser objetivo". O subtexto não explícito que conduz essas discussões: "Há uma linha de raciocínio melhor que todas as outras, e eu sei qual é".

Em conversas privadas, esses homens estão bastante dispostos a reconhecer que um poeta inerentemente vê o mundo de forma diferente de um engenheiro, e até mesmo que suas próprias esposas preferem romances a livros de não ficção. E, mesmo assim, eles insistem na crença de que todo mundo deveria chegar às mesmas conclusões se tivesse as mesmas informações, como se a razão funcionasse de acordo com uma física obrigatória, como a ótica de um olho. Os participantes desse clube do livro não estão sozinhos. Somos criados acreditando que o discurso racional é capaz de estabelecer a superioridade de uma linha de pensamento sobre a outra. A presunção subjacente é que cada um de nós possui uma faculdade racional inata que pode superar nossas diferenças de percepção e ver um problema da "melhor perspectiva". Um dos objetivos deste livro é acabar com esse erro.

O processo de raciocínio provém de princípios biológicos fundamentais que todos compartilhamos. Mas isso equivale a dizer que todos os programas de computação surgem de princípios comuns a todos os algoritmos. Mesmo nós, analfabetos em computação, sabemos que programas de Windows e Mac têm a mesma estrutura genérica – uma série de algoritmos –, mas que os programas são incompatíveis sem *softwares* que façam uma ponte entre os dois. Isso nos leva à questão do relacionamento entre o nosso código (nossos genes) e a formação de nossos pensamentos. Se a analogia Windows-Mac for verdadeira, poderíamos suspeitar que compartilhamos poderes gerais de raciocínio, mas que nossas linhas individuais de raciocínio para qualquer dado problema serão tão idiossincráticas quanto nosso código subjacente. Neste capítulo, gostaria de examinar como os genes poderiam afetar a própria textura de nossos pensamentos.

Antes de começar essa discussão, tenha certeza de que não estou defendendo os genes como o único, nem mesmo o principal, determinante de nossa escolha de pensamentos. Apesar de termos a tendência de alocar o comportamento em categorias arbitrárias, distinções práticas entre o que é inato e o que é adquirido raramente são possíveis. Genes e ambiente influenciam um ao outro em uma dança complexa e irredutível de *feedback* positivo e negativo. Ainda assim, se quisermos entender por que linhas de raciocínio não podem ser todas idênticas, devemos considerar como a constituição genética individual pode influenciar nossa escolha de carros, cônjuges ou presidentes.

Vou começar fazendo uma proposta extraordinária e aparentemente ridícula: os genes podem afetar nosso grau de interesse na religião e na espiritualidade. À primeira vista, tal sugestão parece absurda; vemos a busca vitalícia da religião como uma escolha deliberada e intencional. Se existe alguma área do pensamento humano que acreditamos poder controlar, é nossa capacidade de decidir se existe ou não um Deus, um além perfeito, fogo e enxofre, ou se somos pontinhos insignificantes em um universo sem sentido governado pelo acaso.

Mas existe um problema enorme com essa afirmação. Entrevistas de gêmeos idênticos criados um longe do outro revelam uma correlação muito forte nas atitudes e nas inclinações religiosas dos gêmeos. Se um gêmeo se preocupa com pensamentos religiosos, existe uma grande probabilidade de que seu irmão idêntico criado por outra família tenha uma inclinação parecida, e vice-versa. (Estou me referindo aqui ao grau de interesse em religião e/ou questões espirituais, não à escolha de alguma religião em particular.) Thomas Bouchard, psicólogo da Universidade de Minnesota e pesquisador-chefe do mais extenso e bem avaliado grupo de gêmeos idênticos criados separadamente, chegou até mesmo a afirmar que não há provas de que os pais tenham um papel substancial nas atitudes religiosas.

> *Um conjunto de provas grande e consistente apoia a influência dos fatores genéticos sobre a personalidade. As provas, vistas como um todo, são muito fortes. Somos levados ao que, para alguns, deve parecer uma conclusão bastante notável. O grau de semelhança entre gêmeos monozigóticos (idênticos) não parece depender da criação junta ou separada.*
>
> *Nossas descobertas não implicam que a criação não tenha efeitos duradouros. A notável semelhança nas atitudes*

sociais de gêmeos idênticos criados de forma separada não mostra que os pais não conseguem influenciar esses traços, mas simplesmente que isso não tende a acontecer na maioria das famílias. Isso é verdadeiro para uma ampla variedade de atitudes sociais, incluindo interesses religiosos.[1]

E se Bouchard estiver correto? E se o grau de nosso interesse ou falta de interesse na religião não for principalmente o resultado de exposição à criação, à cultura ou às ruminações metafísicas, mas sim nascer das sequências de aminoácidos que formam nosso DNA? Não é possível, diz você, não somos robôs genéticos. Uma pessoa altamente espiritual por temperamento poderia escolher rejeitar todas as religiões organizadas e se tornar um gozador de carteirinha. Ou pode se tornar um humanista secular. As pessoas podem "encontrar Deus" ou perder seu "sentido de fé". Mas o que ainda não está claro é se alguém com forte inclinação à metafísica pode se afastar ou atenuar completamente esses anseios espirituais.

Uma digressão pessoal: quando escrevi meu romance *Cellmates* (Colegas de cela), eu revisei os dados de Bouchard. Ainda que a metodologia tenha recebido críticas, os estudos parecem bem desenhados e as conclusões, apropriadas. Meu instinto continua dizendo que os estudos de Bouchard apontam o caminho para alguma verdade fundamental, mas enigmática. A pergunta óbvia é: se o DNA pode influenciar como pensamos sobre a religião, estaria ele também atuando sobre a minha própria visão idiossincrática do mundo?

---

1 Bouchard, T.; McGue, M. "Genetic and Rearing Environmental Influences on Adult Personality: An Analysis of Adopted Twins Reared Apart". *Journal of Personality*, v. 58, n. 1, mar. 1990. Bouchard, T. et al. "Sources of Human Psychological Differences: The Minnesota Study of Twins Reared Apart". *Science*, v. 250, n. 4978, p. 223-228, 1990.

Desde as minhas primeiras lembranças, meus pensamentos têm sido coloridos por uma arrebatadora inclinação existencial. Sua origem não está clara. Tanto meu pai quanto minha mãe eram muito trabalhadores, práticos e resolutamente não filosóficos. Questionamentos eram proibidos, até um pouco escandalosos. (Embora houvesse um ocasional brilho travesso nos olhos da minha mãe, como se eu devesse ler entre as linhas de sua testa franzida e de seu desencorajamento de qualquer coisa que não fosse a mais pragmática das contemplações.)

Enquanto estava no ensino médio, trabalhei no teatro local, o Actor's Workshop. Por total acaso, vi a primeira produção de *Esperando Godot* de São Francisco. Saí do teatro abismado. A ressonância era inquietante, como se Beckett tivesse entrado na minha cabeça e escrito o que eu ainda não tinha pensado. Sim, assim é o mundo. O prazer foi profundo e reconfortante, como se eu tivesse descoberto uma alma gêmea.

Cinquenta anos depois, minha admiração continua. Mais do que qualquer outro artista (ou neurocientista), Beckett capturou a maravilhosa e divertida frustração de observar a mente em ação. Seu "você precisa continuar, não posso continuar, você precisa continuar, vou continuar" enfatiza a relação paradoxal e filosoficamente irresolvível entre pensamento e biologia.[2]

Será que ter sido exposto a Beckett quando era um adolescente impressionável foi um elemento crucial para como eu vejo o mundo agora, ou eu já estava predisposto biologicamente a apreciar sua forma de pensar? Isso foi puramente inato, puramente adquirido, ou uma mistura dos dois? E como eu posso saber?

Pouco antes da morte de minha mãe, aos 97 anos, perguntei a ela o que tinha aprendido em sua longa vida. Sempre circunspecta

---

2 Beckett, S. *O inominável*. São Paulo: Globo, 2009.

e evasiva nesses assuntos, ela respondeu sucintamente: "E daí?". Eu perguntei de novo. "Você deve ter desenvolvido alguma filosofia de vida depois de todos esses anos." Ela deu de ombros e repetiu: "E daí?". Eu insisti e perguntei de novo. Ela olhou para mim e falou, impassível e enigmática: "Acabei de falar o que aprendi".

No hospital, suas penúltimas palavras foram: "No final, sou apenas uma pessoa comum. Ninguém especial. Ninguém que será lembrada. Nada".

Depois que ela faleceu, fui até seu apartamento para retirar seus poucos pertences. No fundo do armário, havia uma única caixa de papelão. Enfiado entre fotos velhas e formulários de imposto de renda, estava um trabalho final sobre William James que eu tinha escrito na faculdade. O parágrafo inicial, sublinhado com caneta preta pela minha mãe para realçá-lo, fazia a mesma pergunta que levou a este livro: como sabemos o que sabemos? Não me lembro de ter escrito o trabalho, nem de tê-lo discutido com meus pais. Não me lembro sequer de mostrar a eles meus trabalhos da faculdade, apesar de terem ficado guardados no porão deles por muito tempo depois que me mudei.

Mesmo assim, ali estava ele. Não só minha mãe tinha escolhido guardar e sublinhar o parágrafo central daquele trabalho, entre todos que escrevi ao longo dos anos, como, na margem direita, perto do sublinhado, com uma caligrafia frágil, estava escrita uma única palavra: *sim*.

Não tenho como determinar se minha abordagem filosófica específica sobre a vida tem algum componente genético. Mas, se os estudos sobre gêmeos idênticos tiverem algum grão de verdade, então este livro pode ter sido, pelo menos em parte, motivado por certos modos ou estilos de pensar que nascem de predisposições biológicas. Mas como o DNA pode fazer com que Beckett seja mais atraente que São Tomás de Aquino e Wittgenstein mais agradável que Platão? Em uma recente pesquisa sobre os determinantes genéticos do comportamento, o geneticista dos Institutos Nacionais de Saúde Dennis Drayna apresentou uma análise provocadora de por que alguns genes poderiam estar mais diretamente relacionados com o comportamento do que outros:

> *Mais geralmente, o comportamento humano é um fenômeno tremendamente complexo e não pode ser visto como o produto de um conjunto de genes. Ainda assim, nossos comportamentos que são instintivos e cruciais para a sobrevivência e a reprodução provavelmente estão sujeitos a um controle genético simples. Esses comportamentos podem incluir os necessários para manter a homeostase – como comer, beber, excreção e regulação térmica – e os associados com o acasalamento e o cuidado maternal dos bebês.*[3]

No topo da lista de comportamentos homeostáticos, estaria a resposta lutar ou fugir de um leão que nos ataca. Uma reação imediata e reflexiva, que dispensa o pensar, é claramente mais adaptativa do que ficar parado e indefeso enquanto o córtex pondera, delibera, vacila e/ou procrastina. Se um comportamento crucial para a sobrevivência provavelmente está sujeito ao simples controle genético, um lugar ideal para procurar essa correlação entre genes e comportamento seria a amígdala – o lugar de origem da resposta do medo.

Há muito se sabe que ratos são facilmente condicionados com respostas para evitar o medo. A típica resposta condicionante é a associação do som de um sino tocando com um choque elétrico na pata do rato. Uma vez condicionada, é difícil desfazer a resposta.

---

3 Drayna, D. "Is Our Behavior Written in Our Genes?". *New England Journal of Medicine*, v. 354, n. 1, p. 7-9, 2006. Para uma discussão concisa da genética comportamental, veja www.ornl.gov/sci/techresources/Human_Genome/home.shtml.

Essa persistência vitalícia de uma resposta de medo condicionada após um único período de condicionamento levou LeDoux a observar que respostas emocionais geradas pelo medo são persistentes e indeléveis.

Recentemente, um grupo de neurobiólogos determinou que ratos adultos normalmente possuem uma alta concentração de uma proteína – a *stathmin* – na amígdala, mas não em outras áreas do cérebro. Por manipulação genética, eles foram capazes de criar ratos nocauteados desprovidos da capacidade de criar essa proteína. (O termo *nocaute* vem da inativação seletiva de um único gene – falamos que o gene foi nocauteado.) Ao contrário dos ratos normais, esses ratos nocauteados são difíceis de condicionar à resposta do medo. São bastante menos tímidos e prontamente exploram ambientes novos e pouco familiares dentro do laboratório – ao contrário de seus irmãos cheios de *stathmin* e facilmente intimidados. (Note a similaridade com pacientes cuja amígdala não funciona direito ou foi danificada.) Os estudos estruturais de LeDoux, mostrando que a destruição das amígdalas tornou os animais menos amedrontados, agora foram confirmados em nível bioquímico. O que antes exigia total destruição anatômica de uma área do cérebro pode, hoje, ser feito por meio da manipulação precisa de um único gene.

Os pesquisadores especulam que a *stathmin* facilita a formação de lembranças baseadas no medo que levam a um comportamento inconsciente de evitamento. Quando o gene é bloqueado, os animais possuem uma habilidade bastante reduzida de registrar lembranças assustadoras.[4] LeDoux descreveu esse estudo como uma

---

4 Shumyatsky, G. et al. "Stathmin, a Gene Enriched in the Amygdala, Controls Both Learned and Innate Fear". *Cell*, n. 123, p. 697-709, 2005. "O rato nocauteado também exibe perda de memória do condicionamento do medo dependente da amígdala e não é capaz de reconhecer o perigo em ambientes inatamente adversos." www.nidcd.nih.gov/research/scientists/draynad.asp.

grande descoberta e até sugeriu que poderíamos um dia ter uma terapia específica da amígdala para tratar estados de ansiedade.[5]

Tais estudos apoiam a observação do geneticista Drayna de que um mecanismo profundamente adaptativo – a resposta ao medo – é afetado por um único gene. Mas até onde podemos ir com essa analogia? Um dos problemas de pensar em genética e comportamento é a diferença entre tendências inatas e real previsibilidade de comportamento. Saber que um rato tem um gene faltante nos permite ver quais mudanças bioquímicas se manifestam no cérebro, mas não nos permite prever, sem erro, qual comportamento vai surgir. Um rato poderia ser propenso a explorar novos ambientes, mas a maneira e o grau vão variar de um rato para o outro. Um rato sem medo, mas preguiçoso, poderia parecer tão tímido quanto o mais medroso de seus companheiros de jaula. O que surge desses estudos é uma ponte conceitual entre genes, pensamento e comportamento.

Alice no país da genética, ou através de espelhos hiperbólicos

Deixe-me apresentar uma hipótese tentadora, mas completamente implausível. Imagine que esse mesmo gene que codifica a *stathmin* foi isolado nos seres humanos. Aceitemos também a hipótese não provada de que o gene pode ser manipulado de modo a se expressar ou completamente, ou de jeito nenhum, e que seu efeito não é mitigado por outros genes. (Estou eliminando todos os mecanismos biológicos de vida real responsáveis pela variação dos graus de expressão dos genes.) Você, um cientista comportamental, quer estudar o efeito desse gene sobre o comportamento. Por meio do milagre

---

[5] Carey, B. "Timid Mice Made Daring by Removing One Gene". *The New York Times*, 18 nov. 2005.

dos encontros via internet, encontra um homem que possui uma expressão completa do gene de resposta ao medo e uma mulher totalmente desprovida desse gene. Eles formam um casal. Nenhum deles tem consciência de ter ou não esse gene, nem mesmo se tal gene existe. (Não sabem nada da experiência.)

Para ver se o gene pode criar um efeito mensurável sobre o comportamento, você pede que eles planejem uma viagem de avião cruzando o país. Seu objetivo é ver se um gene que afeta a resposta ao medo será um fator na decisão de quanto tempo antes da partida do avião cada um vai querer chegar ao aeroporto. Supostamente, o marido vai querer sair antes para evitar algum congestionamento inesperado, atrasos no *check-in* e coisas assim. Em uma entrevista preliminar, você confirma que o marido e a esposa têm lembranças diferentes de voos anteriores. O marido imediatamente descreve várias experiências assustadoras, incluindo uma noite passada no aeroporto de Timbuktu. Sua esposa não tem os mesmos pensamentos. (Sem o gene responsável pelo armazenamento de más lembranças, ela será uma eterna tábula rasa de otimismo.) Para registrar as diferentes respostas, você instala uma câmera de vídeo na mesa do café da manhã gravando imagem e som continuamente. Como era de se esperar, a esposa sugere que saiam de casa no último momento possível. Mas, para sua surpresa, o marido imediatamente concorda. Um exame detalhado do rosto dele não revela nenhum conflito; o tempo que ele leva para tomar a decisão é tão breve que você não suspeita de nenhuma apreensão subjacente. Conclui que a presença do gene de resposta ao medo não afetou a decisão do marido ou qualquer comportamento observável.

O que você não consegue saber é de que modo o gene afetou seus pensamentos de maneiras não detectáveis. Outra parte da história é que os dois casamentos anteriores do marido terminaram em amargos divórcios, e ele foi acusado pelas duas ex-mulheres de ser covarde, consumido pela ansiedade e dominado pela insegurança.

Sua autoestima é mais baixa que o valor das ações da Enron que ele ainda tem. A decisão de quando partir para o aeroporto coloca no volume máximo sua predisposição genética de ter medo, mas não em uma única direção. Ele depara com dois conjuntos de probabilidades de desastre que competem entre si – chegar tarde ao aeroporto e perder o voo *versus* chatear sua nova esposa revelando suas neuroses e covardia. As duas probabilidades de risco-recompensa são inseridas em sua camada escondida, onde silenciosamente trocam socos. Se o medo da rejeição é maior que o de perder o avião, o marido rapidamente vai concordar com a esposa. Seu alívio por não ser criticado ou ridicularizado poderia até bloquear sua consciência de alguma ansiedade subjacente por perder o voo.

Embora o gene tenha tido um papel importante em sua tomada de decisão, isso não seria detectável. O problema que não pode ser resolvido é que, se um gene cria desejos e necessidades que se contrabalançam, talvez ele não seja visto em nenhuma decisão final. Esse elo entre genes, pensamentos e comportamento nos permite entender melhor como os genes poderiam fazer com que gêmeos idênticos criados separadamente compartilhassem atitudes sociais parecidas sem exigir que caiamos na armadilha de defender o determinismo genético. Nos estudos de Bouchard, os gêmeos expressaram como se sentem, no que estão interessados e o que os atrai. Tais estudos atitudinais nos dizem o que os gêmeos *querem* fazer (sob circunstâncias ideais), não o que eles *vão* fazer. Muitas das discussões sobre livre arbítrio e determinismo não fazem essa simples distinção. Desejo e ação não são sinônimos. Se encontrássemos um complexo de genes que ditasse o grau relativo de interesse ou desinteresse em questões religiosas e espirituais, talvez víssemos essas tendências refletidas em como pensamos e no que pensamos, mas não necessariamente em nenhuma ação observável específica. Se o gene criasse crenças conflitantes, poderíamos nem mesmo ver o efeito sobre nossos pensamentos. Elas seriam fatores dentro da camada escondida, mas não seriam experimentadas conscientemente.

(Conheço um ateu declarado que, em privado, confessa já ter sido um pentecostal renascido. Não é preciso muita imaginação para ver como seus pensamentos evangélicos e ateístas poderiam surgir de uma predisposição genética parecida, mas resultar em conclusões diametralmente opostas.)

Por que não consigo jogar pôquer

A lista de genes que afetam o comportamento está crescendo rapidamente. Pessoalmente, acho que um dos mais intrigantes é o gene associado a correr riscos e buscar novidades, incluindo a propensão a apostar.[6] (O gene produz uma sensibilidade reduzida do sistema de recompensas à dopamina, mas é chamado de gene que promove a tomada de riscos. Supostamente, esses níveis mais altos de tomada de riscos são procurados para gerar níveis desejáveis de prazer derivado da dopamina.) Uma contribuição genética ao desejo de apostar não é surpreendente; em nível instintivo, já suspeitamos de diferenças inatas entre aqueles amigos que apostam em tudo e os que não conseguem entender por que alguém ficaria sentado durante horas em um banquinho duro numa sala esfumaçada só para ver três cerejas pouco apetitosas se alinharem em uma fila.

---

6 Zuckerman, M.; Kuhlman, D. M. "Personality and Risk-taking: Common Biosocial Factors". *Journal of Personality,* v. 68, n. 6, p. 999-1029, 2000. Perez de Castro, I. et al. "Genetic Association Study Between Pathological Gambling and a Functional DNA Polymorphism at the D4 Receptor Gene". *Pharmacogenetics,* v. 7, n. 5, p. 345-348, 1997. "Este trabalho fornece uma nova prova da implicação dos caminhos de recompensa dopaminérgicos, agora por meio do envolvimento do gene receptor da dopamina D4 (DRD4) na etiologia dessa desordem impulsiva."

A pergunta é: se um único gene poderia nos levar a apostar a fazenda da família em um *inside straight*, quais poderiam ser os efeitos dele sobre a própria formação de nossos pensamentos?

Como jogador inveterado de pôquer, passei um tempo considerável desenvolvendo uma estratégia que me fizesse vencer, mas não sou um grande jogador. Há muito suspeito de vários defeitos, mas não consegui encontrar uma solução clara. Com a recente popularidade dos torneios de pôquer na TV em que os espectadores podem ver as cartas dos jogadores no início de cada mão, o problema ficou transparente. Os jogadores com os melhores resultados gerais são os que blefam seletivamente de forma mais ousada, um estilo com o qual nunca me senti totalmente confortável.

As pessoas falam em intuição, ler o outro jogador e todas as questões intangíveis que fazem o pôquer ser tão fascinante, mas isso não explica quantos aprimoraram suas habilidades online, onde não existe a oportunidade de ler a linguagem corporal. (Chris Moneymaker, o campeão da World Series de Pôquer em 2003, nunca tinha participado de um torneio ao vivo antes, nem tinha ido a Las Vegas.) Muitos dos maiores jogadores de hoje conhecem bem a teoria do jogo e usam simulações de computador para desenvolver cálculos complexos quanto à melhor estratégia para qualquer circunstância dada. Por exemplo, se, durante um período longo de tempo, a quantia ganha com todos os seus blefes em uma situação específica vai superar o que você perder quando os outros jogadores pagarem para ver, você sempre deveria fazer essa jogada (até os cálculos atuais revelarem que os outros jogadores estão percebendo).

Aqui está o problema. Baseado tanto em observações pessoais quanto em simulações de computador, concluí que essa estratégia do forte blefe seletivo é melhor do que sempre desistir de uma mão ruim. Infelizmente, embora a estratégia diga quais são as chances aproximadas de os outros jogadores pagarem para ver, ela não é capaz de dizer com precisão quando isso ocorrerá. Para fazer esse cálculo, eu precisaria ver as cartas fechadas dos outros jogadores. Tentar descobrir o que os outros jogadores têm acaba tendo menos valor do que simplesmente fazer o grande blefe periodicamente.

Falar é fácil. Quando reconheço a melhor situação para um blefe tão grande, minha mente empaca e primeiro pergunta: "Mas e se o adversário pagar para ver?". Eu trouxe esse pensamento à consciência porque quis. Preferia não escolher essa questão como ponto de início para minha consideração sobre qual jogada fazer. Simplesmente aparece, da mesma forma que me faria pular para trás à visão de uma mangueira preta enrolada num jardim. Mas há muito tempo para reconsiderar. Se tiver muito dinheiro em jogo, posso pedir ao *dealer* tempo adicional. Além disso, posso me planejar com antecedência para essas circunstâncias – praticar muito em casa, ter comigo mesmo uma conversa de encorajamento antes do jogo e fazer anotações em código em guardanapos que posso olhar durante a partida. Posso até me forçar a ignorar o pensamento negativo inicial e estar pronto para combatê-lo com as decisões que pratiquei.

Mas, quando chega a hora, não sou capaz de puxar o gatilho. Digo a mim mesmo que a estratégia funciona *no geral,* mas poderia não funcionar com *essa* mão. Não consigo, com o pensamento, gerar a *sensação de convicção* de que as leis da probabilidade estão realmente funcionando e que apostar em uma mão ruim de vez em quando é preferível do que sempre desistir. Não consigo me convencer de que o que eu sei que está correto está realmente correto.

A maioria dos grandes jogadores que eu conheço possui uma resposta diferente. Eles tendem a pensar primeiro: "Se eu fizer uma aposta grande o suficiente, meu oponente vai desistir". Também estão cientes da possibilidade de que um oponente poderia pagar para ver, mas estão confortáveis com a visão geral de que um grande blefe é uma estratégia vencedora. Um campeão da World Series me deu uma bronca por ser tímido, dizendo que a diferença entre nós era que ele não tinha medo de perder tudo. Assista a um desses jogos de pôquer com altas apostas pela TV, espere até alguém fazer um blefe enorme e verifique seus próprios sentimentos. Se sabemos antecipadamente que essa jogada é uma boa estratégia, não deveríamos ficar surpresos. Mas ficamos. Rimos, assistimos com espanto e admiração e pensamos: "Como eles fazem isso?". Um fator importante na imensa popularidade desses programas de pôquer é a emoção de assistir a outros tomarem decisões que sabemos que estão corretas, mas que nós mesmos não conseguimos tomar.

Naturalmente, eu culpo a mim mesmo por não ter coragem sob pressão. Estou totalmente preparado para aceitar que uma covardia inerente afeta meu pensamento. Mas existe um problema que piora a situação. Se não tenho o gene da tomada de riscos, em vez de sentir prazer com o grande blefe, só pensar em um talvez levasse a um caso sério de náusea e tremores.

A sensação real de recompensa é mais que pura dor ou prazer e aproximação ou evasão. Poderíamos blefar para ter uma sensação de poder, a alegria de ganhar um bom prêmio e empilhar nossas fichas, ou experimentar a pura euforia de uma sequência especial de cartas (o *straight flush*, por exemplo). Para fornecer essa gama de prazeres, o sistema de recompensa dopaminérgico mesolímbico está intimamente ligado a toda a nossa paleta emocional, incluindo todos os nossos sentimentos e estados de humor. No topo dessa lista está a *sensação de saber*, um requisito necessário. Primeiro, aprendemos as estratégias e, depois, podemos experimentar o prazer da implementação. Ironicamente, é esse estado de sentimento que os outros procuram nos seus olhos quando você blefa. A *sensação de convicção* que você projeta ajuda a convencer os outros de que você não está blefando. Os grandes jogadores de pôquer se aproveitam da falta de convicção dos oponentes menores – um dilema neurofisiológico para aqueles que querem adotar novas estratégias sem estar firmemente convencidos em um nível biológico.

Até o momento, os estudos do efeito de um gene no desejo de apostar se concentraram em situações normalmente percebidas como "apostar". Pede-se a voluntários que joguem vários jogos ou que tomem decisões financeiras baseadas em riscos percebidos; ressonâncias magnéticas registram quais áreas se iluminam e quanto. Mas e se o mesmo gene afetar questões que não costumamos considerar que estão relacionadas a apostas? Como exemplo, vamos considerar se devemos ou não abrir os campos de petróleo do Alasca para exploração ilimitada. Assim que faço essa pergunta, sou confrontado por um claro cálculo de risco-recompensa: se abrimos os campos, podemos corrigir posteriormente qualquer catástrofe ecológica causada pela exploração? Antes que possa juntar meus pensamentos, vejo imagens do derrame de petróleo do *Exxon Valdez* e seus efeitos sobre a vida selvagem. Para outra pessoa, a reação imediata poderia ser a imagem de longas filas de carros esperando nos postos durante a grande falta de gasolina dos anos 1970. Nenhum de nós conscientemente escolheu as imagens significativas iniciais que vão moldar nossas decisões conscientes. A camada escondida votou em qual é a mais importante e enviou-a para a consciência – um cálculo que depende de todos os fatores que formam a camada escondida, incluindo predisposições genéticas.

Pense na diferença entre dois jogadores de pôquer, um sem o gene de correr riscos, o outro com. Os dois têm a mesma informação, mas o que não tem o gene se preocupa com o que vai acontecer se alguém pagar para ver seu blefe, enquanto o outro se sente confiante de que ninguém vai pagar. Agora, transforme esses dois jogadores em políticos votando a exploração de petróleo no Alasca. Um vai se preocupar com todas as catástrofes concebíveis, enquanto o outro vai ignorar os riscos com o otimismo adicional de que os milagres da tecnologia moderna podem limpar qualquer derramamento.

Ou transforme-os em oncologistas. Um amigo meu desenvolveu um linfoma não Hodgkin. A quimioterapia-padrão falhou; ele foi a dois centros médicos universitários locais para se informar sobre transplante de medula óssea. Os dois oncologistas indicaram que a porcentagem de sobrevida obtida pelo transplante era igual ao aumento da taxa de falecimento causado pelo tratamento. O risco era exatamente igual ao benefício. Meu amigo ficou desorientado e perguntou aos dois médicos o que eles fariam se fossem pacientes. Livres das estatísticas e agora dando suas opiniões pessoais, ambos estavam bastante convencidos de que podiam fazer uma recomendação. Um votou sim; o outro votou não.

Da política à medicina, razões aparentemente deliberadas para a tomada de uma decisão serão influenciadas pela tolerância inata a riscos. Um olhar mais cuidadoso para a maioria das questões mais controversas da vez revela os mesmos problemas. Desacordos sobre pena de morte, aborto, pesquisa com células-tronco, clonagem e engenharia genética frequentemente são o reflexo de diferentes cálculos de risco-recompensa. Ao pensar na pena de morte, uma consideração importante é o grau de preocupação com a possibilidade de que um homem inocente seja executado. Para alguns, nem mesmo um leve risco é aceitável; para outros, é. As discussões sobre engenharia genética geralmente apelam para o argumento do caminho sem volta – "se tomarmos aquela estrada, não há como voltar" e "será como a abertura da caixa de Pandora" – contra a aceitação de algum grau de risco e a crença de que "temos controles adequados e podemos consertar qualquer erro de julgamento".

Com exemplos assim, seria completa loucura atribuir uma decisão somente à presença ou à ausência de um gene de propensão ao risco. Por outro lado, seria igualmente equivocado não considerar que os genes têm um papel. Mas, assim que postulamos sobre genes e propensão ao risco, imediatamente sentimos que o problema é mais complexo. Voltemos ao pôquer. Eu posso não ter o gene do risco e ser duplamente amaldiçoado pela expressão máxima da proteína *stathmin* na minha amígdala (sou negativo para o gene do risco e positivo para o gene da *stathmin*). Não só vou sentir menos prazer com o blefe, como, sempre que contemplar essa decisão, vou imediatamente me lembrar de cada perda agonizante sofrida quando o outro jogador pagou para ver meu blefe.

Combinar genes rapidamente produz possibilidades exponenciais. Continuando com nossas simplificações hipotéticas: e se futuros testes genéticos demonstrassem que os mais estridentes defensores do *laissez-faire* nas políticas ambientais estão no outro extremo do espectro genético do atrevimento? Esses políticos positivos para o gene de propensão ao risco e negativos para o gene da *stathmin* não poderiam ser facilmente intimidados ou humilhados; não se lembrariam facilmente de situações embaraçosas ou comprometedoras. Nós reclamamos da total falta de lucidez de nossos políticos menos preferidos, mas e se essa aparente insensibilidade existir, em parte, em função de uma amígdala desligada? Nenhuma experiência prévia ruim seria lembrada. Críticas não encontrariam lugar. O político poderia se sentir completamente correto ao dizer que não entendia o porquê de tanto alarde sobre o aquecimento global.

Eu não consegui assimilar totalmente a ótima estratégia dos blefes grandes e aleatórios do pôquer. Sei que, quando escolho estratégias menos lucrativas, não estou tomando a melhor decisão, mas ainda assim elas me deixam mais confortável. Estou aberto à ideia de que essa capacidade falha de tomar decisões talvez até tenha um componente genético. Da mesma forma, quando penso em questões ambientais, sei que vejo riscos maiores do que os defensores da exploração do petróleo. A pergunta ainda sem resposta, se é que há uma resposta: se um defensor da conservação tem mais *stathmin* e menos gene de propensão a riscos e o defensor da exploração tem menos *stathmin* e mais gene de propensão a riscos, como é possível que os dois tenham um diálogo razoável? A predisposição genética básica dos dois vai criar linhas diferentes de raciocínio *e* um campo de jogo desigual. O conservacionista vai responder mais prontamente a medos inatos e, talvez, seja mais facilmente intimidado.

De volta à observação do Dr. Drayna de que os genes mais cruciais para a sobrevivência são os que, provavelmente, têm um efeito direto sobre o comportamento. Considerando os óbvios benefícios para a sobrevivência da categoria geral da *sensação de saber*, não seria surpresa se essas sensações também se correlacionassem fortemente com predisposições genéticas. Infelizmente, dadas a ausência de um modelo animal adequado e a fenomenologia absurdamente complicada da *sensação de saber*, é improvável que um dia consigamos entender adequadamente o componente genético. Mas temos os dados subjetivos, como os estudos com gêmeos idênticos criados separadamente que mostram grupos de atitudes familiares em relação à religião e à espiritualidade, assim como outros traços de personalidade. A que ponto cada um se sente inclinado a um estado de certeza ou dúvida pode ser, em parte, uma expressão da facilidade com a qual experimentamos uma profunda *sensação de saber*. Um dia, o sabe-tudo e o eterno cético talvez sejam vistos como as duas posições extremas de liga e desliga do(s) gene(s) da *sensação de saber*.

Mas há outra complexidade de que precisamos tratar: é impossível discutir a influência genética sobre nossos pensamentos sem considerar os amplos efeitos do ambiente sobre a expressão dos genes. Os genes não operam no vácuo. Para colocar isso em perspectiva, gostaria de apresentar brevemente um estudo central sobre os efeitos do som ambiente na aquisição da linguagem básica e no desenvolvimento da fala.

O córtex auditivo – a parte do cérebro que processa os sons entrantes – está organizado funcionalmente com regiões específicas sendo preferencialmente sensíveis a uma largura de banda de som relativamente estreita. Ao inserir microelétrodos no córtex auditivo de ratos anestesiados, os pesquisadores podem criar detalhados mapas topográficos de quais áreas processam quais frequências. Para qualquer frequência apresentada ao rato, uma área distinta vai funcionar loucamente, enquanto o resto do córtex auditivo continua relativamente silencioso.

Essa organização do córtex auditivo é como um elaborado truque de cartazes em um jogo de futebol. A arquibancada é subdividida em muitas microsseções, cada uma com seu próprio conjunto de cartazes e instruções. Cada pessoa só pode segurar um único cartaz; sozinho, esse cartaz não possui nenhuma mensagem específica. Se todo mundo fizer seu trabalho corretamente, inclusive lendo as instruções precisamente, vai surgir da exibição coletiva de todas as cartas um padrão com significado. O córtex auditivo funciona da mesma forma – os genes são as instruções para cada microsseção.

Os ratos são um modelo conveniente para o estudo do desenvolvimento do cérebro. O córtex auditivo do rato continua a se desenvolver por cerca de duas semanas depois do nascimento. Depois disso, não há muita mudança. Essa janela inicial de plasticidade do cérebro permite que os pesquisadores estudem como as entradas ambientais poderiam influenciar o desenvolvimento inicial geneticamente programado do cérebro. Se o córtex pudesse ser fisicamente alterado pela exposição ambiental, isso seria uma pista importante para a compreensão de como o cérebro maduro é moldado pelas circunstâncias.

O neurocientista Michael Merzenich, da Universidade da Califórnia em São Francisco, queria examinar se a alteração do som ambiental durante o período crucial de desenvolvimento pós-natal do cérebro mudaria a anatomia do córtex auditivo. Merzenich desenhou um engenhoso experimento no qual limitou a exposição de um grupo de ratos recém-nascidos a tons de frequência única (monotons). Depois de duas semanas, quando o desenvolvimento cortical estava razoavelmente completo, ele estudou a distribuição de respostas a frequências dentro do córtex auditivo desses ratos. Se os genes fossem os únicos determinantes do desenvolvimento do cérebro, o mapa topográfico do córtex auditivo desses ratos seria igual ao dos ratos expostos a uma amplitude normal de sons ambientais. Em vez disso, os neurônios para as frequências expostas eram mais abundantes e cobriam uma área muito maior do córtex auditivo que os neurônios para frequências que os ratos não tinham ouvido. Todo o córtex tinha mudado para responder ao máximo àqueles sons ambientais presentes durante o estágio crucial de desenvolvimento do cérebro.[7]

Merzenich inferiu que nossos cérebros possuem um viés anatômico para ouvir preferencialmente os sons aos quais somos expostos quando crianças pequenas. Por outro lado, teremos mais dificuldades para ouvir sons apresentados com menos frequência durante esse período crucial do desenvolvimento cerebral. Para testar essa hipótese, ele expôs outro grupo de ratos recém-nascidos a um barulho de fundo contínuo moderadamente baixo (*white noise*). Esses ratos demonstraram desenvolvimento atrasado do córtex auditivo, além de defeitos no reconhecimento de sons.[8] O barulho de fundo interferia com o bom desenvolvimento auditivo.

Presumindo que esses experimentos com ratos sejam, de modo geral, aplicáveis a humanos (há evidências substanciais),[9]

---

[7] Zhang, L.; Bao, S.; Merzenich, M. M., "Persistent and Specific Influences of Early Acoustic Environments on Primary Auditory Cortex". *Nature Neuroscience*, n. 4, p. 1123-1130, 2001.

[8] Chang, E. F.; Merzenich, M. M. "Environmental Noise Retards Auditory Cortical Development". *Science*, v. 300, n. 5618, p. 498-502, 2003.

[9] www.hhmi.org/news/chang.html. "Apesar de o rato não ser um modelo perfeito do desenvolvimento auditivo humano, ele permite que investiguemos o papel fundamental das primeiras experiências sensoriais no desenvolvimento auditivo

consideremos a seguinte hipótese. O inglês entrante é composto por aproximadamente 40 a 45 fonemas. Por meio da exposição repetitiva e do resultante reconhecimento de padrões, o cérebro constrói redes neurais que aprendem a detectar fonemas individuais e, depois, uma combinação de fonemas. Começamos com "da" e progredimos para *daddy* (papai) e dadá. Desde o começo desse processo de tentativa e erro da aquisição da linguagem, existe a necessidade de uma recompensa adequada. Seja um afago na cabeça, um sorriso da mãe ou um "Isso, Virginia, isso é um Z", a *sensação de saber* se torna uma característica integral e inseparável das redes neurais mais básicas para o reconhecimento de letras, símbolos e fonemas. Como resultado, o desenvolvimento mais básico da linguagem será influenciado pelos vieses das pessoas que estão nos ensinando. O que nos dizem que está correto vai moldar todo o pensamento subsequente baseado na linguagem. É com esses blocos de construção de linguagem já coloridos que ouvimos nossos professores, escolhemos nossos líderes, planejamos experiências científicas, teorizamos sobre filosofia e religião e decidimos nossos futuros.

Agora, consideremos o que poderia acontecer se o discurso entrante fosse truncado, da mesma maneira que o barulho de fundo altera a anatomia funcional do córtex auditivo em desenvolvimento do rato. Imagine uma criança tentando adquirir linguagem no meio de sons de fundo formados por motores de geladeira, ventiladores, ares-condicionados, secadores de cabelo, uma TV alta, cachorros latindo, a proximidade de membros da família discutindo, o estrépito do trânsito da rua, sirenes de emergência e a música de Alice Cooper tocando no apartamento ao lado. Some a isso o problema de relegar o ensino da linguagem a pais que trabalham

---

dos mamíferos. Por exemplo, sabemos que expor ratos filhotes a estímulos sonoros específicos pode induzir mudanças representacionais de longo prazo no cérebro. Outros pesquisadores mostraram que existem paralelismos notáveis em humanos e outros animais."

o dia todo e/ou cuidadores cansados com tempo e vocabulário limitados, sintaxe imprópria e pronúncia incomum.

Este é um fator de influência no declínio do índice de alfabetização nos Estados Unidos, a despeito das maiores oportunidades educacionais?[10] As nossas crianças estão se tornando o grupo de estudo para o equivalente humano dos experimentos de Merzenich, com vieses culturais afetando o desenvolvimento estrutural do cérebro da próxima geração? Como ele disse, referindo-se às crianças de áreas urbanas: "Há fortes evidências de que, pelo menos para muitas crianças com lentidão no aprendizado da linguagem, o problema é um verdadeiro atraso no desenvolvimento do processamento de suas línguas nativas que as deixa com uma linguagem defeituosa, e seu processo é, na verdade, idealizado não para o inglês ou o espanhol, mas para o inglês barulhento ou o espanhol barulhento".[11]

O mais impressionante nos estudos de Merzenich é a revelação de como a interação complexa de elementos inatos e adquiridos está presente desde o começo do desenvolvimento cerebral. Uma genética idêntica não vai resultar em estruturas cerebrais idênticas. Para colocar em um contexto mais familiar, vamos retomar a analogia Windows-Mac. Imagine ver exatamente a mesma imagem em dois monitores – um rodando Windows e o outro, Mac. Olhar essa imagem não vai nos dizer nada sobre como essas imagens foram criadas. As sucessivas linhas de código – equivalentes a linhas de raciocínio – serão diferentes, mas a imagem final será a mesma. Como vimos

---

10 Dillon, S. "Literacy Falls for Graduates From College, Testing Finds". *The New York Times*, 16 dez. 2005. Também disponível em www.nytimes.com.

11 Merzenich desenvolveu técnicas intrigantes, apesar de controversas, para apresentar um novo conjunto de sons para crianças afetadas. Ele acredita que um córtex auditivo incorretamente desenvolvido pode ser reorganizado para processar de forma mais eficiente e precisa o discurso ouvido. As questões centrais que ainda devem ser determinadas são o grau e a duração da plasticidade neural e a facilidade de alteração de redes neurais já estabelecidas.

com o casal que se preparava para ir ao aeroporto, acordo completo e total não é sinônimo de processos de pensamento idênticos. Mesmo quando concordamos completamente com uma ideia, essa concordância é proveniente de formas diferentes de pensamento, envolvendo genética e experiências pessoais totalmente únicas. Achar que podemos convencer os outros a pensar como nós é acreditar que podemos superar diferenças inatas que tornam nossos processos de pensamento tão únicos quanto nossas impressões digitais.

11. Pensamentos sensacionais

Os pensamentos são as sombras de nossas sensações – sempre mais obscuros, mais vazios, mais simples do que estas.
— **Friedrich Nietzsche**

Como sabemos, há conhecimentos conhecidos; há coisas que sabemos que sabemos. Também sabemos que há desconhecimentos conhecidos; quer dizer, sabemos que há algumas coisas que não sabemos. Mas também há desconhecimentos desconhecidos – os que não sabemos que não sabemos.
— **Donald Rumsfeld**

Quando vamos além dos mais simples pensamentos semânticos autodefinidores, o pensamento puro não pode se resolver. Da primeira vez que você escapa do ataque de um leão subindo em uma árvore, a razão vai dizer que essa é uma excelente estratégia. Mas, no final, você aprende com a experiência que grandes estratégias às vezes fracassam rotundamente e que podem existir melhores opções que você não considerou. O melhor que a razão pode fazer à guisa de confirmação da estratégia é declarar que subir na árvore foi eficiente *dessa* vez.

Como um sistema isolado, o pensamento está fadado ao perpétuo "sim, mas" que surge de não ser capaz de saber o que você não sabe. Sem um interruptor de circuito, a indecisão e a inação seriam a regra geral. O que é necessário é um interruptor mental que ponha um fim às ruminações infinitas e acalme nossos medos de deixar passar uma alternativa melhor desconhecida. Esse interruptor não pode ser um pensamento, ou voltaríamos ao mesmo problema. A solução mais simples seria uma sensação que parece um pensamento, mas não está sujeita ao perpétuo autoquestionamento do pensamento. A constelação de estados mentais que constitui a *sensação de saber* é uma maravilhosa adaptação que resolve um dilema metafísico bastante real de como chegar a uma conclusão.

Neste capítulo, gostaria de apresentar alguns poucos exemplos de outras sensações mentais raramente discutidas que são cruciais para o modo como pensamos sobre o pensar. Para deixar a questão o mais provocativa possível, este capítulo tem como objetivo mostrar como o pensamento não pode existir sem sensação – tanto as sensações do mundo externo da forma como são percebidas pelo corpo quanto os estados mentais internos.

Para começar, considere como pensamos sobre o mundo em geral. Imagine um cérebro muito inteligente sem corpo chegando por FedEx de alguma galáxia distante. Suspenso dentro de uma jarra, ele não tem órgãos sensoriais – não tem olhos, ouvidos ou sensações periféricas. A pergunta é: como ele pensaria sobre o mundo? Esse cérebro-jarra poderia facilmente memorizar as definições de força, massa e aceleração e a equação $f = ma$ sem qualquer experiência pessoal de qualquer uma dessas condições. Mas, sem nunca ter sentido o puxão da gravidade, parece inimaginável que ele poderia, do nada, conceitualizar a equação. Todos conhecemos a história provavelmente apócrifa de Newton sob a macieira, vendo uma maçã caindo no chão. Pense em todas as experiências anteriores que foram necessárias para a compreensão da simples observação de que a maçã pesava algo, ganhava velocidade ao cair e chegava ao chão com uma força calculável. O cérebro isolado nunca teria experimentado as sensações corporais correspondentes aos conceitos de força, massa e aceleração. Nunca teria guiado um carro de corrida de quatrocentos cavalos de potência nem sentido os pneus girando, o súbito empuxo incontrolável para a frente e sua cabeça indo para trás. Não teria nenhuma lembrança física da surpresa de apanhar um objeto aparentemente leve – digamos uma pequena bola – e ficar espantado com seu peso inesperado, para então perceber que a bola é feita de chumbo.

Como o cérebro-jarra pensaria nas leis da velocidade sem alguma sensação do que é a velocidade? Ou pensemos na estética. O que significaria a beleza para uma mente sem corpo? Se você nunca viu a feiura, não pode saber o que é bonito. Se nunca ouviu dissonância e cacofonia, não pode saber quando algo é harmonioso. Precisamos de uma apreciação sensorial do mundo para dar um significado palpável a nossos pensamentos.

Em *Philosophy in the flesh: the embodied mind and its challenge to Western thought* (Filosofia na carne: a mente corporizada e o seu desafio para o pensamento ocidental), os cientistas cognitivos George Lakoff e Mark Johnson oferecem um resumo sucinto.

> *A razão não é incorpórea, como a tradição em geral tem afirmado, mas surge da natureza de nossos cérebros, nossos corpos e nossas experiências corporais [...] Os mesmos mecanismos neurais e cognitivos que nos permitem perceber e nos mover também criam nossos sistemas conceituais e modos de raciocinar. Para entender a razão,*

devemos entender os detalhes de nosso sistema visual, nosso sistema motor e os mecanismos gerais de vinculação neural. A razão não é uma característica transcendental do universo ou da mente incorpórea. Em vez disso, é moldada crucialmente pelas peculiaridades de nossos corpos humanos, pelos detalhes notáveis da estrutura neural dos nossos cérebros e pelas especificidades do nosso funcionamento diário no mundo.[1] [Grifos meus.]

O pensamento incorpóreo não é uma opção fisiológica. Tampouco é uma mente puramente racional livre de sensações e percepções corporais e mentais.

Para saber o que nossas mentes estão fazendo, precisamos de algum sistema sensorial que possa monitorar nossas atividades mentais. Apesar de minha discussão ter se centrado na *sensação de saber*, está claro que também existem sistemas mentais para monitorar a autopercepção. Talvez a sensação mais universal, persistente e incontestada seja como o seu "eu" parece estar localizado em algum ponto atrás dos seus olhos, algum ponto dentro da sua cabeça ou pelo menos em algum lugar dentro do seu corpo. Faz sentido evolucionário que, normalmente, não nos sintamos "lá fora" no cosmos ou a três quarteirões de distância num bar. Sem uma presença localizada, você estaria constantemente "procurando por si mesmo" sem qualquer orientação quanto a onde "você" poderia estar. Se a sensação do eu tem valor no desenvolvimento do comportamento pessoal e social, ou até na decisão de onde se sentar no ônibus, precisamos

---

[1] Lakoff, G.; Johnson, M. *Philosophy in the Flesh*. New York: Basic Books, 1999. p. 4.

saber onde "nós" estamos em relação aos outros. Idealmente, o cérebro desenvolveria um sistema de posicionamento global para o ego.

Embora nenhum mecanismo assim tenha sido descoberto, pesquisas recentes mostraram que uma área do cérebro é instrumental para onde vemos nosso "eu". A observação inicial foi feita por uma equipe suíça de neurocirurgiões que realizou um mapeamento cortical direto em uma jovem mulher com epilepsia descontrolada. Durante o estímulo da região têmporo-parietal direita, a paciente experimentou consistentemente "uma sensação de leveza, como se estivesse flutuando sobre ela mesma. Ainda mais notável é que ela parecia sair de seu corpo, como se o estivesse vendo do teto".[2] Depois de obter a mesma resposta "fora do corpo" com vários outros pacientes, a equipe neurológica realizou uma experiência simples de acompanhamento. Pediram a um grupo de voluntários que imaginasse seu "eu" flutuando acima de seu corpo. Quando fizeram isso, ressonâncias magnéticas mostraram uma forte ativação da mesma região têmporo-parietal. Mas essa resposta obtida nas ressonâncias magnéticas limitava-se à imagem mental do eu; visualizar outros objetos flutuando ativava diferentes áreas do cérebro. A região têmporo-parietal permanecia silenciosa. Apesar de estar sujeito a todas as falhas inerentes ao correlacionamento de ressonância magnética com comportamentos, o estudo convenceu os pesquisadores de que a junção têmporo-parietal tem um papel importante e específico em como sentimos onde o eu está localizado em relação ao corpo.

Parece estranho que nós, neurologistas, aceitemos prontamente a ideia de um sistema proprioceptivo periférico para determinar a posição de nosso corpo no espaço, mas só recentemente tenhamos

---

2 Blanke, O. et al. "Stimulating Illusory Own-Body Perceptions". *Nature*, n. 419 p. 269-270, 2002. Blanke, O. et al. "Linking Out-of-Body Experience and Self Processing to Mental Own-Body Imagery at the Temporoparietal Junction". *Journal of Neuroscience*, v. 25, n. 3, p. 550-557, 2005.

começado a postular um sistema similar para localizar estados mentais internos como o "eu". O problema pode estar na própria natureza de como experimentamos nosso "eu". Quer vejamos o eu como uma função cerebral puramente emergente ou uma verdadeira entidade física, como uma "alma" material, sentimos que o eu é um ponto fixo no centro da nossa consciência, e não uma parte móvel semelhante a um joelho que muda sua posição relativamente ao tornozelo. Ainda assim, devemos ter algum sistema sensorial que nos diga onde "nós" estamos localizados, ou não sentiríamos que estamos presentes.

Assim como sentimos onde nossa mente "está", devemos ser informados do que ela está fazendo. A consciência de que estamos pensando é uma sensação que acontece conosco; não é um pensamento que possamos evocar conscientemente.[3] Nós *sentimos* que estamos pensando da mesma forma que sentimos a atividade corporal. Aqueles pensamentos que não chegam à consciência não são sentidos como sendo ativamente pensados. O que nos leva à questão maior do papel dos sistemas sensoriais mentais na diferenciação de pensamentos conscientes e inconscientes.

Um exemplo pessoal recente: estou deitado na cama tentando me lembrar do nome da tira de quadrinhos que mostrava um jacaré e um gambá sentados debaixo de uma árvore filosofando. Minha esposa também não consegue lembrar. Apesar de não conseguir me lembrar conscientemente do nome, tenho razoável confiança de que, se eu "dormir pensando nisso", a resposta vai "me ocorrer" pela manhã. Digo a minha esposa que vou realizar um experimento no

---

[3] Consciência é a percepção involuntária e seletiva de aspectos do que a mente está fazendo a cada instante. A diferença entre as entradas sensoriais que chegam e aquelas que não chegam à consciência não está nas entradas básicas, mas no fato de elas serem ou não sentidas conscientemente.

qual vou fazer ao meu inconsciente a mesma pergunta que acabo de fazer para mim mesmo conscientemente: "Qual é o nome da tira de quadrinhos?". Depois de colocar meu inconsciente para resolver o problema, eu adormeço.

Quando acordo, fico surpreso ao ouvir a palavra *Pogo* surgindo dos meus devaneios matinais. Apesar de saber que eu "tinha perguntado ao meu inconsciente" a mesma questão que tinha feito a mim mesmo conscientemente, não sinto a sensação de intenção imediatamente antes da chegada de *Pogo*. Não sinto que "pensei o pensamento". A resposta parece bastante diferente da lembrança consciente. O neurologista em mim me lembra de que não existem evidências convincentes de que esses dois modelos de lembrança são diferentes, mas é assim que me sinto em relação a eles. Um exemplo perfeito de dissonância cognitiva – não sou capaz de aceitar visceralmente o que sei que é verdade.

Essa separação entre o processo de pensar e a consciência de pensar pode parecer desnecessária, até contraprodutiva, mas consideremos por um momento a alternativa. E se experimentássemos qualquer processo de pensamento conforme ele ocorresse? O caos seria total. Eu só ouvi *Pogo*; não ouvi *Peanuts*, *Calvin and Hobbes*, ou qualquer outra consideração que foi rejeitada. Nesse exato momento, você não está consciente da sua própria miríade de ruminações inconscientes. Imagine se preocupar sobre qual universidade seus filhos deveriam frequentar, quando cortar os cabelos e tentar se lembrar de uma palavra esquecida num *jingle* da Pepsi-Cola, tudo isso simultaneamente competindo por sua atenção enquanto você está tentando ler este parágrafo. Para focar sua atenção total em preocupações imediatas, faz sentido que os pensamentos não diretos, menos importantes ou de longo prazo ocorram em silêncio.

A maioria dos neurocientistas acredita que pensamentos conscientes são apenas a ponta de um *iceberg* cognitivo e que a vasta maioria do "pensamento" ocorre fora da consciência.[4] Se for assim, a aparente diferença entre pensamentos conscientes e inconscientes baseia-se em fisiologias diferentes ou em como esses pensamentos são *sentidos*? Para ter outra perspectiva das sensações de pensamento, gostaria de apresentar dois breves experimentos de pensamento. Enquanto lê os dois exemplos contrastantes, pergunte a si mesmo se sua sensação sobre os exemplos é diferente da sua compreensão deles.

Você é um farmacologista de uma universidade procurando um tratamento para uma doença genética bastante rara. A abordagem-padrão é procurar uma proteína responsável específica e modelar uma droga teórica para bloquear os efeitos dessa proteína. Em seu computador pessoal, você insere todos os dados pertinentes – do genoma humano completo a todas as pesquisas anteriores feitas sobre isso e as doenças relacionadas. Você espera que esses cálculos extremamente complexos tomem um tempo considerável. Como está ocupado com vários outros projetos e não quer ser incomodado com a triagem de todas as possíveis respostas, você programa um segundo conjunto de instruções que permite ao computador prever a probabilidade de que uma droga em especial seja útil. Só as fórmulas de drogas que alcançam uma certa probabilidade predeterminada de serem eficientes serão mostradas na tela do monitor. Respostas menos prováveis serão automaticamente rejeitadas.

Seu computador pessoal é muito lento, mas você não o trocou durante todos esses anos porque ele é muito silencioso. Não há o barulho chato do ventilador ou do HD; os LED estão todos queimados. Quando o monitor entra em modo de espera, não dá nem

---

4 Lakoff, p. 13. "O pensamento cognitivo é a ponta de um enorme *iceberg*. É amplamente aceito entre os cientistas cognitivos que o pensamento inconsciente representa 95% de todo o pensamento – e isso pode estar bastante subestimado. Além do mais, os 95% abaixo da superfície da consciência moldam e estruturam todo o pensamento consciente. Se o inconsciente cognitivo não estivesse lá fazendo essa modelagem, não poderia existir pensamento consciente."

para saber se está ligado, muito menos saber se está trabalhando ativamente no problema. É o perfeito computador caixa-preta.

Más notícias. Pouco depois de digitar a pergunta, sua bolsa do governo é cancelada por "progresso tempestivo insuficiente". Seu laboratório é anexado; seus novos projetos são inseridos em computadores em rede no final do corredor. Você para de usar seu adorado PC, mas o mantém ligado fora da vista, debaixo da sua escrivaninha. Passa o tempo. No final, você se esquece do seu projeto.

Uma manhã, quando chega ao laboratório, o monitor há tanto tempo apagado está piscando. Na tela, está a fórmula para uma nova droga. Sob ela, aparece a afirmação: "A probabilidade teórica de que essa droga seja eficiente é de 99,999%". Você fica animado pelo resultado e desanimado pela bolsa ter sido cancelada prematuramente. "Eles deveriam saber que essa quantidade enorme de cálculos leva tempo", você resmunga para si mesmo. Pensa em pedir outra bolsa, confiante de que a sua programação anterior fez exatamente o que foi criada para fazer.

Nesse cenário, você não sente que o computador fez nada fora do comum. Estava simplesmente seguindo instruções. A ausência de LED piscando não sugere que o computador esteja processando informações de forma diferente do que quando as luzes funcionavam. Você não sente que presenciou um milagre, não sente a necessidade de criar um novo vocabulário nem invoca a intuição para descrever um computador funcionando sem notificar que está funcionando. Não fica preocupado com o intervalo de tempo decorrido entre formular uma pergunta complexa e receber a resposta. Tampouco está surpreso de que a única resposta que apareceu no monitor tenha uma grande probabilidade de estar correta. Todas essas condições foram antecipadas.

Agora mudemos o cenário. Você é um autor pensando em escrever um livro longo e multigeracional, com uma grande quantidade de personagens. Você passa alguns meses pensando conscientemente em possíveis enredos e arcos narrativos, mas o enorme número de substituições e combinações é assustador. No final, você se cansa da ideia e passa a um conto minimalista que dura um dia e tem dois personagens. Fica aliviado e esquece totalmente o incômodo projeto maior.

Passam os anos. Então, sem nenhum evento instigante e aparente, você acorda com o enredo de seu livro, há tanto tempo abandonado, aparecendo completo para você. Da sentença inicial ao desfecho final – está tudo lá, em uma avalanche de palavras e imagens. Fica espantado pela *sensação de correção* da solução e pela ausência de esforço da sua parte. Diz a seus amigos que foi possuído e que o livro foi ditado a você por "forças superiores". Em sessões de autógrafos, em um tom levemente embaraçado, você fala em transcendência e intuição na sua escrita de ficção. Não importa quantas vezes revisite aquele momento, ele continua incompreensível, até "sobrenatural".

Um grande problema na distinção entre pensamentos conscientes e inconscientes é nossa dificuldade inerente de atribuir intenção a pensamentos que ocorrem fora da consciência. Todos aceitamos que motivação e intenção representam interações complexas entre o que queremos consciente e inconscientemente. Mas, quando uma ideia aparece sem esforços precedentes claros e imediatos, não a *sentimos* como intencional. No exemplo do *Pogo*, eu pedi claramente a meu inconsciente que resolvesse o problema, mas, por causa do tempo passado entre pergunta e resposta, senti como se *Pogo* tivesse aparecido "do nada", sem esforço. O mesmo vale para a estrutura do enredo de seu livro abandonado.

Contraste essa dificuldade em sentir que pensamentos inconscientes são intencionais com nossa aceitação inquestionável de que o computador silencioso está trabalhando de acordo com uma intenção clara e específica até quando não estamos conscientes de sua ação (os LED não estão piscando). A diferença é uma função de nossa biologia. Não precisamos *sentir* a intenção de um computador porque sabemos quais intenções nós programamos nele e aceitamos que qualquer atraso em conseguir uma resposta é uma função da velocidade do processador e da complexidade da pergunta. Mas, com nossos pensamentos, qualquer atraso significativo entre pergunta e resposta tende a eliminar do pensamento um sentido de intencionalidade.

Não sabemos como o cérebro cria uma sensação de causa e efeito, mas a relação temporal deve ser crucial. Devemos experimentar a causa como precedente ao efeito. Quanto maior a proximidade, maior a sensação de intencionalidade. Se eu bato o dedão e imediatamente sinto uma dor, tenho bastante certeza de que a batida do pé causou a dor. Mas, se eu bato o pé e sinto dor três semanas depois, tenho menos certeza da relação causa-efeito. Quanto mais tempo passar, maiores as chances de que existam outras possíveis explicações. Se eu me faço uma pergunta e consigo uma resposta imediata, a resposta parece intencional à pergunta. Mas, quanto maior o atraso, mais fraca é a sensação de intencionalidade. "Sim, foi o que pensei" gradualmente se transforma em "Isso simplesmente me ocorreu".

No capítulo sobre o beisebol, vimos que o cérebro reordena a apreciação que o rebatedor faz do tempo a fim de apresentar uma visão ininterrupta do presente. A física básica do que o rebatedor vê é sobrepujada pelos mecanismos neurais necessários para um sentido coerente de causa-efeito – o rebatedor precisa sentir que vê a bola se aproximando da base *antes* de começar a girar. Sensações de intenção encontram um problema parecido. Uma sensação de ter ponderado uma questão deve estar presente na consciência em proximidade a uma resposta para que sintamos uma clara relação de causa-efeito. Mas estamos tentando fazer uma grande variedade de coisas a todo instante. Estamos planejando o jantar dessa noite, a palestra da próxima semana, uma viagem para as montanhas, quando pagar nossos impostos, levar os sapatos para consertar e quando ligar o TiVo. Ter uma enorme quantidade de intenções diferentes simultaneamente presentes na consciência criaria uma mente caótica e confusa; a atenção seria dividida entre todas as perguntas que estivessem sendo consideradas. Não ter todas as intenções simultaneamente no centro da consciência cria a ilusão de que alguns pensamentos não são intencionais, mas simplesmente "nos ocorrem". Parece que a evolução escolheu a mente despojada à custa de eliminar a sensação de intenção dos pensamentos inconscientes.

Como o inconsciente decide o que deveria ser levado à consciência é uma questão bastante debatida. Não precisamos conhecer os mecanismos exatos para perceber que a decisão deve incluir um cálculo de probabilidade. Voltemos ao exemplo do computador. Para evitar receber um relatório de todos os possíveis componentes considerados como potenciais candidatos à droga, você programou no computador uma equação probabilística que só envia as drogas com alta probabilidade à consciência (a tela do monitor). Esse é o mesmo processo que as redes neurais usam para o reconhecimento de padrões.

Imagine-se ensinando o alfabeto para sua filhinha. Você e o Garibaldo se revezam pacientemente na repetição da letra A enquanto apontam para ela em vários formatos – em um cubo, um quadro-negro, um livro de colorir e assim por diante. Quando sua filha olha para um A pela primeira vez, ela pode ver um H. Depois de várias tentativas e seu reforço das respostas corretas, essas interpretações alternativas não surgem mais na consciência dela. Ao falar que sua filha aprendeu a reconhecer um A, você também está dizendo que a mente inconsciente dela consegue calcular de forma precisa as chances da imagem ser um A *versus* ser um H ou uma tenda com uma flecha atravessada. A projeção da correção do A na consciência e a simultânea rejeição de outras possibilidades é análoga à equação do computador que restringia as respostas exibidas àquelas com uma probabilidade razoável de estarem corretas.

Para sentir como esse cálculo evolui para a *sensação de saber*, dê uma olhada na seguinte figura e tente decidir se é um A ou um H.

A

Uma incapacidade de decidir é equivalente a seu cérebro ver essa figura como uma proposição aproximadamente meio a meio. (A e H são igualmente prováveis.) Se você escolhe A ou H, seu sistema de reconhecimento de padrões calculou que um é mais provável que o outro. Acrescente mais dicas e as probabilidades mudam dramaticamente.

A
TAE CAT

Em THE, você se sente certo de que o símbolo é um H. Em CAT, você reverte as probabilidades. Em ambas as palavras, você sente um alto grau de probabilidade de estar correto. Eu até me aventuraria a dizer que muitos de vocês sentem-se certos da sua interpretação. O cálculo de probabilidades foi transformado em uma *sensação de saber*.[5]

---

5 A natureza exata desses cálculos não é conhecida, mas a transmissão sináptica nos dá alguma ideia das complexidades matemáticas envolvidas. Para qualquer dado tipo de neurônio, alguns neurotransmissores são excitadores (encorajam a célula a ligar-se), enquanto outros são inibidores (suprimem a tendência do neurônio a se ligar). Todos competem com receptores pós-sinápticos, que também variam em sensibilidade e receptividade aos neurotransmissores. E assim em diante. A todo instante, em todos os níveis de organização neural, esse caldo microscópico de mais e menos realiza um vasto número de cálculos revisados constantemente.

Seria besteira sugerir que a *sensação de saber* está presente no inconsciente – uma sensação não sentida não faz sentido. A provável explicação é que o reconhecimento inconsciente de padrões contém um cálculo de probabilidade de correção que é conscientemente experimentado como uma *sensação de saber*. Quanto mais próximo for o encaixe entre padrões aprendidos anteriormente e novos padrões entrantes, maior será o grau da *sensação de correção*. Um encaixe perfeito provavelmente resultará em um alto grau de certeza. Um padrão estranho que não se encaixa nas experiências prévias não será reconhecido – o cálculo resultante, de baixa probabilidade, poderia ser sentido como estranho, pouco familiar, errado, "não correto", ou até mesmo não sentido.

Como não temos nem ferramentas investigativas, nem evidências circunstanciais suficientes para saber como os pensamentos surgem dos neurônios – seja consciente ou inconscientemente –, somos livres para especular quanto a qualquer mecanismo possível. O cientista cognitivo Steven Pinker criou a bonita, mas inexata, expressão "mentalês" para se referir aos processos simbólicos que criam o pensamento inconsciente simultaneamente expressando nossa mais profunda falta de compreensão desses processos.[6]

Sentimentos complexos são eles mesmos o produto desses cálculos. Sob essa luz, é fácil ver as categorias de *sensação de saber* e *de não saber* como equivalentes metafóricos de mais alto nível de mais e menos. Familiaridade, correção, exatidão, estar no caminho certo, ponta da língua e *déjà vu* são mais; os sentimentos de equivocação, estranheza, bizarrice, *jamais vu* e "irrealidade" são menos. A mistura exata dessas sensações vai determinar como nos sentimos sobre uma ideia.

6 Pinker, S. *Como a mente funciona*. São Paulo: Cia das Letras, 1998. "Sentenças em uma linguagem falada como o inglês ou o japonês são projetadas para comunicação vocal entre seres sociais impacientes e inteligentes. Elas conseguem brevidade ao deixar de fora qualquer informação que o ouvinte possa mentalmente completar a partir do contexto. Em contraste, a 'linguagem do

Mas parece altamente provável que os mecanismos básicos sejam os mesmos – redes neurais processando informação (de visões e sons a pensamentos mais abstratos). Postular diferenças fundamentais entre pensamentos conscientes e inconscientes significaria que a biologia básica de cognição muda conforme os pensamentos entram e saem da consciência. Mas isso seria como dizer que o seu Prius vira uma Ferrari quando você sai da garagem.

Quando escreve um romance, você pode sentir a diferença entre escrever "qualquer coisa que vem à mente" e um enredo intencional em que você conscientemente rejeita certas possibilidades. Quando pensa ativamente, o editor censor está na posição ligado; durante o pensamento inconsciente, por misericórdia, ele está mudo. Mas essa é somente uma diferença de informações inseridas; algumas possibilidades são conscientemente rejeitadas enquanto outras são encorajadas. De um esquema de redes neurais, o esquema básico de processamento de inserções da camada escondida continua o mesmo – somente as inserções foram mudadas pelo editor consciente. Em vez de optar pela duvidosa premissa de que "pensamentos não pensados" representam uma "maneira de pensar" diferente, por que não considerar a cognição como uma entidade única que está subdividida em várias formas de ser experimentada?

Essas diferenças sentidas são substanciais. Pensamentos conscientes têm a sensação embutida do esforço consciente e da intenção; pensamentos inconscientes não possuem essa sensação. Pensamentos conscientes passam a sensação de que estão sendo pensados; pensamentos inconscientes, não. Pensamentos inconscientes que chegam à consciência foram triados antecipadamente e marcados

---

pensamento' na qual o conhecimento é formulado não pode deixar nada à imaginação, porque é a imaginação [...] Então, as afirmações em um sistema de conhecimento não são sentenças em inglês, e sim inscrições em uma linguagem de pensamento mais rica, o 'mentalês.'"

com uma probabilidade maior de que vale a pena segui-los do que as ideias que não chegam à consciência. Pensamentos inconscientes com uma probabilidade calculada suficientemente alta de correção serão experimentados conscientemente como *parecendo corretos*.

Intuição e instintos são pensamentos inconscientes somados à sensação de saber

Bem-vindo a dois dos termos mais mal compreendidos da psicologia popular – *intuição* e *instintos*. Para começar, veja quantos conceitos errados aparecem nas breves definições encontradas na Wikipédia.

INTUIÇÃO

1. Um *insight* rápido e pronto aparentemente independente de *experiências* ou *conhecimento empírico prévio*.
2. Apreensão ou *cognição* imediata, ou seja, conhecimento ou convicção sem consideração, pensamento ou inferência.
3. Entendimento sem aparente esforço.

INSTINTOS

1. Sentimentos ou ideias formados sem qualquer lógica racional.
2. Uma convicção profunda de que algo é assim sem saber o motivo.

Sem considerar o relacionamento fisiológico entre sensações mentais e pensamento, somos forçados a tirar algumas conclusões peculiares. O que exatamente é cognição imediata sem pensamento? Seria algum mecanismo cerebral ainda não descoberto por meio do qual um pensamento ocorre sem qualquer processo de pensamento subjacente? E que tipo de pensamento ocorreria sem experiência anterior, incluindo sensações corporais anteriores? (A crença em uma mente racional incorpórea não é facilmente descartada.) E entender sem esforço aparente? Isso não é um pensamento do qual se removeu a sensação de ter sido intencionalmente pensado? A observação mais próxima da verdade – que um instinto é uma convicção profunda que ocorre sem qualquer sensação subjacente de se saber o motivo – não é nada mais do que a descrição da *sensação de saber* desacompanhada da consciência de um pensamento se precipitando ou de uma linha específica de raciocínio.

A convicção profunda *é* a *sensação de saber*. Ao entender a relação entre essa sensação e os pensamentos inconscientes, não vamos sentir necessidade de criar novas categorias de cognição. Como vimos com "experiências místicas", a aparição espontânea da *sensação de saber* costuma ser descrita como um momento de profunda compreensão. O poder desse *conhecimento sentido* não pode ser subestimado, mesmo quando ele existe independentemente da razão ou de qualquer evidência que o confirme. A comparação com as intuições é inevitável; uma intuição também é a aparição da *sensação de saber* sem a consciência de uma linha de raciocínio que a desencadeie ou uma avaliação consciente das evidências disponíveis. No próximo capítulo, vamos examinar ideias populares sobre a intuição. Neste momento, apenas quero enfatizar como o reconhecimento e a discussão das sensações de um pensamento são inseparáveis de qualquer teoria da mente.

Para resumir: pensamentos exigem informação sensorial. Uma mente incorpórea não pode contemplar a beleza ou sentir as diferenças entre amor profundo, paixão e puro desejo. Para evitar confusão e caos, nossos cérebros possuem sistemas sensoriais que, seletivamente, nos contam quando estamos pensando um pensamento. Esses sistemas sensoriais também determinam como experimentamos causa-efeito mental e intencionalidade. E são instrumentais para imbuir nossos pensamentos com uma sensação de correção ou incorreção. Sem a sensação embutida de que está no caminho certo, um pensamento não seria merecedor da mente na qual está estampado. Para mim, a evidência é contundente.

Conhecemos a natureza e a qualidade de nossos pensamentos por meio dos sentimentos, não da razão. Sentimentos como certeza, convicção, correção e incorreção, clareza e fé nascem de sistemas sensoriais mentais involuntários que são componentes integrantes e inseparáveis dos pensamentos que eles qualificam.

12. Os pilares gêmeos da certeza: razão e objetividade

*Quando Levin pensava no que era e para que vivia, não encontrava nenhuma resposta e caía em desespero; mas quando parava de se questionar sobre isso, parecia saber o que era e para que vivia, porque agia e vivia com firmeza e definição...
O raciocínio o levava à dúvida e o impedia de ver o que deveria e não deveria fazer. E no entanto quando não pensava, mas vivia, ele constantemente sentia em sua alma a presença de um juiz infalível que decidia qual de duas possíveis ações era melhor e qual era pior; e sempre que não agia como devia, sentia imediatamente. Então ele vivia, sem saber e sem ver qualquer possibilidade de saber o que era e por que estava vivendo no mundo, atormentado por essa ignorância a ponto de temer o suicídio, e ao mesmo tempo firmemente estabelecendo seu próprio e definido caminho na vida.*

– Liev Tolstói, *Anna Kariênina*

Abandonar a ideia de racionalidade é impensável

Talvez o desafio mais intimidante para os cientistas cognitivos seja retratar a mente de uma forma que seja tanto emocionalmente satisfatória quanto reflexiva de seus limites inerentes. O maior obstáculo que deve ser tratado: não existe circuito isolado dentro do cérebro que possa se empenhar sozinho no pensamento livre de influências involuntárias e indetectáveis. Sem essa habilidade, certeza não é um estado da mente justificável biologicamente. Se essa limitação fosse fácil de aceitar, este livro estaria terminado. Mas abandonar ou até mesmo atenuar a ideia da mente autoexaminadora vai de encontro a todas as facetas do pensamento contemporâneo.

Introspecção e crença na mudança pessoal fundamentam-se na capacidade de dar um passo para trás e reconhecer quando estamos errados ou distraídos. Quando tentamos reduzir a ruminação excessiva, os medos indesejados ou a obsessão em lavar as mãos, precisamos de um novo ponto de vista, não de mais uma voz do mesmo circuito contaminado. Na faculdade de Medicina, quando a terapia da fala era mais popular, meus professores de psiquiatria sempre nos encorajavam a conquistar a cooperação da parte da mente do paciente que não estava envolvida em uma ilusão ou alucinação. Eu me encolho quando me lembro de ter perguntado a um paciente psicótico agudo se "fazia sentido" acreditar que o FBI tinha grampeado seu rádio. Essa é a mesma linha de raciocínio que levou o colega de John Nash a lhe perguntar como ele podia acreditar em bobagens do tipo se tornar imperador da Antártida. Exortações para que o interlocutor seja razoável baseiam-se nessa suposição subjacente.

Qualquer conceito de livre arbítrio vai presumir que possuímos uma porção da mente que pode se elevar acima dos processos biológicos que a geraram. A investigação científica exige que essa mesma parte da mente pondere objetivamente as evidências. Sem essa crença, a *sensação de saber* não seria sentida como *saber*. Sempre que ela surgisse, faríamos a mesma pergunta: como sabemos que podemos confiar nessa sensação de conhecimento? Falar sobre a impossibilidade de uma mente racional gera essa categoria geral da mesma forma que um ateu precisa do conceito de Deus para refutá-lo. Resumindo, abandonar a ideia de razão pura vai contra a essência de como levamos nossas vidas. Da *sensação de saber* a uma sensação de controle pessoal, a suposição de que possuímos ao menos uma lasca de mente racional é a cola do discurso diário, da descoberta científica e da autoconsciência. Ao mesmo tempo, é a fonte da rigidez mental, da resistência a novas ideias e serve como justificativa para sistemas de crenças fixos. (Para evitar repetição, vou me referir a essa crença – a de que podemos nos afastar de nossos pensamentos para julgá-los – como *o mito da mente racional autônoma*.)

A ciência continuamente fornece novas e às vezes surpreendentes observações que vão contra a essência do senso comum; não podemos ignorar essas revelações só porque não se encaixam na atual visão que temos de nós mesmos. Nos meus mais de quarenta anos na medicina, nunca vi uma situação na qual a desonestidade – ainda que na melhor das intenções – foi uma solução de longo prazo. Cedo ou tarde, precisamos encarar os fatos. Não podemos continuar a dizer a nós mesmos que esses aspectos contraditórios ou indesejáveis da mente não existem ou podem ser superados por meio de um esforço bruto.

Para efetuar qualquer mudança significativa, precisamos ter uma ferramenta de triagem simples. Desde que comecei a escrever este livro, cada vez mais tenho me pegado fazendo uma simples pergunta a qualquer ideia – seja o mais recente avanço científico, um livro de psicologia popular ou opiniões pessoais (as minhas e as dos outros): essa ideia é consistente com a forma como a mente funciona? Ao aplicar essa pergunta a algumas das ideias mais importantes do momento, podemos rapidamente separar o razoável do não razoável.

Da mesma forma como não quero ir a um dentista cuja bandeja esteja cheia de alicates e recipientes de éter, não quero perder meu tempo com ideias baseadas em noções ultrapassadas de como funciona a mente. Meu objetivo nesta seção é dar início a uma nova forma de pensar sobre uma variedade de questões difíceis.

Para começar, vamos examinar algumas opiniões sobre a mente racional, a começar por dois dos mais populares livros de psicologia dos últimos anos – *Inteligência emocional*, de Daniel Goleman, e *Blink, a decisão num piscar de olhos*, de Malcolm Gladwell. Em vez de apresentar cada argumento inteiro, tentei concentrar-me nos elementos que ressaltam mais prontamente a discrepância entre como o cérebro funciona e como gostaríamos que funcionasse.

Psicologia popular e o mito da mente racional

Você pula num lago para salvar uma criança que está se afogando *antes* de ter consciência de que viu a criança. Um motociclista breca inesperadamente na sua frente. Você toca a buzina furioso *antes* de perceber que o motociclista fez isso para evitar atropelar um velho labrador que atravessava a rua mancando. Nas duas circunstâncias, sua ação precedeu a percepção consciente. Você não *viu* a criança antes de pular no lago. Você ficou bravo *antes* de ter visto por que o motociclista brecou.

Quer se trate de girar para rebater uma bola de beisebol que se aproxima antes de conseguir vê-la totalmente ou de pular num lago para salvar uma criança que se afoga antes de estar plenamente consciente do motivo, a percepção consciente demora mais que a reação inconsciente. Combine essa observação com o papel da amígdala nas respostas inconscientes do medo e você tem os ingredientes da enormemente popular teoria da inteligência emocional.

Aqui está um resumo de Daniel Goleman, um psicólogo formado em Harvard, sobre o exemplo de pular no lago.

> O cérebro límbico proclama uma emergência, recrutando o resto do cérebro para sua agenda urgente. O sequestro ocorre em um instante [...] antes que o neocórtex, o cérebro pensante, tenha a chance de olhar completamente o que está acontecendo, muito menos de decidir se é uma boa ideia. Esse circuito faz muito por explicar o poder da emoção ao superar a racionalidade [...] A pesquisa de LeDoux explica como a amígdala pode tomar controle sobre o que fazemos mesmo quando o cérebro pensante, o neocórtex, ainda está tomando uma decisão [...] É em momentos assim – quando o sentimento impulsivo supera o racional – que o papel recém-descoberto da amígdala é central. [Ponto dele:] Nossas emoções têm uma mente própria que pode ter visões bastante independentes da nossa mente racional.[1]
>
> Inteligência emocional é uma forma diferente de ser inteligente. Inclui saber quais são seus sentimentos e usá-los para tomar boas decisões na vida. É ser capaz de administrar sensações angustiantes e controlar impulsos.[2]
>
> Essas duas mentes, a emocional e a racional, operam em forte harmonia na maior parte, interligando suas formas bem diferentes de conhecer para nos guiar pelo mundo. Normalmente, há um equilíbrio entre mentes emocionais e racionais, com a emoção alimentando e

---

1 Goleman, D. *Emotional Intelligence*. New York: Bantam, 1997. p. 26.
2 O'Neil, J. "On Emotional Intelligence: A Conversation with Daniel Goleman". *Educational Leadership*, v. 54, n. 1, 1º set. 1996.

> *informando as operações da mente racional, e a mente racional refinando e às vezes vetando as entradas das emoções. Mesmo assim, as mentes emocionais e racionais são faculdades semi-independentes, cada uma refletindo a operação do circuito distinto, mas interconectado, do cérebro [...] Quando paixões aumentam, o equilíbrio desaparece; é a mente emocional que ganha, engolindo a mente racional.*[3]

Goleman enfatiza repetidamente a mente racional e a sua capacidade de reconhecer e controlar os efeitos de sentimentos potencialmente prejudiciais sobre a tomada de decisões. À primeira vista, isso faz todo o sentido. Qualquer um com uma tendência a ser impulsivo, impetuoso ou teimoso entende que ser calmo e impassível permite um pensamento mais claro do que ser ansioso ou bravo. Mas Goleman está presumindo que podemos saber quais sentimentos são inerentemente prejudiciais e quando estão afetando contrariamente nossos pensamentos.

Quando foi a última vez que você experimentou a *sensação de saber* e falou para si mesmo: "Espere, você está sendo negativamente influenciado por uma sensação impulsiva e injustificada"? Quando identificamos erroneamente a casa de Izzy Nutz como sendo a mesma que vimos vinte anos antes, não podemos possivelmente saber que a *sensação de saber* é errônea. É porque temos a sensação que incorretamente escolhemos a casa. A sensação é parte da rede neural formada vinte anos atrás, quando originalmente identificamos a casa do Izzy. Só depois de o pensamento ser formalmente testado e seu erro, provado (um estranho abre a porta) é que podemos saber que a *sensação de saber* foi enganosa.

---

3 Goleman, p. 9.

Apesar de útil para enfatizar que humores e emoções negativos não reconhecidos podem impactar a clareza do pensamento, a teoria da inteligência emocional acaba desviando da pergunta crucial de como determinamos se nossos pensamentos estão livres de ilusões perceptivas e vieses insuspeitados. E é de se suspeitar que a afirmação repetida de uma mente racional soe como uma mente incorpórea capaz de pensamentos puros sem insumos de sensações corporais e mentais. Apesar dessas ressalvas, a mensagem principal da teoria – podemos melhorar nosso raciocínio se soubermos quando ele saiu dos trilhos – é muito atraente. Enquanto escrevo essas linhas, penso brevemente na ideia de que posso suprimir meus sentimentos negativos sobre a teoria da inteligência emocional e fazer uma análise justa. Dificilmente.

Repórter para Yogi Berra: *"Você já decidiu?"*.
Yogi: *"Não que eu saiba"*.

Em seu livro de 2002 *Strangers to Ourselves* (Estranhos a nós mesmos), Timothy Wilson, um professor de psicologia da Universidade de Virgínia, apresenta uma excelente visão geral dos motivos pelos quais a mente inconsciente é inacessível à autoanálise: "A má notícia é que é difícil conhecer a nós mesmos porque não existe acesso direto ao inconsciente adaptativo, não importa o quanto tentemos [...] Como nossas mentes evoluíram para operar em grande parte fora da consciência, talvez não seja possível obter acesso direto ao processamento inconsciente".[4] Wilson sugere que seria melhor combinar introspecção com observação de como os outros reagem a nós, deduzindo a natureza de outra forma inacessível de nossas

---

4 Wilson, T. *Strangers to Ourselves: Discovering the Adaptive Unconscious*. Cambridge: Harvard University Press, 2002. p. 16.

mentes por meio das respostas deles. Se os outros nos veem de forma diferente de como nós nos vemos, precisamos incorporar essa visão alternativa de nós mesmos a nossa narrativa pessoal. Ele nos alerta de que a introspecção desprovida do olhar para fora, para como os outros nos veem, pode até ser contraprodutiva.

Se ele estiver correto, o impasse entre a necessidade de autoconsciência e os limites de nossas capacidades de autoanálise não pode ser superado por mais pensamento bruto. Ao concordar com Wilson, terminamos desafiando a compreensão do senso comum e da psicologia popular de nós mesmos, incluindo saber em que grau somos conscientemente responsáveis por nossos pensamentos e ações. De fato, Wilson abre seu livro com a ressalva: "Normalmente, parece que nossas ações voluntárias acontecem por nossa vontade, mas isso é uma ilusão".[5] O ponto importante para nossa discussão é que o conselho de Wilson aos leitores é consistente com sua compreensão da função cerebral e com nosso modelo entrada-camada-escondida-saída. Em essência, ele está argumentando que não conseguimos ver a camada escondida em ação e que qualquer tentativa de autoconsciência deve aceitar essa limitação.[6]

Observações de cientistas cognitivos como Wilson jogaram a psicologia moderna em uma crise existencial. Como devemos entender nossas mentes se a vasta maioria da cognição acontece fora da consciência? O autodesconhecimento é comparável com o famoso aforismo de Wittgenstein: "Sobre aquilo que não se pode falar, deve-se calar". Mas enfatizar os limites da introspecção e da autoconsciência não é exatamente algo fácil de defender. O que fazer?

---

5   Ibid., p. 1.
6   Ibid., p. 16. "Tornar o 'inconsciente consciente' pode não ser mais fácil do que visualizar e entender a linguagem Assembly que controla o programa de processamento de texto do nosso computador."

Um dos maiores fãs de Wilson é o repórter da *The New Yorker* Malcolm Gladwell. Em seu website e nas notas de seu livro, Gladwell elogia *Strangers to Ourselves*, de Wilson, como "provavelmente o livro mais influente que já li", fundamental em sua decisão de escrever *Blink*.[7] Mas Gladwell termina garantindo que podemos treinar nosso inconsciente para tomar decisões melhores e que temos a capacidade de saber quando tomamos a melhor decisão. Incluí algumas breves citações do site de Gladwell e de sua introdução a *Blink*. Seu desejo profundo de acreditar em uma mente racional leva a algumas conclusões extraordinárias.

> *É um livro sobre cognição rápida, sobre o tipo de pensamento que acontece num piscar de olhos [...] Também se pode dizer que é um livro sobre intuição, exceto pelo fato de que não gosto da palavra. Intuição me parece um conceito que usamos para descrever reações emocionais, instintos – pensamentos e impressões que não parecem inteiramente racionais. Mas acho que aquilo que acontece naqueles dois primeiros segundos é perfeitamente racional. É pensamento – só que um pensamento que se move um pouco mais rápido e opera de uma forma um pouco mais misteriosa que o tipo de deliberação, de tomada de decisão consciente que normalmente associamos com "pensamento".[8]*
>
> *Decisões tomadas muito rapidamente podem ser tão boas quanto as decisões tomadas com cuidado e deliberação. Quando nossos poderes de cognição rápida falham, eles falham por um conjunto de motivos específicos e consistentes, e esses motivos podem ser identificados e entendidos.*

---

7 www.gladwell.com. Gladwell, M. *Blink – A decisão num piscar de olhos*. Rio de Janeiro: Rocco, 2005.
8 www.gladwell.com.

É possível aprender quando ouvir esse poderoso computador interno e quando ser cuidadoso.

Assim como podemos nos ensinar a pensar lógica e deliberadamente, também podemos nos ensinar a fazer melhores julgamentos rápidos.[9]

As conclusões de Wilson encaixam-se bem no modelo entrada--camada-escondida-saída, mas os argumentos de Gladwell se resumem a acreditar que podemos olhar para a saída (uma ideia que ocorreu espontaneamente) e inferir tanto as entradas quanto a camada escondida. Para apoiar ainda mais o autoconhecimento, Gladwell arbitrariamente subdividiu as decisões inconscientes em intuição e instintos que "não parecem inteiramente racionais" e aquelas decisões inconscientes tomadas em uma fração de segundo que parecem. Mas o que significa racional se você está usando suas próprias percepções – "parecem inteiramente racionais" – como o critério para julgar a racionalidade? Contudo, ao declarar um segmento do inconsciente como sendo livre de emoções e sentimentos, ele é capaz de evocar uma nova categoria de processo mental – a decisão inconsciente tomada em uma fração de segundo perfeitamente racional. Ele oferece uma explicação evolucionária e um mecanismo de ação separado, embora não especificado. "A única forma como os seres humanos poderiam ter sobrevivido como espécie por tanto tempo é que desenvolvemos *outro tipo de aparato para tomada de decisão que é capaz de fazer julgamentos muito rápidos baseado em pouca informação*".[10] (Grifos meus.) Mas, como vimos no exemplo de LeDoux sobre a tomada de decisão inconsciente – o pulo reflexivo para trás à vista de um objeto negro enrolado –, às vezes esse julgamento de uma fração de segundo é correto, o objeto é uma cobra,

---

9 Gladwell, p. 14-16.
10 Ibid., 11-12.

e às vezes não é, o objeto é uma mangueira de jardim enrolada. O fato de termos desenvolvido tomadas de decisão de uma fração de segundo para melhorar as chances de sobrevivência não garante que essas decisões estejam sempre corretas.

Antes, sugeri que a dissonância cognitiva tende a ser resolvida em favor do sentimento, à custa da razão. O viés interno e uma deslocada *sensação de saber* rotineiramente superam e enganam o intelecto. O que Gladwell sabe e cita como verdade – o argumento bem embasado de Wilson – é incapaz de competir com seu desejo de acreditar em uma mente racional. O resultado é que Gladwell é forçado a ignorar ou desviar da biologia básica a um grau que o faz terminar refutando a premissa de Wilson que inspirou seu livro.

Uma noção ainda mais extravagante da mente racional é apresentada por Roger Schank, fundador e diretor do Instituto para Ciências do Aprendizado da Universidade Northwestern e ex-diretor do Projeto de Inteligência Artificial da Universidade de Yale. Schank aceita a falta de autoconhecimento e racionalidade em nossas decisões pessoais, mas acredita que retemos o julgamento racional ao considerar os pensamentos dos outros.

> *Não acredito que as pessoas sejam capazes de ter pensamentos racionais quando se trata de tomar decisões em suas próprias vidas. As pessoas acreditam que estão se comportando racionalmente e pensaram bem em tudo, claro, mas, quando grandes decisões são tomadas – com quem se casar, onde morar, qual carreira seguir, em que faculdade estudar –, as mentes delas simplesmente não conseguem lidar com a complexidade. Quando tentam analisar racionalmente as opções possíveis, seus pensamentos inconscientes e emocionais assumem o controle e fazem a escolha por elas. As decisões são tomadas por nós pelo*

> *nosso inconsciente; a consciência é responsável por criar motivos que pareçam racionais para essas decisões. Podemos, por outro lado, pensar racionalmente nas escolhas que outras pessoas fazem. Podemos fazer isso porque não sabemos e não estamos tentando satisfazer a necessidades inconscientes e fantasias infantis.*[11] [Grifo meu.]

Goleman acredita em uma mente racional que consegue saber quando está sendo enganada. Schank vê a capacidade de ser racional como limitada à avaliação dos outros. Gladwell amplia a ideia de racionalidade a alguns pensamentos inconscientes, mas não a outros. Esses três autores muito entendidos são a prova viva de que o próprio conceito de racionalidade é dependente de percepções e crenças pessoais de como a mente funciona. Nenhuma quantidade de provas científicas em contrário – mesmo quando citadas como material de pesquisa – pode fazê-los superar seus vieses inatos quanto à natureza da racionalidade. Em um momento, veremos como essa mesma dissonância cognitiva afeta nossa compreensão da objetividade. Mas, primeiro, gostaria de tratar da questão de intuição, instintos e "decisões em uma fração de segundo" de Gladwell.

Alegações quanto a maneiras de aproveitar e aprimorar as decisões subconscientes são um bom negócio – de CD de áudio que nos ensinam a quebrar o "código da intuição" a livros que oferecem guias práticos para o conhecimento interno. Há cursos sobre aprendizado, cura, investimento, vendas e administração intuitivos. Somos encorajados a "confiar em nossos instintos", "seguir nossos instintos" ou, no linguajar do pôquer, "ter um palpite e apostar bastante". Até o biscoito da sorte chinês de ontem me dizia para "aprender a confiar nas minhas intuições". Mas anunciar que pensamentos inconscientes podem fornecer *insights* valiosos não é nada mais que um brilhante

---

[11] www.edge.org.

reempacotamento do óbvio. Todos os pensamentos – triviais, brilhantes, mundanos, profundos, catastróficos e realmente perigosos – se difundem a partir do inconsciente (a camada escondida). A questão não é se os pensamentos inconscientes podem ser valiosos ou não, e sim separar os que são dos que não são.

Um dos argumentos clássicos para o poder da intuição é a história de como a visão do químico Friedrich von Kekule de uma cobra mordendo sua própria cauda levou à descoberta do anel benzênico. Essa visão, por si só, não é nem precisa nem imprecisa. Kekule poderia ter interpretado sua visão como uma sugestão de que deveria aprender uma nova posição avançada de ioga ou que deveria organizar uma orgia. Mas Kekule, um astuto químico, criou uma hipótese testável – a fórmula para o anel benzênico. Ninguém questiona que a criatividade depende de voos de pura fantasia e novas associações, metáforas e visões antes inimagináveis. Mas prestar mais atenção a pensamentos inconscientes não garante um grau mais alto de precisão. Foi a interpretação de Kekule da visão que levou a hipóteses verificáveis cientificamente. Não existe um teste de laboratório para uma visão.

A distinção ignorada por Gladwell é que a "lógica da descoberta" – a atividade inconsciente da camada escondida que gera "instintos" e "intuições" – não é a mesma que a "lógica da justificativa" – os métodos empíricos que desenvolvemos para testar nossas ideias. Todo tipo de ideias – boas e ruins – surge inesperadamente. Algumas nós vamos sentir como "verdades". Por exemplo, podemos ler um poema ou assistir a uma procissão fúnebre e sentir que tivemos uma percepção profunda da condição humana. Há uma lógica nesse processo no sentido de que a camada escondida fez uma série de cálculos que produziram uma sensação de conhecimento sobre o mundo. Mas esse não é o mesmo tipo de raciocínio que nos permite determinar se um enema de pó de café vai curar o câncer ou se a Challenger está livre de defeitos de projeto.

Não temos mecanismos para estabelecer a precisão de uma linha de raciocínio até ela produzir uma ideia testável. Quando o matemático Ramanujan faleceu, seu caderno estava cheio de teoremas que ele tinha certeza de que estavam corretos. Depois, foi comprovado que alguns estavam corretos; outros estavam errados. As linhas de raciocínio de Ramanujan levaram a respostas corretas e incorretas; olhando para seus pensamentos originais, ele não conseguia diferenciá-los. Só os teoremas resultantes eram testáveis. Chamar esses palpites de "perfeitamente racionais" é entender mal a natureza da racionalidade.

Um problema maior é que, se um instinto é um pensamento inconsciente *mais* uma forte *sensação de sua correção*, então essa sensação influencia como avaliamos esse pensamento. Considere um estudo recente que sugere que decisões complexas são mais bem tomadas pelo inconsciente. Os dados do estudo são totalmente consistentes com a compreensão atual da cognição inconsciente, mas a conclusão do autor ilustra o próprio problema que o estudo estava tentando tratar.

O cientista cognitivo holandês Ap Dijksterhuis e colegas pediram que oitenta pessoas tomassem decisões sobre compras simples e complexas, que iam de xampus a móveis e carros. Em um dos testes, foi pedido que metade dos participantes meditasse sobre a informação que estava recebendo e depois decidisse quais produtos comprar. A outra metade recebia a informação, mas era interrompida e solicitada a resolver uma série de quebra-cabeças. No final da sessão de quebra-cabeças, pedia-se que os participantes escolhessem quais produtos comprar.

De acordo com Dijksterhuis: "Descobrimos que, quando a escolha era por algo simples, como compra de luvas para forno ou xampu, as pessoas tomavam melhores decisões – com as quais continuavam felizes – se deliberavam conscientemente sobre a informação. Mas, quando a decisão era mais complexa, como uma casa, pensar demais levava as pessoas a fazerem a escolha errada. Ao passo que, se a mente consciente delas estava totalmente ocupada resolvendo quebra-cabeças, seus inconscientes podiam considerar livremente todas as informações e elas chegavam a melhores decisões".[12]

O problema é que uma decisão melhor é definida como aquela com a qual os participantes "continuavam felizes". Mas satisfação pessoal não é, necessariamente, um reflexo da qualidade de uma decisão. Ficamos muitas vezes encantados com o que, logo depois, acaba sendo uma escolha horrível. Pergunte aos projetistas do Edsel ou ao capitão do *Titanic*. Não é possível saber se a decisão de comprar uma casa está certa ou errada. Se os participantes estão todos felizes com suas escolhas de uma fabulosa casa de praia em Malibu, a decisão parece certa, até uma chuva torrencial encharcar o solo e a casa deslizar para o Oceano Pacífico.

As respostas emocionais positivas dos participantes do estudo a suas decisões talvez reflitam apenas a incapacidade de se livrar da *sensação de correção* inicial que acompanhou a passagem da decisão para a consciência. Ainda assim, esses estudos são sedutores porque nos permitem continuar a acreditar na precisão de nosso inconsciente. A manchete do *Chicago Tribune* que resume o estudo – SE VOCÊ PENSAR BEM, CONFIE EM SEUS INSTINTOS PARA TOMAR DECISÕES – promove os instintos a profecias autocumpridas.[13]

A maioria dos jogadores de pôquer profissionais respeita a cognição inconsciente; muitos passam um tempo considerável aprimorando suas decisões de fração de segundo e seus instintos. Nas partidas em que as apostas não têm limites, os melhores jogadores

---

12 Dijksterhuis, A. et al. "On Making the Right Choice: The Deliberation-Without--Attention Effect". *Science*, n. 311, p. 1005, 2006.
13 Anderson, L. "If You Really Think About It, Trust Your Gut for Decisions". *Chicago Tribune*, 19 mar. 2006.

são geralmente os melhores leitores das mentes de seus oponentes. Mas, se você se sentar ao lado do caixa eletrônico, vai ver uma história diferente. Jogadores de pôquer experimentam regularmente eventos de pouca probabilidade – uma sucessão de cartas de baixa probabilidade que pode transformar "uma leitura perfeita do oponente" e uma "vitória certa" em uma "derrota horrível". Como essa possibilidade paira sobre todas as decisões, jogadores prudentes só expõem uma parte de seu dinheiro a uma dada aposta. São inteligentes o bastante para limitar sua confiança em qualquer decisão individual – consciente ou inconsciente.

Não está em discussão se a cognição inconsciente deveria ou não ter um papel em nossa tomada de decisões: sem a cognição inconsciente, não haveria nenhuma tomada de decisão consciente. O problema que tenho com os instintos, a intuição e as decisões de fração de segundo está em acreditar que podemos saber quando confiar neles sem ter nenhum critério para determinar essa confiança. Uma sensação de que uma decisão está certa não é o mesmo que fornecer evidências de que ela está certa. O que nos leva à discussão do relacionamento entre o mito da mente racional autônoma e a nossa compreensão da objetividade.

Vemos somente o que conhecemos.
– Goethe

Minha esposa e eu fazemos parte do pequeno grupo de neurologistas e psicólogos que participa de um seminário de neuropsicologia na Universidade da Califórnia em Berkeley. O palestrante anuncia que vai nos mostrar um vídeo de 32 segundos de dois times de basquete, um vestido de branco, o outro de preto, três jogadores em cada time. Nossa tarefa é contar o número de vezes que os homens de uniforme preto trocaram a bola entre si.

Há tempo o bastante para uma contagem precisa, mas eu conto dez, enquanto minha esposa conta onze. A maioria da plateia contou onze. Estou me perguntando se, de novo, minha esposa se saiu melhor que eu quando o palestrante para e pergunta ao grupo se alguém viu algo estranho no vídeo.

Nenhuma resposta.
"Nada?"
Um mar de cabeças negando.
"Quantos viram o gorila?", pergunta o palestrante.
Ninguém levanta a mão.
"Têm certeza de que não havia nenhum gorila?"

A maioria confirma, apesar de estarem preocupados. Eles sabem que não havia nenhum gorila, mas o vídeo deve ter algum objetivo.

O palestrante repassa o filme. No final do filme, uma pessoa vestida com uma fantasia de gorila caminha pela quadra, para no centro da imagem, bate no peito por uns nove segundos, e depois vai embora. Os jogadores continuam a passar a bola como se nada incomum tivesse acontecido.[14] A plateia ri divertida e envergonhada por não ter visto o gorila.

Não tenho dúvida de que a imagem foi registrada por nossas retinas. A falha de percepção aconteceu entre a retina e a consciência, suprimida por uma intenção alternativa. (A equipe de pesquisa nomeou isso de *cegueira desatencional*.) Quando nossa atenção foi redirecionada para a procura do gorila, não tivemos problemas em vê-lo, mas também podemos ter perdido outra coisa.

Esse estudo do gorila sublinha como qualquer escolha de evidência depende da mentalidade dos observadores. Cada um de nós na

---

14 Simons, D.; Chabris, C. "Gorillas in Our Midst". *Perception*, p. 28, 1999.

plateia disse ao seu inconsciente o que procurar. Para realizar isso com a máxima eficiência, uma segunda instrução implícita foi enviada ao inconsciente – para subestimar ou ignorar inserções visuais irrelevantes. Como não podemos antecipar todas as entradas a serem consideradas, essa instrução posterior fica em aberto. O inconsciente possui total controle sobre o que deveria ou não deveria ser visto.

Poucos acreditam que percepções individuais representam uma correspondência exata ao mundo exterior. Sabemos que não devemos acreditar que observações surgem de uma mente impassível e neutra. Aceitamos que o inconsciente está carregado de agendas não reconhecidas, motivações e predisposições complexas pouco definidas. Não deveríamos ficar surpresos pelo estudo do gorila e, mesmo assim, como se não pudéssemos acreditar em nossos olhos, persistimos com a noção ultrapassada de objetividade.

No começo do século XIX, havia uma disputa científica corrente quanto à possibilidade ou impossibilidade de empreender um estudo científico sem algum viés anterior. Charles Darwin respondeu em uma carta de 1861 a um amigo: "Há trinta anos, falava-se muito que os geólogos só deveriam observar e não teorizar; e lembro-me bem de alguém dizendo que, desse jeito, seria melhor um homem entrar em um poço, contar os cascalhos e descrever as cores. Que estranho alguém não conseguir ver que qualquer observação deve ser a favor ou contra alguma opinião se for de alguma valia!".[15]

Darwin não se equivoca ou se esconde por trás do mito da mente racional autônoma; sua aceitação sem reservas de como as observações ocorrem é consistente com nossa compreensão da função cerebral. Ele não sugere que possamos livrar nossas mentes

---

15 Charles Darwin, carta a Henry Fawcett, 18 set. 1861. In: Darwin, F.; Seward, A. (Eds.). *More Letters of Charles Darwin*, vol. 1. New York: D. Appleton, 1903. p. 194-196.

desses vieses. Avança com conhecimento total de suas limitações – uma conquista extraordinária e uma profunda lição para o resto de nós.

Comparemos a humildade intelectual de Darwin com a afirmação desse famoso cirurgião cardiotorácico na TV de que tinha reduzido as complicações nas cirurgias cardíacas passando suas mãos sobre a "aura pré-operativa" do paciente (uma suposta técnica de cura sem toque). "Fiquei tão surpreso quanto qualquer um com os resultados positivos. E, vamos deixar bem claro, comecei esse projeto sem nenhuma hipótese *a priori*." Se o cirurgião não tinha uma hipótese *a priori*, por que realizou o projeto? Ele não estudou o efeito de comer lasanha ou ler o *National Inquirer*. Para mim, a afirmação da falta de uma hipótese *a priori* é uma clara indicação da probabilidade de um viés.

Esse cirurgião não está sozinho em sua crença. Uma olhada rápida nas definições do dicionário *Merriam Webster* de *objetivo* e *saber* revela o mesmo problema.

> **OBJETIVO:** expressar ou lidar com fatos ou condições percebidas sem distorção por sentimentos pessoais, preconceitos ou interpretações.
>
> **SABER**: perceber diretamente; compreender na mente com clareza ou certeza; ver como verdade além da dúvida.

A representação errônea de percepção dispensa mais comentários. O erro menos óbvio é igualar clareza e certeza. Clareza é uma sensação mental involuntária, não uma determinação objetiva. Combinar os limites da percepção com o reconhecimento de que a sensação de clareza da mente não é uma escolha consciente deveria ser suficiente para deixar a ideia de objetividade pura de lado.

Mas não estamos prestes a abandonar a linguagem comum. A crença persistente de que podemos livrar nossas ideias de vieses é profunda e não se limita a pessoas com uma compreensão marginal da ciência.

Nessa disputa entre objetividade e biologia, Stephen Jay Gould chega o mais perto possível de um caminho do meio razoável: "A objetividade não pode ser igualada a um branco mental; em vez disso, a objetividade está em reconhecer suas preferências e depois sujeitá-las a um escrutínio especialmente duro".[16] Gould refuta a ideia de uma tábula rasa mental capaz de observar sem preconceito e alerta que devemos olhar debaixo de cada rocha mental para ver quais vieses podem ter passado despercebidos. Mas "reconhecer suas preferências" nos traz de volta ao estranho laço da mente julgando a si mesma. Apesar de seus conhecimentos, e de nos alertar sobre o viés, Gould não conseguiu discutir objetividade sem aceitar tacitamente algum grau da mente racional autônoma.

Mesmo quando se demonstra o poder do viés inconsciente sobre a tomada de decisões, a tendência que prevalece é subestimar o resultado. Em um estudo sobre ressonância magnética e viés inconsciente, Drew Westen, um psicólogo da Universidade Emory, examinou como sujeitos militantes processavam informações negativas sobre o candidato deles *versus* o candidato oposto (John Kerry *versus* George W. Bush). Westen esperava que áreas diferentes do córtex frontal – "as regiões racionais do nosso cérebro" – se acendessem quando consideravam informações negativas sobre o candidato favorito do sujeito. Em vez disso, o aumento da atividade era máximo em várias áreas do sistema límbico, enquanto o córtex frontal permanecia relativamente silencioso. Westen concluiu que, para os militantes, o pensamento político é, com frequência, predominantemente

---

16 Gould, S. *The Lying Stones of Marrakech: Penultimate Reflections in Natural History*. New York: Harmony Books, 2000. p. 104-105.

emocional. Essa conclusão, nada surpreendente, ainda deixou Westen com um problema: como podemos alterar um tal comportamento inconsciente enviesado. A conclusão de Westen é parecida com o "duro escrutínio" de Gould: "É possível superar esses vieses, mas é preciso realizar uma autorreflexão impiedosa, digamos, 'Certo, eu sei no que quero acreditar, mas tenho que ser honesto'".[17]

Compartilho do mesmo desejo de Gould e Westen. Coloco muito valor na introspecção e tento ser especialmente consciente dos meus próprios vieses, especialmente quando faço recomendações médicas. E, ainda assim, o que começou como um diário pessoal baseado na autorreflexão terminou como um livro sublinhando os limites do autoconhecimento. Quero que Gould e Westen estejam corretos, mas percebo que o melhor que podemos esperar é o oximoro perfeito: objetividade parcial.

Uma pergunta muito difícil para os intérpretes da moderna neurobiologia é como conciliar a necessidade de um autoexame com o conhecimento de que uma porcentagem não especificada dessas avaliações estará errada, às vezes com sérias consequências. Ninguém duvida seriamente da máxima de Sócrates: "Uma vida não examinada não vale ser vivida". A autoanálise e as tentativas de automelhoramento são aspectos essenciais da "boa vida". Sim, deveríamos nos engajar em uma autorreflexão impiedosa e em duros escrutínios, mas deveríamos reconhecer ao mesmo tempo que essa introspecção só vai, no melhor dos casos, resultar em uma visão parcial do funcionamento de nossas mentes. A objetividade completa não é uma opção.

Um exemplo muito comum de como a introspecção não pode superar a biologia que molda nossos pensamentos é a sensação inabalável de baixa estima e culpa generalizada sentida por um paciente depressivo com transtorno bipolar. O paciente olha para cada

---

17 Carey, B. "A Shocker: Partisan Thought Is Unconscious". *The New York Times*, 24 jan. 2006.

aspecto de sua vida e fica totalmente convencido de que não tem nenhum valor; tudo de errado com sua vida é inteiramente culpa dele. Nenhuma quantidade de conselhos de amigos pode convencê-lo do oposto. Como tem certeza de que sua autocompreensão é correta, ele se recusa a fazer terapia e pula da ponte Golden Gate. Enquanto isso, outro paciente com os mesmos sintomas chega a um psiquiatra e começa a tomar antidepressivos. Quando seu humor muda, ele percebe que sua interpretação de sua baixa autoestima era errada.

Nossa relutância em encarar os problemas da mente racional decorre em parte da sensação de que a mente não é da mesma categoria que o corpo. Não esperamos dar pulos de seis metros ou nadar debaixo da água por uma semana; podemos facilmente sentir nossos limites físicos. Mas não sentimos os mesmos limites com nossos pensamentos. Por exemplo, você se sente livre para aceitar ou rejeitar esse parágrafo. Reconhecer todos os fatores subliminares que influenciam essa decisão não elimina a sensação mais poderosa de que você controla seus pensamentos. Em essência, estamos programados para acreditar em teorias de como melhorar nossas mentes. Nossas limitações mentais impedem que aceitemos nossas limitações mentais.

Como uma alternativa à pura introspecção, Timothy Wilson sugere que deveríamos nos tornar "biógrafos de nossas próprias vidas, destilando nosso comportamento e nossos sentimentos em uma narrativa significativa e eficiente".[18] Vale a pena repetir o que ele diz. Se, como a neurociência moderna indica fortemente, o eu é uma narrativa pessoal constante construída pela própria mente que está se examinando, a introspecção é análoga à interpretação de uma obra de ficção complexa. Ter uma visão de si mesmo que esteja relativamente "sincronizada" com nossos motivos inconscientes exige uma combinação de análise próxima e detalhada, olhando

---

18 Ibid.

para o trabalho de uma ampla variedade de ângulos (incluindo as visões de outros), e um vasto conhecimento que vai do histórico pessoal e cultural até a mais recente genética do comportamento. No entanto, a principal exigência é que qualquer autoanálise seja vista dentro da luz de suas restrições biológicas.

Por muitos anos, eu me perguntei por que alguns médicos brilhantes e bem treinados realizavam cirurgias desnecessárias, recomendavam coisas não comprovadas e defendiam outras que podiam ser perigosas. Minha primeira inclinação era fazer acusações de ganância, indiferença, arrogância ou ignorância. Só depois de iniciar a escrever este livro é que comecei a entender o quanto de aparente malfeitoria surge dessa mesma crença equivocada de que podemos saber com certeza quando algo não provado está correto. Uma forte contradição no coração da prática médica é que aprendemos com a experiência, mas sem testes adequados não podemos saber se nossa interpretação do valor de um tratamento específico é correta. Poucos de nós mantêm registros detalhados de cada observação e de seu desfecho. Raramente nossas observações pessoais foram sujeitadas ao escrutínio científico independente. Prontamente reconhecemos como as lembranças são seletivas. Contudo, a maioria de nós possui uma forte necessidade de acreditar que nossas observações são corretas e universalmente aplicáveis. Anos de treinamento e séculos de tradição nos ensinaram que essas observações são a essência do que nos faz bons ou maus médicos. Duvidar de sua experiência é questionar suas capacidades.

Um problema agregado é que, pelo fato de uma sensação de orgulho surgir de sentimentos de singularidade e originalidade, estamos divididos em nossa motivação. Queremos ser conhecidos por ter ideias originais, palpites inspirados e instintos que fazem a diferença. De fato, um "sexto sentido bem trabalhado" é considerado uma medida do bom clínico. Mas ser um bom médico também exige agir de acordo com as melhores evidências médicas, mesmo se elas forem contrárias à sua experiência pessoal. Precisamos distinguir entre instinto e conhecimento testável, entre palpites e provas empiricamente testadas.[19]

Para concluir este capítulo, gostaria de apresentar brevemente uns poucos cenários que destacam com que frequência a incapacidade de entender os limites do que podemos saber se torna a base para a perpetuação de informações erradas ou falaciosas. Para evitar favoritismo excessivo, peguei exemplos da medicina alternativa e da tradicional (alopática). Para começar, vamos escolher um assunto controverso sobre o qual quase todo mundo tem opiniões preconcebidas. São boas as chances de você já ter alguma experiência pessoal com algum tipo de terapia médica alternativa, de tratamentos de acupuntura e quiroprática a remédios herbais e glucosamina para dores de articulação. Você provavelmente tem alguma opinião quanto ao valor ou à falta de valor desses tratamentos. Enquanto lê cada exemplo, sinta como sua mente escolhe no que quer acreditar. Pergunte a si mesmo se você se pega rejeitando certas ideias porque elas vão contra o que já "sabe" que é correto. Tente abordar a próxima seção como fez com a descrição da pipa no começo do livro.

Medicina complementar e alternativa

Uma entrevista no programa *Frontline,* da rede de TV pública PBS, com o médico Andrew Weil discutiu a medicina osteopática:[20]

---

19 Ao escrever este livro, eu me peguei escolhendo fatos que se encaixassem ou que apoiassem uma ideia preconcebida que queria expressar. Esta não é uma admissão prudente se quero que você aceite minhas ideias como razoáveis. Por outro lado, é um componente inevitável da minha tese.

20 www.pbs.org/wgbh/pages/frontline/shows/altmed/interviews/weil.html.

> *Vamos pegar o exemplo da manipulação osteopática para infecções recorrentes de ouvido em crianças.* Descrevi minha experiência com um velho osteopata em Tucson, que era mestre de um método chamado terapia craniana. Ele pegava uma criança e, com uma sessão desse método não invasivo e barato, o paciente nunca mais tinha outra infecção de ouvido. Eu vi isso acontecer várias vezes. Então, com base na minha experiência, passei a recomendar que as crianças com infecção de ouvido consultassem osteopatas e usassem esse método.
>
> Depois de vinte anos tentando fazer com que a comunidade científica se interessasse por isso, finalmente estabelecemos alguns testes para serem feitos em crianças com infecções de ouvido recorrentes. Não conseguimos provar nesses testes que isso tinha algum efeito. O problema é que tenho certeza que existe um efeito. *Não conseguimos capturá-lo da forma como desenhamos o experimento. Parte do problema é que osteopatas possuem estilos muito individuais de atuação. O problema foi os osteopatas que usamos? Eles estavam fazendo direito? Era o mesmo tipo de método desse velho que eu conheci? Não sei.* [Grifos meus.]

Weil continua: "Eu informei sobre o caso de uma mulher que tinha lúpus avançado [...] Ela se apaixonou e a doença desapareceu [...] Agora, um cético poderia dizer, bom, a doença teria feito isso de qualquer maneira, ou então ela não tinha realmente lúpus, ou então não existe uma conexão. Tudo bem, deixe que falem isso. *Eu sei que existe uma conexão aí*". (Grifos meus.)

O propósito de apresentar esses parágrafos não é apontar erros metodológicos como a falta de padronização do desenho do estudo (não saber o que os osteopatas realmente faziam), ou conclusões sem justificativa como não declarar qual o tempo de seguimento necessário para concluir que essas crianças "nunca mais" tiveram outra infecção. O que salta aos olhos do leitor é o problema mais básico da *sensação de saber* moldando e entorpecendo o julgamento de alguém. Weil sente que pode ter certeza de um efeito benéfico mesmo depois que seu estudo produziu um resultado negativo. Todos já sentimos isso – uma dificuldade inerente de aceitar que um resultado é contrário ao que esperávamos (e queríamos). Esse é o entroncamento no qual ciência e crença se separam. Weil poderia ter dito: "Eu tenho um palpite muito forte de que esse tratamento funciona, mas não consegui provar". Se o raciocínio dele continuasse sendo suficientemente convincente, poderia montar um novo estudo para testar sua hipótese. Mas, até ter alguma forte evidência comprovatória, ele só teria justificativas para dizer "eu acredito", não "tenho certeza". Ao entender que um médico está fazendo uma recomendação baseada em um instinto não fundamentado, sem nenhuma sólida evidência científica, um paciente pode tirar suas próprias conclusões quanto ao valor da opinião. Tal recomendação deve também especificar potenciais riscos de aceitar a recomendação de um instinto sobre terapias provadas. Infecções de ouvido médio não tratadas podem levar a problemas crônicos que vão desde infecção do osso (mastoidite) a perda permanente da audição.

Em vez disso, Weil ignora a discussão dos riscos e conclui que um estudo negativo representa um estudo defeituoso, e não a refutação de sua hipótese. Essa é a mesma dissonância cognitiva que permitiu a nosso geólogo criacionista entender as evidências da evolução, e ainda assim rejeitá-las. O padrão se repete. Weil reconhece que flutuações em sintomas são vistas comumente no lúpus sistêmico, mas ainda assim ele "sabe" que houve uma conexão entre a melhoria da paciente e ela ter se apaixonado. Prevendo possíveis críticas, Weil argumenta em prol de sua objetividade e sua racionalidade pessoal.

"Acho que minhas visões são equilibradas. Sou visto como sendo razoável, equilibrado e dotado de senso comum. Acho que sou bastante justo em minhas críticas da medicina convencional e da alternativa. Não tenho uma inclinação a favor ou contra nenhum sistema em especial." E, mesmo assim, ele fornece o seguinte relato:

> Meu interesse na chamada medicina alternativa vem de muito antes da faculdade de medicina. Meu amor por plantas é algo que herdei da minha mãe. Isso me levou a estudar botânica. Lembro que me interessei muito por hipnose quando era adolescente, e isso me levou à investigação das interações mente-corpo. Comecei a ler sobre terapias alternativas quando estava na faculdade e escrevi um trabalho sobre elas. Então, esses interesses vêm de muito antes da faculdade de medicina. Quando terminei minha residência, estava muito claro para mim que não queria praticar aquele tipo de medicina. Apenas me parecia que, antes de mais nada, ela era a causa de muitos danos diretos. E, em segundo lugar, em geral ela não ia à raiz do processo de enfermidade e o mudava.

Compare a afirmação de Weil de não ter um viés anterior – "não tenho uma inclinação" – com suas referências não tão sutis a "aquele tipo de medicina" e "causa de muitos danos diretos" e a alegação de que a medicina moderna não procura as causas básicas da doença. A combinação de confiança implícita nos instintos, *sensação de saber* e capacidade de introspecção para desenterrar o viés pessoal resultou na recomendação de um tratamento não comprovado sob o risco de evitar o pronto tratamento com técnicas comprovadas.

Weil não está sozinho em sua visão sobre a medicina. Da mesma entrevista de *Frontline*, dessa vez com um importante farmacologista universitário com especialização em pesquisa oncológica: "Acredito na necessidade de pesquisas, mas sei que a experiência pessoal é o teste que conta'".[21]

Ou essa entrevista com Russell Targ, um físico, pioneiro nas primeiras pesquisas com *laser*, cofundador da investigação sobre as capacidades psíquicas nos anos 1970 e 1980 do Instituto de Pesquisa de Stanford. Targ foi diagnosticado com câncer de cólon em 1985. Em 1992, uma tomografia e estudos de ultrassom sugeriram uma recorrência metastática do câncer de cólon. Targ foi aconselhado a submeter-se a avaliações e possível quimioterapia. Em vez disso, ele ligou para Jane Katra, uma curadora espiritual que tinha conhecido em uma conferência de parapsicologia no verão anterior.

> *Atuando com base em sua intuição, Katra sentiu-se obrigada a contar a Targ que ele não estava doente e que não deveria empoderar esse conceito dizendo que estava doente ou que tinha câncer. "Tudo o que realmente sabemos", ela disse, "é que havia pontos em algum filme." Com a assistência de Katra e suas recomendações de grandes mudanças de estilo de vida, ela atuou com base na teoria de se "mudar o hospedeiro para que a doença não mais o reconhecesse". Targ melhorou. Ele não se submeteu à quimioterapia prescrita e, seis semanas depois, uma tomografia mostrou que o tumor se transformara em algo inteiramente benigno. Ele está bem desde então.*[22]

---

21 Hultgren, L., www.pbs.org/wgbh/pages/frontline/shows/altmed/interviews/weil.html.

22 www.ions.org/publications/review/issue65/r65lora.pdf. Targ, R.; Katra, J. *Miracles of Mind: Exploring Nonlocal Consciousness and Spiritual Healing.* Novato: New World Library, 1999. p. 193.

A crítica médica dessa história milagrosa é direta: não houve diagnóstico de tecido de uma recorrência para garantir a alegação da subsequente resolução dos tumores. (Tomografias abdominais comumente mostram anormalidades benignas que imitam malignidades.) Minha preocupação é a crença de que a pura intuição pode justificar que se aconselhe um paciente de câncer contra maiores avaliações médicas. Pior, essa "curadora espiritual" pode folhear *Blink*, o livro de Gladwell, e citar capítulo e versículo, apontando as afirmações de Gladwell sobre um inconsciente perfeitamente racional e a nossa capacidade de saber quando ele está nos enganando.

Considere essa citação de *Blink:* "Mas o que aconteceria se levássemos nossos instintos a sério? [...] Acredito [...] que a tarefa de encontrar o sentido de nós mesmos e de nosso comportamento exige que reconheçamos que pode existir tanto valor no piscar de um olho quanto em meses de análise racional".[23]

Duvido que Gladwell tivesse essa intenção em mente, mas, enquanto continuarmos divulgando massivamente a crença de que o instinto pode ser equivalente a meses de estudo científico, teremos médicos recomendando tratamentos sem valor porque "sabem em seu coração" que o tratamento funciona. Teremos médicos que têm "certeza" de que o amor pode tratar lúpus. Teremos pessoas não instruídas em medicina fazendo recomendações de vida e morte com base em palpites e sonhos. Com um piscar de olhos, vamos voltar à Idade das Trevas.

Imagine como teria sido diferente cada uma dessas afirmações se intuição e instintos fossem reconhecidos como pensamentos inconscientes (e não provados) associados com uma forte *sensação de saber*, e não formas genuínas de conhecimento confiável.

---

23 Gladwell, p. 16-17.

O conflito entre medicina alternativa e tradicional seria relativamente fácil de resolver se reconhecêssemos que cada uma representa uma forma diferente de conhecimento. Por definição, medicina alternativa engloba aqueles tratamentos que ainda não provaram ser eficientes por técnicas médicas tradicionais. Alegações são baseadas em observações pessoais, instintos, palpites, suspeitas e hipóteses ainda não testadas; todos são formas de "conhecimento sentido". Se você quer saber se ginkgo biloba previne doença de Alzheimer, pode realizar um estudo de controle. Se o estudo mostrar sua eficácia, o ginkgo biloba deveria ser adotado pela comunidade médica – faria a transição de medicina alternativa para a tradicional. Se não for provado como eficiente, você tem o direito de manter sua crença de que talvez ele funcione. Mas deveria reconhecer que está mantendo um palpite que não é atualmente apoiado por evidências científicas. Se você recomenda ginkgo biloba para um paciente, tem a obrigação de informá-lo que sua recomendação está baseada em uma crença não confirmada. O mesmo vale no caso da manipulação cranial para infecções de ouvido recorrentes.

A boa ciência é mais do que os mecanismos de pesquisa e experimentação. A boa ciência exige que cientistas olhem para dentro – para contemplar a origem de seus pensamentos. Os fracassos da ciência não começam com evidências equivocadas ou estatísticas confusas; eles começam com o autoengano pessoal e uma *sensação de conhecimento* injustificada. Quando você adota a posição de que a experiência pessoal é o "teste que conta", simplesmente não é possível discutir de forma racional. A boa ciência exige que se distinga entre o "conhecimento sentido" e o conhecimento surgido de observações testáveis. "Tenho certeza" é uma sensação mental, não uma conclusão testável. Coloque palpites, instintos e intuições na caixa de sugestões. Deixe os métodos empíricos separarem as boas sugestões das más.

Antes de continuar, pergunte a si mesmo como você classificaria sua própria visão dos problemas médicos. Você se classificaria como escrupulosamente "objetivo" e propenso a se basear exclusivamente em dados publicados? Ou favorece tratamentos alternativos e suspeita que a medicina tradicional perdeu muitas oportunidades por seu provincianismo estreito? Você se preocupa muito ou é facilmente tranquilizado? Você tende a exagerar ou minimizar suas queixas? Tem uma tendência hipocondríaca ou é geralmente estoico? E por aí vai... As perguntas são infinitas e, às vezes, difíceis de responder, mas são necessárias para oferecer e receber os melhores cuidados. Vamos tomar uma queixa simples, aparentemente direta e extremamente comum: dor crônica nas costas. Enquanto lê o seguinte histórico de caso, imagine-se como o paciente – o que você iria querer e no que acreditaria? Então, como o médico responsável, como responderia a cada nova informação?

Há alguns anos, atendi o Sr. Z, um empresário de Chicago extremamente bem-sucedido, de quarenta e poucos anos, que reclamava de uma dor nas costas implacável que já durava vários anos. Ele já tinha consultado uma dezena de diferentes especialistas; seus exames físicos, seus testes de laboratório e suas várias ressonâncias e tomografias computadorizadas eram normais. Não havia qualquer histórico de dano, predisposição, histórico familiar similar ou problemas pessoais que poderiam causar queixas de tensão relacionada a estresse. O paciente estava convencido de que algo terrivelmente errado estava sendo ignorado.

Antes de continuar, tente fazer uma pergunta que não esteja baseada em alguma suposição anterior sobre o que causa dor nas costas e o que poderia aliviá-la. Ouça a forma como você formula a pergunta e como decidiria o que constituiria as evidências que responderiam à pergunta. Você pensa em tratamento com quiropatia, ímãs, botas de inversão de gravidade, massagem do tecido profundo, fitas de relaxamento, injeção no músculo piriforme, técnicas

Feldenkrais, proloterapia ou exercícios de Pilates? Você pensa em um amigo que se recuperou depois de receber um tratamento desdenhado por seus médicos, em um parente que teve um câncer não diagnosticado porque os médicos não fizeram um exame dos ossos ou em um vizinho que sofre de fibromialgia?

Considerando testes de laboratório, radiografias, ressonâncias e tomografias normais por um período de vários anos, você ficaria satisfeito com a ideia de que as chances de estar ignorando uma doença potencialmente tratável eram bastante baixas, ou a sua tolerância a riscos é tal que qualquer coisa menos do que certeza significa que deveria repetir todos os testes? Se você repete a ressonância e a tomografia e elas estão normais, vai ficar satisfeito ou vai pedir testes menos comuns ou experimentais? E se esses estudos revelassem uma anormalidade não mostrada nas ressonâncias ou nas tomografias, em qual você acreditaria? Estaria disposto a realizar uma cirurgia baseada em estudos controversos ou não comprovados? Se sim, por quê? Você exigiria um estudo de controle como evidência do valor da cirurgia, ou aceitaria a garantia do médico de alívio da dor baseada na *experiência pessoal* dele?

Poderia chegar à conclusão de que mais testes não levariam a uma resposta definitiva? Ou continuaria a ter aquele pensamento perturbador: "Deve haver um motivo; se ao menos a medicina tivesse as ferramentas de diagnóstico apropriadas!"? Se o médico levantasse a possibilidade de uma simples tensão, você responderia com alívio ou frustração e irritação? Uma grande quantidade de artigos de revistas enfatizando questões psicológicas como um forte componente para dores nas costas crônica seria convincente? Se não, o que constituiria uma evidência objetiva de estresse?

Eu escolhi o assunto da dor crônica nas costas porque esta é uma das razões mais comuns para se ir a um médico. Dor aguda nas costas é bastante direta – normalmente, acontece por esforços comuns resultantes do trabalho no jardim ou do levantamento do lixo ou da sua neta. Mas, quando a dor nas costas se torna crônica, a precisão do diagnóstico cai dramaticamente. Radiografias e ressonâncias mostram vários tipos de anormalidades, mas a correlação é fraca. Um editorial do *New England Journal of Medicine* – talvez o resumo mais devastador – sugeria que a causa da maioria das dores crônicas nas costas não pode ser determinada com precisão.[24]

Leia essa última sentença de novo. Isso é realmente possível? Com toda a tecnologia à nossa disposição, é claro que temos algumas ideias sobre a causa de uma dor crônica nas costas. Essa declaração *passa uma sensação* certa ou errada? Lógica ou impossível de aceitar? Contrária ao senso comum e à experiência pessoal? E aí está o problema. Mesmo quando entendemos que os especialistas não sabem ou discordam totalmente sobre as causas de uma condição, sentimos que podemos saber a resposta mais correta – como se existisse uma. E é por isso que o assunto da dor nas costas já gerou tantas teorias, tratamentos sem provas e tantas cirurgias desnecessárias.

Agora, vamos mudar os papéis. Tente ser o médico tratando o Sr. Z. Você fez tudo o que é razoável e não possui uma explicação clara para a dor dele. O que você faria em seguida? Tentaria alguns testes não comprovados ou experimentais, prescreveria outra rodada de relaxantes musculares ou drogas anti-inflamatórias? Como último recurso, exploraria a possibilidade de que o Sr. Z poderia ter uma tensão por estresse não reconhecida, talvez até um transtorno puramente psicossomático (somatoforme)? Você admitiria a derrota e diria ao paciente que não pode ajudá-lo? Ou diria a ele que não tem uma ideia clara do que está causando a dor dele?

Antes de continuar, faça alguns diagnósticos e planos de tratamento conjeturais; então, se pergunte qual é o seu nível de confiança de que está no caminho correto.

---

24 Frymoyer, J. "Back Pain and Sciatica". *New England Journal of Medicine*, v. 318, n. 5, 4 fev. 1988.

Agora, deixe-me oferecer uma parte adicional da história. Por acidente, depois de ver o Sr. Z, eu encontrei um amigo próximo dele, que espontaneamente me falou sobre a infância do Sr. Z. A mãe do Sr. Z tinha sofrido um caso severo de pólio quando o Sr. Z tinha poucos meses de idade. A partir daquele momento, ela tinha ficado confinada a um pulmão de aço. O pai do Sr. Z tinha afundado as mágoas no trabalho, incluindo viagens que o mantinham longe de casa a maior parte do tempo. O amigo opinava que a falta de intimidade física do Sr. Z com seus pais era um fator importante no impulso competitivo vitalício do Sr. Z.

Descobri que Z tinha sido o melhor jogador de *squash* em seu clube atlético local por quase uma década. Sua dor nas costas começou logo depois que ele foi derrotado por um novo membro do clube. Circularam rumores; a maioria dos membros do clube, que o conheciam havia anos, especulava que o Sr. Z não suportava perder. Mais surpreendente era que, desde que deixara o *squash*, o Sr. Z tinha começado a jogar golfe várias vezes por semana, até se tornar um bom golfista. E, sim, o golfe com frequência piora dores na região lombar, e este é um risco vocacional comum para os jogadores profissionais. Mas, não, de acordo com o Sr. Z, o golfe não piorava sua dor.

Essa nova informação é suficiente para criar uma conexão entre dor psicossomática e falta de intimidade física durante um período crucial do desenvolvimento inicial do Sr. Z? Ou é um pretexto, uma presunção autoritária do *establishment* médico – o médico descobre algo sobre o paciente que se encaixa no que ele já suspeitava e usa esse fato como prova?

Qual é a melhor prova, a ausência de qualquer reclamação psicológica aparente por parte do paciente ou de sua família, aliada à sua incapacidade de detectar qualquer problema, ou um histórico de desenvolvimento inicial altamente emotivo descoberto por sorte? Para valerem como evidência, precisaríamos ter medidas "objetivas" para cada uma dessas posições? Lembre-se, é assim que os questionários médicos são criados – são uma tentativa de quantificar estatisticamente o subjetivo, de modo que as observações possam chegar ao nível da evidência. Mas que tipo de evidência é um histórico psiquiátrico detalhado que não pode revelar o que o paciente não consegue lembrar, ou decide conscientemente omitir, ou inconscientemente bloqueou?

Se você preferir um componente psicológico para a dor, isso é razão suficiente para expor um paciente à dolorosa lembrança de um forte trauma infantil? Você acredita que um trauma infantil resulta em uma programação de circuitos que não pode ser superada pelo reconhecimento, ou sente que um melhor autoconhecimento vai expor a fonte da dor e permitir que ela seja "eliminada pela fala"? Consegue fazer alguma previsão do resultado mais provável dessa revelação?

Agora a questão ética: você não dispõe de nenhum método para determinar a probabilidade de estar correto. E corre o risco de que atiçar as brasas do passado do Sr. Z possa levar a uma depressão aberta ou outras consequências emocionais negativas imprevistas.

Eu apresentei o caso do Sr. Z para sublinhar as dificuldades de se acreditar que pode existir uma postura estritamente racional para um problema médico comum. Nesse cenário, o método científico sozinho é incapaz de fornecer uma resposta certa. Não consegue fornecer nem mesmo uma melhor linha de raciocínio – cada passo do processo de tomada de decisão está sujeito ao viés inconsciente tanto do paciente quando do médico. Combinar médico e paciente sob tais circunstâncias é como tentar sobrepor os padrões de dois tapetes orientais. Para que o paciente e o médico abordem um problema com linhas parecidas de raciocínio, eles precisam que o próprio tecido de suas vidas se alinhe na mesma direção.

E, ainda assim, nem tudo está perdido. O Sr. Z ainda pode receber um bom cuidado médico. Um médico atencioso, solidário e sábio tem maior probabilidade de dar ao Sr. Z um bom conselho que um médico com pressa, insensível ou mal treinado. O objetivo deste capítulo é expor os limites de qualquer conceito de racionalidade ou objetividade, não sugerir que todas as respostas são iguais e tudo é relativo. Algumas opiniões têm maior probabilidade de estarem certas que outras. A arte da medicina, tão imperfeita quanto é, continua sendo uma ferramenta útil da mesma forma que a introspecção pode fornecer ideias parciais, mas não respostas completas. Parte da arte da medicina é reconhecer os limites da arte da medicina.

Para fornecer o melhor cuidado possível, deveríamos saber quando estamos baseando nossas decisões na ciência e quando estão baseadas em experiências sem substância, palpites e instintos. Mas, como já vimos, não somos avaliadores confiáveis dessas distinções arbitrárias. A alternativa é um meio termo – uma tentativa de basear nossas opiniões numa compreensão científica o mais minuciosa possível, simultaneamente lembrando a nós mesmos, e a nossos pacientes, que nossa informação terá necessariamente sido filtrada por nossos próprios vieses pessoais, afetando nossa seleção de evidências e até mesmo quais artigos desencadeiam uma *sensação de correção*. Quando admitimos isso, descemos do pedestal da certeza e entramos no mundo mais realista de possibilidades e probabilidades.

"A previsão do tempo diz que existe 70% de chance de chover hoje."
"Sim, mas vai chover?"

Na medicina, os resultados de grandes erros são bastante óbvios. A tia de minha esposa morreu de um câncer de pele que seu médico ignorou. Apesar dos vários pedidos da tia para que fizesse uma biopsia, o médico insistia que a lesão era benigna e que uma biopsia não era indicada. Se ele não achasse que tinha certeza absoluta, uma biopsia teria sido realizada quando o câncer ainda era bastante tratável. Para concluir este capítulo, gostaria de explorar brevemente a noção da diferença moral entre certeza e alta probabilidade.

Imagine que você e seu cônjuge trabalharam duro por vários anos e estão a seis meses de se aposentar. Os dois investiram com cuidado e têm dinheiro suficiente para viver confortavelmente, mas sem extravagâncias. Você recebe uma ligação do seu corretor de ações dizendo que tem uma barbada – uma ação que vai começar a ser vendida no dia seguinte e tem a garantia de dobrar de valor em um ano. O dinheiro extra permitiria que você viajasse de primeira classe e alugasse aquela cabana nas montanhas no verão. Você pergunta qual a certeza da garantia. Ele fala: "Cem por cento garantida por nossa empresa e apoiada pelo Lloyd's de Londres. A chance de algo dar errado é zero". Nesse cenário, você decide investir todo o seu pé de meia.

Quanto você investiria se o corretor dissesse: "Há uma probabilidade de sucesso de 99,9999%. É quase certeza, mas não existe garantia absoluta"? Vamos supor que você tem o gene da propensão a riscos, enquanto seu cônjuge é muito mais conservador e odeia perder um dólar num jogo de bingo. O lado negativo de perder poderia não o aborrecer – você gosta do seu emprego e não se importaria em continuar trabalhando. E, como adora estar em ação, apreciaria acompanhar os giros repentinos do mercado de ações momento a momento. Por outro lado, sua esposa está cansada de trabalhar e não vê a hora de ter tempo para fazer um curso de aquarela. Os dois estão indecisos sobre quanto investir. Você liga para seu corretor e pede um conselho.

Qualquer decisão que seja menos do que certa e envolva as vidas de outras pessoas possui uma dimensão moral inevitável que se estende para consequências tanto esperadas quanto imprevistas. Uma garantia de 99,999% não é somente 1/100.000 menos certa que uma garantia de 100%. Não é "quase certo" ou "quase o mesmo que certo". É a diferença entre nenhuma possível consequência adversa e a possibilidade, mesmo remota, da ruína pessoal e financeira. O corretor tem a obrigação de explicar a diferença; o casal também tem a obrigação de entender essa diferença. Odeiem ou não estatística, precisam entender a diferença fundamental entre certeza e altamente provável.

Essa obrigação moral também se estende àquelas opiniões nas quais a certeza está implícita, apesar de não estar especificamente declarada. Um grande exemplo é a previsão. Um professor da Universidade da Califórnia em Berkeley e cientista ganhador do Prêmio MacArthur afirmou recentemente que "haverá dez bilhões de pessoas na Terra em 2100 – e todas elas poderão viver confortavelmente se continuarmos avançando na tecnologia de economia de energia".[25] A afirmação parece inócua; um cientista pesquisador está expressando sua opinião sobre a probabilidade de avanços na tecnologia de economia de energia. Mas há uma enorme diferença entre altamente provável e sem dúvida nenhuma. Se os cálculos do professor estiverem errados, as consequências poderiam ser catastróficas. O quanto suas alegações seriam diferentes se ele dissesse: "De acordo com meus cálculos, é bastante provável que em 2100 a Terra poderá acomodar confortavelmente 10 bilhões de pessoas. Mas há uma pequena chance de que eu esteja errado e que meus cálculos possam levar a sérios erros de planejamento populacional".

Em situações simples, como as chances de conseguir um *blackjack* ou uma moeda dar cara ou coroa, podemos calcular as probabilidades exatas. Não existe nenhum cálculo assim para a possibilidade

---

25 Muller, R. "The Conservation Bomb". *Technology Review Online*, 14 jun. 2002. Também disponível em muller.lbl.gov/TRessays/05_Conservation_Bomb.htm.

de erros de pensamentos complexos. Um duro escrutínio e uma introspecção brutal não vão melhorar esse cálculo, assim como se concentrar mais no vídeo de basquete sem especificamente procurar por um gorila não vai aumentar as chances de ver o gorila. Não podemos calcular as chances de consequências imprevistas.

Aqui está um exemplo de como não ver o gorila pode levar a uma negação total de possíveis mudanças climáticas catastróficas. Um professor de geologia canadense é citado dizendo: "Não consigo ver um mecanismo que traria a quantidade de água doce necessária para realmente causar o colapso do ciclo hidrológico. Um ciclo hidrológico aumentado por causa da mudança climática e do aquecimento global não acontecerá até onde sei".[26] Ele conclui: "É seguro dizer que o aquecimento global não vai levar ao início de uma nova idade do gelo".[27]

"Não consigo ver um mecanismo" é análogo a não ver o gorila. "Seguro concluir" é o equivalente moral de uma garantia de 100%. O mesmo vale para "todas elas poderão viver confortavelmente se continuarmos avançando na tecnologia de economia de energia".

Reconhecer os limites da mente em sua autoavaliação deveria bastar para dispensarmos a velha noção de certeza, mas não significa que devamos abandonar tudo em um ressentido niilismo pós-moderno. Nós prosperamos com objetivos idealizados que não podem ser cumpridos. Ao criticar os limites de razão e da objetividade, não é minha intenção sugerir que estudos científicos realizados adequadamente não nos dão uma ideia bastante boa de quando algo está provavelmente correto. Para mim, *bastante bom* é uma estatística linguística que cai em algum ponto localizado entre *mais provável que improvável* e *além de toda dúvida razoável,* mas evita as armadilhas que nascem da crença em uma objetividade completa.

---

26 americanradioworks.publicradio.org/features/climate/b6.html.
27 www.newscientist.com/hottopics/climate/climate.jsp?id-s99994888.

13. Fé

Bem-vindo à palavra que começa com F

Todos os argumentos sobre razão e racionalidade acabam se resumindo ao que podemos conhecer *versus* o que aceitamos por fé. Mas qualquer discussão de fé está intimamente relacionada com a questão de como determinamos o propósito da vida.[1] A essa altura, deveria ser evidente que propósito e significado sentidos profundamente são exatamente isso: profundas sensações mentais. Embora os mecanismos cerebrais subjacentes que criam essas sensações não sejam conhecidos, a maior dica vem daqueles que passaram por momentos "místicos". Uma linha comum dessas descrições é a aparição repentina e inesperada de uma "inundação de puro sentido" ou uma inexplicável *sensação de saber* qual o sentido da

---

1 Não estou me referindo a uma intenção específica, como carregar um guarda-chuva em um dia de chuva para evitar se molhar. Nesse contexto, propósito é sinônimo de um desejo e uma intenção conscientes de não tomar chuva. Carregar um guarda-chuva pode satisfazer a propósitos situacionais, mas raramente vai motivá-lo a sair da cama de manhã para ir atrás de seu projeto preferido.

vida *sem* a consciência de qualquer pensamento precedente ou iniciador. Quer seja apropriado ou não usar a palavra *fé* para descrever uma sensação de "agora sei por que estou aqui" ou "isso deve ser o sentido de tudo", é impossível ignorar as qualidades compartilhadas por *sensação de saber*, *sensação de fé* e sentimentos de *propósito* e *sentido*. Tudo serve tanto como motivação quanto recompensa no nível mais básico de pensamento. Tudo corresponde à ideia de James de conhecimento sentido – sensações mentais sentidas por nós como conhecimento. (Essa visceral *sensação de fé* não deve ser confundida com o *pot-pourri* cognitivo de ideias conscientes, mas não comprovadas que se transformam em artigos de fé, como crenças em religião, abdução alienígena, mirtilos como prevenção para a doença de Alzheimer e um universo com 6 mil anos de idade.)

Uma segunda linha de evidências vem das descrições de quando a sensação não está presente. Apesar de não necessariamente termos consciência de quando sentimos propósito e significado, estamos quase sempre conscientes da sensação nauseante de não os possuir. Isso não é um mal-entendido intelectual; é um instinto de desorientação e uma perda de direção pessoal. Raramente os esforços mentais brutos e as conversas de autoajuda são capazes de reavivar a sensação perdida. A maioria de nós simplesmente espera pacientemente, sabendo pela experiência passada que a sensação vai voltar em seu próprio tempo. Uma sensação perdida de propósito é como um companheiro de viagem que nos acompanhou durante toda a vida e, temporariamente, resolveu passear sozinho. Como essa separação entre intelecto e propósito sentido é crucial para desembaraçar os conceitos equivocados no coração da controvérsia ciência *versus* religião, eu gostaria de mostrar uma breve descrição de Tosltói de um ataque de melancolia que o surpreendeu aos 50 anos. De especial interesse é a conclusão dele sobre a incapacidade da ciência e da razão de fornecerem um sentido pessoal de significado.

Tolstói e a biologia do desespero

> Senti que algo tinha se quebrado dentro de mim, algo sobre o qual minha vida tinha sempre se baseado, que não tinha sobrado mais nada, e que moralmente minha vida tinha parado. Uma força invencível me obrigava a me livrar daquela existência [...] Era uma força como minha velha aspiração para viver, só que me impulsionava para a direção oposta.
>
> Tudo isso aconteceu num momento em que, se fosse pelas minhas circunstâncias externas, eu deveria estar completamente feliz. Tinha uma boa esposa que me amava e a quem eu amava; bons filhos e uma grande propriedade [...] era respeitado pelos familiares [...] e elogiado por estranhos. Mais ainda, eu não estava nem louco nem doente. Ao contrário, possuía força física e mental que raramente via em pessoas da minha idade.
>
> E mesmo assim eu não conseguia dar nenhum sentido razoável para as ações da minha vida [...] Eu procurava uma explicação em todos os ramos do conhecimento adquiridos pelos homens [...] Procurava como um homem que está perdido e tenta se salvar – e não encontrei nada. Fiquei convencido, além do mais, de que todos os que tinham procurado uma resposta nas ciências antes de mim tampouco encontraram algo. E não só isso, mas que eles tinham reconhecido que, exatamente o que estava me levando ao desespero – a absurda falta de sentido da vida –, é o único conhecimento incontestável acessível aos homens.[2]

---

[2] Tolstói, L. *My Confession My Religion*. Midland: Avensblume Press, 1994.

Hoje, a maioria dos psiquiatras rotularia a experiência de Tolstói como uma reação depressiva; uma das marcas características da depressão clínica severa é uma diminuição ou a ausência de significado e propósito. A maioria suspeitaria de um desequilíbrio de neurotransmissores e prescreveria inibidores seletivos de recaptação de serotonina (ISRS) como Prozac e Zoloft. Poucos sugeririam um audiolivro ao estilo de *Deus ajuda quem se ajuda*, de Norman Vincent Peale, ou a postura britânica de estoicismo sem queixas. Não intimidamos pacientes deprimidos a "passar por cima disso" porque estamos dispostos a aceitar que aberrações na química cerebral, de alguma forma, resultam em uma perda da sensação de significado. Mas, quando uma sensação de propósito e significado está presente, não é normalmente descrita como algo que surge de mecanismos neurais funcionando adequadamente. No lugar disso, propósito e significado são discutidos em termos metafísicos ou religiosos. (Eu suspeito que, se pressionada, a maioria de nós consideraria propósito e significado como escolhas conscientes, ou pelo menos dotadas de um grande componente volitivo.)

Se abandonamos a crença de que os sentimentos de propósito e significado estão dentro de nosso controle consciente e os vemos como sensações mentais involuntárias relacionadas de perto com a *sensação de saber*, temos uma ferramenta potencialmente poderosa para reconsiderar o conflito ciência-religião.

Cuidado: zona de desconstrução à frente

Para representar a postura prototípica do cientista racional, escolhi seu porta-voz mais persuasivo e incansável, Richard Dawkins, professor em Oxford de Compreensão Pública da Ciência. Duas de suas mais famosas citações rapidamente ilustram o problema de acreditar que podemos, racionalmente, escolher se somos ou não religiosos.

"A fé é o grande pretexto, a grande desculpa para evadir a necessidade de pensar e avaliar as provas. Fé é a crença apesar da, até talvez por causa da, falta de provas." E: "Vou respeitar suas visões se você puder justificá-las. Mas, se você justificar suas visões apenas dizendo que tem fé nelas, não vou respeitá-las".[3]

Quando leio recomendações de injeções de veneno de cobra como o tratamento definitivo para esclerose múltipla ou ouço alguém insistir que um blastocisto tem alma, sinto-me obrigado a perguntar: "Onde estão as evidências?". Quando terroristas jogam aviões contra o World Trade Center, fico horrorizado com o poder que a religião tem de subverter as mentes dos jovens. Um dos maiores medos de nosso tempo é que os excessos da crença possam destruir a civilização. Então, à primeira vista, as críticas de Dawkins aos argumentos baseados na fé estão corretas. Mas podemos seguir seu conselho e ainda levantar de manhã? É possível ter uma sensação de significado e propósito sem algum sentimento de fé?

Richard Dawkins admite francamente que não pode viver sem algum elemento de significado. "Eles me dizem: como você pode aguentar estar vivo se tudo é tão frio, vazio e sem sentido? Bem, em um nível acadêmico, eu acredito que é – mas isso não significa que você pode viver sua vida assim." Sua solução vai de encontro ao problema a cuja resolução ele devotou sua carreira. Ele continua: "Uma resposta é que eu me sinto privilegiado por ter a permissão de entender por que o mundo existe, e por que eu existo, e quero compartilhar isso com outras pessoas".[4]

Dawkins acredita tanto em seu poder de introspecção e autoanálise quanto que é mentalmente capaz de entender por que o

---

3 Dawkins, R., em um debate com o arcebispo de York, dr. John Habgood, *The Nullifidian* (dez. 1994). Também disponível em www.world-of-dawkins.com/religion.html.

4 Dawkins, R., citado em *The Guardian*, 3 out. 1998.

mundo e nós existimos – o mito da mente racional autônoma. Isso acompanha outro ato de fé – a crença de que possuir completo conhecimento das leis físicas do universo vai nos contar por que estamos aqui. É uma proposição extraordinária acreditar que uma compreensão intelectual das propriedades físicas pode revelar verdades metafísicas subjetivas. Por que existimos é uma questão de opinião e especulação pessoais, não uma questão para a investigação científica. Um problema adicional e ainda mais básico é que Dawkins presume que entender por que estamos aqui é sinônimo de propósito, ou pelo menos vai desencadear uma sensação de propósito e significado. Mas a razão não é necessariamente capaz de criar uma sensação de significado – como Tolstói elegantemente nos recorda. Dawkins não é nem mesmo capaz de desviar da linguagem da religião que ele está criticando. Ter *permissão* sugere a presença de um poder maior capaz de conceder esse privilégio. Mas quem está concedendo esse privilégio se não existe um poder superior? Como Dawkins é um ateu autoproclamado, presumo que esteja se referindo a uma mente racional todo-poderosa capaz dessa compreensão. Em essência, Dawkins está deificando a mente racional que permitirá a ele entender por que existe.

Dawkins, convenientemente, ilustra o dilema do racionalista: como você articula um sentido pessoal de propósito quando, intelectualmente, concluiu que o mundo não faz sentido? Qual é o propósito de apontar a falta de sentido? O que significa encontrar propósito na compreensão da falta de propósito? Mais uma vez, estamos de volta ao conflito entre o intelecto de Dawkins (o mundo não tem sentido) e a sua sensação mental de propósito (vou mostrar aos outros que a fé é irracional). Para entender a intensidade desse propósito sentido, procure no Google a biografia e as palestras de Dawkins. Seu esforço quase evangelizador para convencer os fiéis da loucura das convicções deles tem o mesmo tom zeloso daqueles missionários que sentem como seu dever converter os pagãos.

Há um problema básico na controvérsia ciência-religião: embora o sentido de propósito seja uma sensação mental necessária e involuntária, ele não é facilmente compreensível somente como sensação. Não parece certo dizer: "Tenho uma sensação de propósito, mas não sei o que é". Para pensar em propósito e significado, precisamos de rótulos. Atribuímos palavras a sentimentos que ocorrem espontaneamente a fim de incorporá-los a uma visão de mundo mais ampla. Se não usássemos essa linguagem, a expressão de propósito seria difícil, até mesmo impossível. Se você duvida disso, tente afirmar seu propósito ou seu significado de vida sem expressar agradecimento, gratidão, obrigação, imperativo moral ou necessidade de uma compreensão maior do desconhecido. Qualquer que seja a explicação, há uma implicação subjacente de algo além de nós que precisa ser reconhecido ou perseguido – de um Deus onisciente às admiráveis leis físicas do Universo. O propósito religioso poderia ser descrito como um movimento em direção à compreensão ou à aceitação de um poder superior. O propósito científico poderia ser descrito como um movimento em direção à compreensão da natureza do mistério do universo.

Como seria diferente a controvérsia ciência-religião se reconhecêssemos que uma sensação de propósito sentida profundamente é tão necessária quanto a fome e a sede – todas são universalmente necessárias para a sobrevivência e a homeostase. Como expressamos essas sensações será uma questão de gosto e predileção pessoais. Alguns respondem a uma sensação de sede querendo Gatorade, enquanto outros optam por champanhe. Nenhuma escolha é estritamente "razoável". Uma vontade súbita no meio da noite de picles e sorvete não é um sistema de crenças bizarro – é um cálculo da camada escondida que inclui a condição da gravidez. Só entendendo que esses gostos aparentemente peculiares podem ter raiz na biologia é que podemos acordar às três da manhã e correr até a loja de conveniência sem pensar que nossa esposa enlouqueceu.

Imagine o sentido de propósito como um poderoso membro do comitê dentro da camada escondida. Ele avalia cuidadosamente todas as entradas, ponderando positivamente as experiências e as ideias que *parecem certas*, enquanto pondera negativamente aquelas que *parecem erradas, estranhas* [ou] *irreais*. O máximo que um argumento racional pode conseguir é acrescentar mais uma entrada a esse caldo cognitivo. Se ele ressoar profundamente o bastante, uma mudança de opinião pode ocorrer. Mas é uma batalha difícil e de baixa probabilidade; o melhor dos argumentos é apenas uma entrada contra toda uma vida de experiências adquiridas e tendências biológicas operando fora do nosso controle consciente. Esperar que argumentos bem fundamentados alterem facilmente expressões pessoais de propósito é não entender a biologia da crença. Para ocorrer uma reconciliação entre ciência e religião, os dois lados devem aceitar essa limitação básica.

Propósito me lembra de pais escolhendo o nome de uma filha recém-nascida. Antes de fazer a escolha, a criança sem nome poderia ser qualquer um – um aspecto essencial de seu ser ainda não foi declarado. Depois de receber o nome de Alice, o bebê agora está identificado como não sendo nenhuma outra criança e é diferente de todos os nomes que não foram escolhidos. O bebê agora é Alice e não outra pessoa. O propósito começa como um estado mental sem nome, mas essencial, e termina sendo expresso por meio de uma variedade de rótulos e justificativas dependendo da nossa constituição e da nossa experiência.

O propósito declarado de Dawkins é descobrir como funciona o mundo. Stephen Hawking disse uma vez: "Meu objetivo é simples. É o completo entendimento do universo, por que ele é como é e por que existe afinal de contas".[5] Presumo que os dois homens possuem um forte sentido de propósito sobre o qual inseriram sua crença na

---

5   en.wikiquote.org/wiki/Stephen_Hawking.

mente racional e em suas capacidades ilimitadas. Outros com predisposições genéticas, bases, experiências e autoanálises subjetivas diferentes poderiam interpretar a mesma sensação mental básica como sendo evidência da existência de Deus. Quer optemos pela ciência, pela religião, ou pelos dois, estamos contando a nós mesmos histórias sobre nós mesmos e o mundo no qual vivemos. Propósito declarado é uma narrativa pessoal baseada na camada escondida – não um argumento raciocinado.

Para ver como uma interpretação pessoal de um sentido visceral de significado afeta os aspectos aparentemente mais neutros do pensamento – números puros –, vamos dar uma olhada em uma das principais suposições da teoria do design inteligente.

Considere essa citação de um artigo de 2003 escrito por Paul Davies, médico formado por Cambridge, ex-professor de filosofia natural na Universidade de Adelaide, no sul da Austrália, e vencedor do Prêmio Templeton de 1995 pelo avanço do diálogo entre ciência e religião.[6]

> *É difícil resistir à impressão de que a estrutura atual do universo, aparentemente tão sensível às pequenas alterações nos números, foi algo cuidadosamente pensado. Tal conclusão só pode, claro, ser subjetiva. No final, ela se resume a uma questão de crença [...] A aparentemente milagrosa concomitância de valores numéricos que a natureza atribuiu a suas constantes fundamentais deve continuar sendo a mais forte evidência para um elemento de design cósmico.*[7]

---

6 Davies, P. "Universal Truths". *The Guardian*, 23 jan. 2003.
7 Davies, P. *God and the New Physics*. London: Penguin, 1990. p. 189.

Davies concorda que suas conclusões se resumem a uma questão de crença, mas chama suas interpretações subjetivas de "aparentemente milagrosa concomitância de valores numéricos" de forte evidência. Como um físico teórico muito conceituado, Davies sabe que o valor anexado a um número é uma interpretação subjetiva, não uma evidência. O número 3,14 não necessariamente significa pi; pode ser muito bem as chances de conseguir um *flush*, a última versão do protetor de tela do seu computador ou o troco depois de pagar por uma pizza. Nada pode ser deduzido simplesmente olhando para o número – especialmente significado e propósito. Se as chances de ganhar a loteria são de uma em um bilhão, ganhá-la não nos diz nada sobre o motivo pelo qual ganhamos. Todo o argumento de sorte, coincidência, milagre ou intervenção divina depende da nossa visão pessoal sobre eventos de baixa probabilidade. Mesmo assim, para Davies, a evidência mais convincente do design cósmico surge de sua crença de que eventos de baixa probabilidade não ocorrem por conta própria.

A diferença é que racionalistas e céticos veem a coincidência independentemente da improbabilidade das ocorrências ao acaso. Os que tendem para a crença em poderes superiores veem um ponto finito quando a coincidência se torna evidência do milagroso. De certa forma, isso não é surpreendente. A maioria de nós possui um relacionamento pessoal com os números. Se compramos um bilhete de loteria e perdemos, não pensamos que somos vítimas de um universo sem sentido. Não temos problema em aceitar que as chances de não ganhar são maiores. Mas, se ganhamos, é comum sentir a sensação de ter sido "selecionado" ou "escolhido". Poderíamos nos ver de modo diferente do que aqueles que não ganharam. Se você pega um resfriado que se espalhou pelo bairro, não pensa em si mesmo como vítima. Mas, se pega uma doença rara, é difícil não perguntar: "Por que eu?". Temos uma tendência inata a caracterizar o inesperado e o improvável de acordo com nossa visão de mundo.

Um problema similar atinge a interpretação do acaso – outro grande ponto de tropeço entre ciência e religião. O argumento resumido está contido na famosa citação do ganhador do Nobel Steven Weinberg em *The first three minutes*: "Quanto mais o universo parece compreensível, mais também parece não fazer sentido".[8] A hipótese subjacente é que a presença ou a ausência de propósito pode ser determinada com base no fato de o universo evoluir ou não de uma forma aleatória. A aleatoriedade é uma observação; não é evidência contra um design de ordem superior. Se quero que meu jardim se pareça com uma selva, minha melhor chance é deixar as plantas crescerem umas por cima das outras. O jardim pode parecer um caos, mas essa era minha intenção. Talvez sejamos um experimento bem desenhado de futilidade.

A crença de que podemos determinar racionalmente a diferença entre propósito e falta de propósito surge de uma incompreensão da natureza do propósito. Como pena adicional, ainda temos um cérebro que aprende procurando generalizações em vez de ambiguidade. Essa preferência nos incomoda produzindo seu próprio estado mental – a sensação desconfortável de que uma situação ambígua *precisa* ter uma resposta. Suspeito que essa sensação seja uma das forças principais no debate ciência-religião. Não importa a força da evidência de nossa incapacidade de saber por que estamos aqui, continuamos a procurar uma resposta. Mesmo quando essas perguntas surgem dos paradoxos gerados por funções cerebrais contraditórias, nós *sentimos* que deveríamos ser capazes de resolver o problema. O resultado é que vemos padrões onde não existe nenhum e não vemos padrões que talvez existam. Combine a nossa necessidade de categorizar com uma tendência inerente para a religiosidade e não surpreende que vejamos um propósito superior em vez de coincidência em eventos de baixa probabilidade.

---

8   Weinberg, S. *The First Three Minutes*. New York: Basic Books, 1993.

Inversamente, ceticismo inato e falta de tendências espirituais provavelmente favoreçam a declaração de que tudo é aleatório e, portanto, sem sentido.

Se esses argumentos fossem simplesmente diferenças acadêmicas de opinião, poderiam ser descartados como elucubrações irrelevantes. Mas esses argumentos formam a base para grandes decisões sociais. Ouça Leon Kass, médico e presidente do Conselho sobre Bioética de George W. Bush.

> *Nós, por outro lado, com nossa dissecação de cadáveres, transplante de órgãos, cirurgias cosméticas, lojas de estética, fertilização em laboratório, úteros de aluguel, cirurgia de mudança de gênero, filhos "desejados", "direitos sobre nossos corpos", liberação sexual e outras práticas e crenças que insistem em nossa independência e nossa autonomia, vivemos mais e mais completamente para o aqui e o agora, subjugando tudo o que podemos ao exercício de nossas vontades, com pouco respeito pela natureza e pelo sentido da vida corporal.*[9]

Kass está convencido de que sua capacidade de conhecer "a natureza e o sentido da vida corporal" é tão absoluta que ela chega ao ponto de excluir a possibilidade de crenças alternativas válidas. Baseando-se em sua determinação baseada na fé, Kass foi instrumental na oposição do governo Bush à expansão das pesquisas com células-tronco.

A controvérsia ciência-religião não pode desaparecer; está enraizada na biologia. Se fôssemos banir todas as discussões de religião,

---

9 Kass, L. *Toward a More Natural Science*. New York: Free Press, 1988.

queimar todos os livros religiosos, até mesmo eliminar todas as palavras relacionadas com religião e fé do dicionário, não eliminaríamos os sentimentos religiosos. Saber que o sentido do eu é um fenômeno emergente que nasce de estruturas neuronais mais simples não impede, agora, e nem impedirá, no futuro, que teólogos e filósofos debatam questões que eles não têm a menor chance de resolver. Os escorpiões picam. Falamos de religião, vida após a morte, alma, poderes superiores, musas, propósito, razão, objetividade, falta de sentido e aleatoriedade. Não conseguimos evitar.

Se, para a maioria de nós, a ciência é muito complicada ou não consegue fornecer a alegria e o sentido da religião, é natural que procuremos em outro lugar. A maioria dos cientistas vai admitir, em privado, ser capaz de compreender cada vez menos de um quadro cada vez mais complexo. Pesquisadores em laboratórios adjacentes raramente entendem o trabalho um do outro; uma boa compreensão de campos distantes está fora de questão. Para os menos versados em ciência, a distância é ainda maior. É certamente compreensível que aqueles de nós desprovidos de um conhecimento profundo da ciência possam sentir espanto com mistérios insondáveis, mas não aceitem a noção de que descobrir os mistérios do universo seja a razão para viver. Nem os cientistas estão sempre "convencidos". Em uma incrível reviravolta, o médico Francis Collins, diretor do Instituto Nacional de Pesquisa sobre o Genoma Humano desde 1993, passou de ateu confesso a cristão evangélico. Numa recente entrevista para a PBS, Collins deu a seguinte explicação sobre sua conversão:

> *Eu estava viajando pelo noroeste e, em uma linda tarde caminhando pelas montanhas Cascade, onde a incrível beleza da criação ao meu redor era tão arrebatadora, senti: "Não posso resistir a isso nem mais um minuto. Isso é algo que sempre desejei em toda a minha vida sem perceber,*

e agora tenho a chance de dizer sim". Então eu disse sim. Eu tinha 27. Nunca voltei atrás. Aquele foi o momento mais importante da minha vida.[10]

É difícil imaginar uma descrição mais concisa e comovente da luta entre sua crença anterior "de que toda essa coisa de religião e fé são resquícios de uma época antiga e irracional, e, agora que a ciência começou a entender como as coisas realmente funcionam, não precisamos mais disso" e o reconhecimento de suas necessidades religiosas contrárias há muito abafadas.

Em uma matéria de capa de 2006 para a revista *Time*, Dawkins e Collins debateram a presença de Deus. Apesar do diálogo bem fundamentado, nenhum dos dois mudou de opinião. Dada a poderosa natureza involuntária da necessidade religiosa e a probabilidade de diferenças genéticas subjacentes em nossa propensão para sentimentos religiosos, não deveríamos ficar surpresos. Ainda que eu preferisse um mundo livre de (ou pelo menos não afetado por) crenças fundamentalistas, não consigo achar que os fundamentalistas vão abandonar a religião porque os cientistas retratam um mundo estéril e frio onde nada faz sentido e a fé não deve ser respeitada. É provável que esta afirmação do professor Richard Lewontin de Harvard influencie os religiosos a abandonarem suas crenças em favor do método científico?

> *Para colocar uma visão correta do universo nas cabeças das pessoas, devemos primeiro tirar uma visão incorreta. As pessoas acreditam em muita besteira sobre o mundo dos fenômenos, besteiras que são consequência de uma forma errada de pensar [...]* O problema é fazê-los rejeitar

---

[10] www.pbs.org/wgbh/questionofgod/voices/index.html.

explicações irracionais e sobrenaturais do mundo, os demônios que existem somente na imaginação deles, e aceitar um aparato social e intelectual, a Ciência, como o único criador da verdade.[11] [Grifos meus.]

Além da crença não fundamentada em uma mente racional capaz de rejeitar explicações irracionais, Lewontin ignora outro aspecto fundamental da natureza humana – também aprendemos por meio de profundas experiências emocionais que não contêm elementos de razão. Essas formas de conhecimento não são ideias que podem ser avaliadas, testadas e julgadas como certas e erradas. Não são "fatos"; são formas de ver o mundo que estão além da razão e da discussão. Conseguimos um melhor (mas pessoal) sentido da natureza do luto ouvindo os últimos quartetos de Beethoven que analisando as áreas frontais mediais hipoativas em ressonâncias funcionais; sentimos mais a tragicomédia da vida assistindo às perambulações de Chaplin que aprendendo que o Sol vai acabar se autoconsumindo. A luta de Tolstói com a falta de significado é, em si mesma, uma profunda janela para a condição humana. Apesar de não serem "verdades" científicas, elas contribuem para nossa visão de mundo tanto quanto a compreensão da teoria das cordas. Mesmo se nossas conclusões estiverem erradas (como muitas vezes é o caso com as interpretações da experiência), é o que fazemos e o que nos dá conforto. Se essas experiências desencadeiam uma sensação religiosa, linhas de raciocínio herméticas não vão abalar essa crença.

Quão persuasiva é essa citação de Daniel Dennett, diretor do Centro de Estudos Cognitivos e professor de filosofia na Universidade Tufts?

---

11 Lewontin, R. "Billions and Billions of Demons". *The New York Review of Books*, 9 jan. 1997. Também disponível em www.nybooks.com/articles/1297.

Não tenho nenhuma dúvida de que a visão secular e científica está correta e merece ser endossada por todos, *e, como vimos nos últimos milhares de anos, as doutrinas supersticiosas e religiosas simplesmente terão que ceder.*[12] [Grifos meus.]

Insistir que o secular e o científico sejam universalmente adotados vai contra o que a neurociência nos diz sobre diferentes traços de personalidade gerando visões de mundo idiossincráticas. Tente dizer a um poeta que desista de suas contemplações e vire um engenheiro mecânico. Ou aconselhe um palhaço dizendo que ele seria mais útil como agente funerário. Talvez o melhor exemplo de como a personalidade básica afeta a perspectiva, incluindo os sentimentos de significado e propósito, esteja no grau de senso de humor de cada um, incluindo um sentido bastante desenvolvido do ridículo. Para mim, o retrato traçado por Beckett da falta de significado é hilária e curiosamente inspiradora. Assista a uma boa produção de Beckett e vai se achar constantemente assentindo na plateia. O grande mistério é como a apresentação bem-humorada da falta de sentido cria sua própria profunda sensação de significado inexprimível, incluindo um sentimento de camaradagem com outros que compartilham do mesmo ponto de vista irônico.[13]

---

12 Citado em Brown, A., *The Guardian*, 17 abr. 2004, em uma resenha dos escritos de Dennett. books.guardian.co.uk/review/story/0,12084,1192975,00.html.
13 Eu, pessoalmente, não vejo sentido no comentário de Weinberg de que nossa compreensão cada vez maior do mundo faz com que tudo pareça ter menos sentido. Entendo os argumentos dele, mas, em vez de evocar um sentido de desespero pessoal, eles me fazem rir sobre o ridículo de acreditar que podemos entender por que estamos aqui. Se existe algum significado ou propósito, por favor não me diga. Se uma placa caísse do céu e me dissesse qual era o sentido da vida, e eu não gostasse dele, ficaria muito mais desapontado do que se não tivesse visto a placa. Não saber me dá licença para perseguir o ridículo. Minha personalidade básica me levou a escrever um livro afirmando que a

Há outro problema com a insistência de Dennett sobre a absoluta correção da visão secular e científica, que nos traz de volta ao problema inerente da objetividade. Em uma recente entrevista em *Salon.com*, perguntaram a Dennett: "Está dizendo que uma pessoa estaria melhor se desistisse de sua fé em busca de uma verdade mais racional sobre o universo?". Dennett respondeu: "É uma excelente pergunta, e ainda não digo que tenho uma resposta. É por isso que temos que fazer a pesquisa. Então, teremos uma boa possibilidade de saber se as pessoas estão melhores com a razão ou com a fé".[14]

Que objetividade teria um estudo da razão contra a fé se fosse realizado por alguém que não tem "nenhuma dúvida de que a visão secular e científica está correta"? E que tipo de pesquisa poderia possivelmente determinar se fé ou razão é melhor para nós? Essa é a mesma linha de raciocínio que levou o cientista cognitivo Ap Dijksterhuis a afirmar que as melhores decisões eram as que deixavam os participantes do estudo mais felizes. O árbitro final entre fé e razão deveria ser o que nos deixa mais felizes? Ou deveríamos escolher aquela que nos torna mais capazes de encarar a morte? Um momento final de fé reconfortadora valeria mais do que toda uma vida anterior de ceticismo baseado na razão? Não consigo imaginar uma hipótese mais irracional ou um salto maior de fé do que acreditar que é possível realizar um projeto de pesquisa cientificamente válido que mostre se estaríamos melhor com a razão ou com a fé.

---

      determinação da falta de sentido ou propósito não pode ser uma decisão puramente racional. Eu gosto do vídeo do gorila do basquete porque ele confirma minhas suspeitas mais profundas de que somos mais propensos a ver o que queremos ver e menos propensos a ver o que não nos interessa – incluindo propósito ou falta de sentido. Minhas diferenças com Lewontin poderiam parecer argumentos razoáveis, mas são, em última análise, reflexos de modos diferentes e incontornáveis de ver o mundo.

14 Slack, G., entrevista com Dennett, *Salon.com*, 8 fev. 2006. www.salon.com/books/int/2006/02/08/dennett.

O homem é a única criatura que se recusa a ser o que é.
– Albert Camus

Ao escrever este livro, eu revisitei com frequência a descrição de Darwin de suas lutas pessoais com o propósito, o significado e a questão de Deus. Em uns poucos parágrafos de sua autobiografia,[15] ele abordou muitas das questões que estão no centro deste livro – da natureza e da precisão dos sentimentos profundos de convicção aos limites do que podemos saber. Especialmente inspiradora é sua tentativa de conciliar impulsos contraditórios sem cair no desespero ou adotar uma posição absolutista.

Para começar sua discussão, Darwin descreveu como a experiência de "sentimentos sublimes" enquanto estava no meio da grandeza de uma floresta brasileira o levou "à firme convicção da existência de Deus e da imortalidade da alma". Mas, gradualmente, ao longo de um período de anos, essas cenas majestosas deixaram de evocar esses sentimentos. Ele comparou essa perda de um sentido de convicção pessoal a ficar daltônico em um mundo que possui uma crença universal no vermelho. Ele rapidamente reconheceu que sua falta de convicção – como o daltonismo – não jogava nenhuma luz sobre qualquer verdade externa, por exemplo, se o vermelho existia ou não. "Não consigo ver que tais convicções e sentimentos internos tenham qualquer peso como prova do que realmente existe."

Ele prossegue equacionando o sentimento de convicção a outros sentimentos sublimes que chamei de *sensação de fé*. "O estado da mente que grandes cenas antes animavam em mim, e que estava intimamente conectado com uma crença em Deus, não difere, essencialmente, do que é muitas vezes chamado de sensação de sublimidade;

---

15 Barlow, N. (Ed.) *Charles Darwin*. New York: Norton, 1993. www.update.uu.se/~fbendz/library/cd_relig.html.

e, por mais difícil que possa ser explicar a gênese dessa sensação, dificilmente ela pode ser usada como um argumento para a existência de Deus, não mais do que os poderosos, mas vagos e semelhantes, sentimentos animados pela música".

Darwin era suficientemente astuto e introspectivo para perceber que a fonte de sua antiga crença em Deus era uma sensação mental que não tinha base em nenhuma realidade externa. Mas ele não foi mais complacente com a capacidade do raciocínio de decifrar o universo. (Os próximos três parágrafos foram editados por uma questão de brevidade).

> *Outra fonte de convicção na existência de Deus, ligada à razão e não aos sentimentos, me impressiona como tendo muito mais peso. Isso vem da extrema dificuldade, ou melhor, da impossibilidade, de conceber esse imenso e maravilhoso universo como resultado de azar ou necessidade. Quando reflito assim, sinto-me obrigado a olhar para a causa primeira como dotada de uma mente inteligente em algum grau análoga à do homem; e mereço ser chamado de teísta.*
>
> *Essa conclusão estava forte na minha mente [...] quando escrevi a* A origem das espécies; *desde aquela época, foi ficando gradualmente [...] mais fraca. Mas, então, surge a dúvida – pode a mente do homem, que, como eu acredito totalmente, se desenvolveu a partir de uma mente tão baixa como a dos mais baixos dos animais, ser confiável quando chega a conclusões tão grandiosas? Elas não podem ser o resultado da conexão entre causa e efeito que nos atinge como necessária, mas que, provavelmente, depende meramente da experiência herdada?*

> *Não consigo fingir que jogo um pouco de luz nesses problemas abstrusos. O mistério do começo de todas as coisas é insolúvel para nós; e, quanto a mim, devo ficar contente por continuar agnóstico.*

Darwin começou admitindo que é impossível conceitualizar o universo como um mero acaso, mas terminou aceitando que não pode saber quando a aparente causa–efeito não é nada mais que um truque da mente. Ao reconhecer os limites do conhecimento baseado tanto na razão quanto nos sentimentos, ele aceitou resolutamente que a mente não é capaz de resolver o mistério da existência.

Tanto Darwin quanto Collins experimentaram um momento místico enquanto estavam imersos na natureza. Para os dois, a experiência foi inicialmente profunda e aparentemente indicava a presença de Deus. Collins se converteu de um ateísmo de toda a vida para uma religiosidade profunda. Mas Darwin tomou o desvio oposto. Cristão na época de sua viagem ao Amazonas, ele subsequentemente reinterpretou seus sentimentos de ter experimentado Deus como nada mais que um truque biológico de sua mente, algo até mesmo possivelmente herdado. No final, abandonou o cristianismo e se tornou agnóstico.

Eu não poderia ter pedido uma descrição melhor de como as diferenças individuais na camada escondida criam interpretações tão dissimilares de uma experiência similar. Diferentes genéticas, temperamentos e experiências levaram a visões de mundo contrastantes. A razão não vai eliminar essa distância entre crentes e não crentes. Quer uma ideia se origine de uma *sensação de fé*, quer pareça ser o resultado da razão pura, ela surge de uma camada escondida pessoal que não podemos nem ver, nem controlar.

Uma sugestão prática?

A teoria da evolução de Darwin surgiu de uma mente enviesada, como ele mesmo reconhece, mas suas ideias enviesadas foram aperfeiçoadas até formarem uma hipótese testável. Depois de 150 anos, as evidências que confirmam a teoria da evolução são arrebatadoras. Mesmo assim, ainda temos que lidar com a possível falta de confiabilidade da opinião consensual, como exemplifica o vídeo do gorila-basquete, assim como com as questões gerais inerentes à objetividade. Para resolver esses problemas, Stephen Jay Gould ofereceu esta concessão prática: "Em ciência, 'fato' só pode significar confirmado até o ponto em que seria perverso negar o consentimento provisório".[16]

A expressão central é *consentimento provisório*. Podemos batalhar por objetividade; não podemos chegar nem perto da observação desapaixonada. O problema é que, para jogar de acordo com as regras do método científico, devemos reconhecer a possibilidade de não termos como saber se um dia evidências em contrário podem aparecer e derrubar uma teoria estimada. Argumentos guiados pela fé, ao invocarem a irrefutável autoridade divina que sempre estará

---

16 Gould, S. "The Validation of Continental Drift". In: *Ever Since Darwin: Reflections in Natural History*. London: Penguin, 1991. p. 161. "Durante o período de rejeição quase universal, provas diretas de flutuação continental – isto é, os dados coletados das pedras expostas de nossos continentes – eram tão boas quanto são hoje [...] Na ausência de um mecanismo plausível, a ideia de flutuação continental foi rejeitada como absurda. Os dados que pareciam apoiá-la eram descartados por explicações [...] Os antigos dados de rochas continentais, um dia rejeitados retumbantemente, foram desenterrados e exaltados como provas conclusivas da flutuação. Resumindo, agora aceitamos a flutuação continental porque é esta a expectativa de uma nova ortodoxia. Vejo essa história como típica do progresso científico. Novos fatos, coletados de forma antiga sob a supervisão de velhas teorias, raramente levam a qualquer revisão substancial de pensamento. *Os fatos não 'falam por si mesmos', são lidos à luz da teoria.*" (Grifos meus.)

certa, não precisam fazer essa concessão. Esse campo de jogo desigual não vai desaparecer. O problema se torna especialmente importante quando a evolução é seriamente questionada por quase metade dos norte-americanos: "Em uma pesquisa Gallup de 2001, 45% dos adultos norte-americanos disseram que acreditavam que a evolução não tinha tido nenhum papel na formação dos seres humanos. De acordo com a visão criacionista, Deus produziu os humanos totalmente formados, sem nenhuma espécie prévia relacionada".[17]

As opções de como proceder não são particularmente satisfatórias. Admitir que a evolução só deveria receber um consentimento provisório é concordar que uma explicação alternativa – criacionismo ou design inteligente – poderia estar certa. Elevar a evolução a um fato inequívoco é perpetuar o mito biologicamente equivocado da mente racional autônoma, que fornece aos argumentos guiados pela fé sua melhor ferramenta para confirmação – o xeque-mate de uma única jogada, o "eu sei o que eu sei".

Se a ciência for sustentar um diálogo significativo com a religião, precisa trabalhar para estabelecer um campo de jogo equilibrado, onde os dois lados abordem com honestidade o que podemos ou não podemos saber sobre nós mesmos e sobre o mundo ao nosso redor. Precisamos abandonar a perpetuação do mito da mente racional onisciente, que impossibilita uma discussão real. Ao mesmo tempo, precisamos reconhecer que as evidências de uma necessidade visceral do sentido de fé, propósito e significado são tão poderosas quanto as evidências da evolução. E precisamos considerar que crenças irracionais podem ter verdadeiros benefícios adaptativos – do efeito placebo a uma sensação de esperança. A insistência

---

17 Lovgren, S. "Evolution and Religion Can Coexist, Scientists Say". *National Geographic News*, 18 out. 2004. Também disponível em news.nationalgeographic.com/news/2004/10/1018_041018_science_religion.html.

na objetividade e na razão deveria ser vista dentro do quadro maior de nossas necessidades e restrições biológicas.

O objetivo desse diálogo deveria ser maximizar a esperança pessoal e uma sensação de significado, ao mesmo tempo minimizando os efeitos adversos de atitudes pessoais e políticas sociais injustificáveis. Deveríamos nos forçar a distinguir entre categorias fisiológicas distintas de fé – o impulso visceral básico por significado que possui um propósito real *versus* a aceitação cognitiva não fundamentada de uma ideia. Compaixão, empatia e humildade só podem surgir do reconhecimento de que nossos desejos comuns são expressos de formas diferenciadas.

Se possível, tanto a ciência quanto a religião deveriam tentar adotar e persistir na ideia de fatos provisórios. Quando todos os fatos se tornassem obras em andamento, o absolutismo seria destronado. Não importa o quanto as "evidências" fossem significativas, a interpretação literal da Bíblia ou do Corão não seria mais a única possibilidade. Ao explorar e criar um conhecimento comum de como o cérebro equilibra aspectos contraditórios de sua biologia, poderíamos gradualmente transformar o absolutismo em uma postura de ignorância insustentável.

Não pedimos que as pessoas furem os olhos para evitar que cometam erros de testemunho ocular; no lugar disso, demonstramos o poder do erro perceptivo por meio de ilusões de óticas e cursos de psicologia perceptiva. Imagine como o diálogo poderia ser diferente se as gerações futuras fossem criadas com a ideia de que há restrições biológicas à nossa capacidade de saber o que sabemos. Para mim, essa é nossa única esperança.

14. Especulações da mente

Perceber que conhecemos nossos pensamentos por meio de sensações mentais que estão sujeitas a ilusões e equívocos perceptivos me levou a questionar se algumas das questões filosóficas mais difíceis e antigas surgem de tentativas de resolver truques perceptivos criados por nossos cérebros. Este capítulo não tem o objetivo de apresentar uma teoria "tamanho único" que solucione todos os problemas. Ainda assim, gostaria de gastar algumas páginas pensando em como alguns dos maiores enigmas metafísicos talvez não sejam nada mais que inevitáveis produtos derivados da biologia conflitiva.

Um exemplo clássico é a ilusão de ótica da silhueta de dois rostos opostos que também pode ser vista como um vaso. Você olha para a imagem e o vaso se alterna com os perfis faciais. Você não consegue se forçar a ver continuamente nem os rostos, nem o vaso. Essa relação alternativa instável de primeiro e segundo planos é resultado de um eterno cabo de guerra entre aspectos da percepção visual com a mesma ponderação. A pergunta que nos fazemos – o que é isso, a silhueta de dois rostos ou um vaso? – não tem resposta, ainda que pareça que deveria ter. A pergunta não tem significado real; não passa de uma tentativa da camada escondida de resolver aspectos rivais da percepção. Poderíamos dizer que o problema da escolha entre os rostos ou um vaso não existe fora da mente do espectador. Não é uma questão do "mundo real". Considere esse cabo de guerra entre o primeiro e o segundo planos como um modelo de paradoxo gerado biologicamente que não pode ser resolvido.

Em tais truques visuais impessoais, podemos ignorar a falta de resolução resultante dizendo a nós mesmos que eles são uma ilusão de ótica. Apesar de não sentirmos a sensação de satisfação de ver a imagem parar de se mover, saber por que isso não é possível evita que nos sintamos obrigados a escolher peremptoriamente entre rostos ou vaso. Lembramos a nós mesmos que isso é uma demonstração de pura biologia e passamos a outros pensamentos. Mas, com imagens mentais instáveis de ideias que são pessoalmente significativas, isso é muito mais difícil.

A origem do universo ou cosmologia versus beiras e fronteiras

> *No começo não havia nada a não ser escuridão.*
> *Tudo era escuridão e vazio. Por muito, muito tempo,*
> *a escuridão se reuniu até se tornar uma grande massa.*
> – **História oral dos índios Pima, do Arizona**

O para-choque traseiro do meu carro, recentemente substituído, é uma triste prova de que um poste cinza não é prontamente visível em uma noite nublada. Minha desculpa é que fui vítima da neurofisiologia básica. Determinamos formatos vendo bordas; é impossível ver claramente um objeto sem um fundo agudamente contrastante. A mesma ótica governa o olho da nossa mente. Feche seus olhos e tente visualizar um rosto. Você o verá contra algum tipo de fundo contrastante, seja uma cor neutra ou vagos cinzas e pretos. Agora, tente visualizar um vácuo perfeito. Mesmo que eu saiba que um vácuo não contém nada, ainda existe um "isso", um nada que deve existir dentro de algum tipo de espaço. Minha mente me serve uma escuridão vazia turva, enquanto, simultaneamente, me diz que isso não pode estar certo.[1] Espaço vazio é um *non sequitur* visual; não existe contraparte visual do nada.

Vamos passar à cosmologia. Tente visualizar o Big Bang – um único ponto infinitamente denso que, de repente, explode. Para ver esse objeto com o olho de nossa mente, colocamos esse ponto contra algum fundo contrastante. A maioria das pessoas, quando questionada, vai dizer que vê uma escuridão turva contra a qual está emoldurada a singularidade inicial. Esse problema das bordas não está confinado a considerações espaciais; o tempo é igualmente impossível de visualizar tanto como algo que sempre existiu quanto algo que começou de repente. Vemos um começo em contraste com o que estava presente *pouco antes* do começo. A cruel ironia é que uma representação do olho da mente de nenhum espaço ou tempo circundantes ocupa algum espaço e sugere um tempo anterior. Para aliviar as tensões resultantes, nos sentimos obrigados a fazer uma pergunta-chave compartilhada por ciência e religião – o que, se é que havia algo, estava presente antes do começo?

---

1 Rundle, B. *Why There Is Something Rather Than Nothing.* Oxford: Oxford University Press, 2004. Bebe, um professor de filosofia da Universidade de Oxford, argumenta que a pergunta e as tentativas de respondê-la consistentemente levam a linguagem além das fronteiras do sentido, separando palavras familiares de seus papéis usuais de modo que elas não mais expressam possibilidades inteligíveis. Chamar um espaço ao redor de um objeto de nada tira qualquer sentido real de *nada*.

Eu tentei imaginar como essa questão poderia ser formulada se tivéssemos um aparato visual diferente que não exigisse que um objeto fosse visto contra um pano de fundo. Mas estou preso aos limites do olho da minha mente, da mesma forma que meu cérebro não consegue solucionar a ilusão vaso-rostos. Se a pergunta sequer existiria se tivéssemos um olho da mente diferente não é algo que podemos responder. Não podemos saber se uma pergunta do tipo o que existia antes do começo faz mais sentido que tentar decidir se estamos olhando rostos ou vaso. Mesmo sentir que a pergunta é "real" não é prova, como vimos muitas vezes nos capítulos sobre a natureza involuntária da sensação de "realidade". (Esse também é um exemplo de como a razão não pode ser separada das sensações corporais. Qualquer noção de espaço – não importa quão abstrata – deve ser filtrada por nossas percepções corporais de espaço. No nosso olho da mente, o vazio ocupa o espaço.)

Como abordamos esse problema vai depender das atitudes culturais predominantes. Se nos contam que a imagem vaso-rostos é definitivamente dois rostos ou um vaso e que devemos fazer uma escolha, vamos passar um tempo considerável tentando arbitrariamente escolher uma das imagens. Vamos, então, trabalhar para nos convencer de que essa resposta é a correta. Alguns vão continuar céticos; outros vão ficar convencidos. Essa convicção é o equivalente da fé cega incomprovada. Mas, se nos dizem que a incapacidade de escolher um sobre o outro é uma função de como nossos cérebros funcionam, estaremos mais propensos a aceitar que a ilusão não pode ser resolvida. (Não esperamos que um bastão de vidro pareça reto quando está meio imerso em um béquer de vidro porque aprendemos as leis da refração.)

Se somos inclinados para a ciência, gravitamos na direção de teorias de universo sobre universo, ou universo antes do universo, de equações matemáticas possivelmente corretas, mas insondáveis, que mostram como o universo pode se dobrar sem exigir um espaço ao seu redor. Mas ninguém parece capaz de resolver essa tensão mental interna. A seguinte descrição da *História do universo*, de Nova, deixa mais perguntas sem resposta do que resolve: "O universo começou com uma vasta explosão que gerou espaço e tempo e criou toda a matéria no universo".[2] A explicação da *Scientific American* tampouco é satisfatória. "O universo-ponto não era um objeto isolado no espaço; era todo o universo, e assim a única resposta possível é que o Big Bang aconteceu em todo lugar".[3]

Até o mais brilhante não está imune. Stephen Hawking disse: "A ideia de que espaço e tempo podem formar uma superfície fechada sem fronteiras [...] tem profundas implicações para o papel de Deus nas questões do universo [...] Enquanto o universo tivesse tido um começo, poderíamos supor que teve um criador. Mas, se o universo é mesmo completamente autocontido, não tendo fronteiras ou bordas, não teria nem começo nem fim. Qual lugar teria, então, um criador?".[4] Em uma tentativa de circum-navegar essa questão da fronteira do olho da mente, Hawking postulou um estado de "não fronteira" – uma ideia que, mesmo se inteiramente correta, não é consistente com a forma como funciona nosso olho da mente. Queremos uma resolução palpável para a tensão criada pela tentativa de entender o pano de fundo circundante, não uma abstração que não conseguimos ver ou sentir.

Se a ciência não consegue fornecer solução, a maioria vai procurar em outro lugar – desde teorias de um criador existente antes da origem do universo até um design inteligente que deu existência ao universo. Para colocar esse dilema fisiológico em uma perspectiva cultural e histórica, uma rápida busca no Google revela mais de

---

2 www.pbs.org/wgbh/nova/origins/universe.html.
3 Gott, J. et al. "Will the Universe Expand Forever?". *Scientific American*, p. 65, mar. 1976.
4 Hawking, S. *A Brief History of Time*. New York: Bantam Books, 1988. p. 140-41.

quinhentos diferentes mitos da criação. (Note a similaridade entre o mito da criação dos índios Pima e a hipótese do Big Bang.) Enquanto aqueles que estão no poder – tanto cientistas quanto líderes religiosos – insistirem que podemos saber como o universo foi criado, estaremos igualmente tentados. Hipóteses que vão de um grande criador ao design inteligente, passando por um universo sem fronteiras, são as consequências inevitáveis de se acreditar em respostas até mesmo quando as perguntas talvez não reflitam nada além de peculiaridades da fisiologia cerebral.

De importância histórica é que, há mais de duzentos anos, Immanuel Kant propôs que os mecanismos físicos que moldam as percepções das nossas experiências também moldam a forma como pensamos sobre aqueles fenômenos que não podemos experimentar diretamente. Numa época em que o cérebro era um órgão misterioso e a neurociência nem era ficção científica, Kant antecipou a descoberta das funções cerebrais que podem influenciar e até gerar grandes preocupações filosóficas.[5]

Em um conto de 1991 escrito por Terry Bisson, um comandante robótico de uma expedição interplanetária informa a seu líder eletrônico que os habitantes humanos da Terra eram "feitos de carne".

"Carne?"
"Não temos dúvida sobre isso."
"Isso é impossível... Como a carne pode compor uma máquina? Está pedindo que eu acredite em carne consciente."
"Não estou pedindo. Estou contando. Essas criaturas são a única raça consciente no setor e são feitas de carne."

---

5 www.kirjasto.sci.fi/ikant.html.

"Poupe-me. Certo, talvez sejam só parcialmente de carne..."
"Não, pensamos nisso, já que eles possuem cabeças feitas de carne... Mas... eles são inteiramente de carne."
"Sem cérebro?"
"Oh, existe um cérebro, sim. Só que o cérebro é feito de carne!"
"Então... o que cria o pensamento?"
"Você não está entendendo, não é? O cérebro cria o pensamento. A carne."
"Carne pensante! Está pedindo que eu acredite em carne pensante?"
"Sim, carne pensante! Carne consciente! Carne sonhadora! A carne é tudo isso! Está entendendo o cenário?"[6]

Carne consciente, pensante, sonhadora – essa imagem poderosa de uma carne sem mente produzindo nossos traços mais valorizados serve como uma introdução apropriada para uma pergunta muito antiga: a mente é separada do maquinário que a cria? Em vez de entrar no debate, eu sugeriria que primeiro olhássemos para ver se a questão do dualismo mente-corpo – como a ilusão rostos-vaso – não é nada mais que a interação de forças biológicas contraditórias.

Dualismo mente-corpo e o sentido do eu

O propósito da dor é nos contar quando alguma parte do nosso maquinário está funcionando mal. Fome e sede nos dizem quando precisamos reabastecer e beber. Para serem significativas, essas sensações devem ser sentidas como se refletissem o *status* físico subjacente de nossos corpos. Mas outras sensações nos são mais úteis

---

6 Bisson, T. "They're Made Out of Meat", um conto em *Omni* (abr. 1991). Também disponível em www.terrybisson.com/meat.html.

quando estão divorciadas de qualquer consciência das funções corporais. O exemplo mais imediato é o *sentido do eu*. Correndo o risco de cair na armadilha do "tudo tem uma explicação evolucionária", é fácil especular que um sentido individual do eu foi instrumental no desenvolvimento de moralidade, compaixão, leis, objetivos, propósito maior e significado – todos os vários requisitos para a ordem social. Essencial para essa percepção de sermos indivíduos singulares e valiosos é não sentir que o eu é simplesmente o produto de neurônios "inconsequentes" subjacentes.

Nós prontamente reconhecemos que a dor é uma sensação puramente subjetiva que surge dos receptores de dor e dos mecanismos de geração de dor dentro do mesencéfalo e do tálamo. Não possui substância ou peso; não podemos enviá-la ao laboratório para análise anatômica. Como todos os estados mentais, ela não existe por conta própria, mas sim como uma extensão de mecanismos biológicos subjacentes. Categorias arbitrárias como mental *versus* físico são terrivelmente inadequadas para descrever essa complexa interação entre neurônios e sinapses reais e estados mentais exclusivamente subjetivos. Mesmo assim, não ficamos especialmente incomodados com perguntas filosóficas sobre a existência da dor; aceitamos que a dor de um dedo batido é "real", embora desprovida de quaisquer propriedades físicas normalmente associadas com "realidade".[7]

---

[7] Quase trezentos anos atrás, o filósofo e matemático Gottfried Leibnitz imaginou uma máquina capaz de experiências e percepções conscientes. Ele falou que, mesmo que essa máquina fosse grande como um moinho e pudéssemos explorá-la por dentro, não encontraríamos "nada a não ser partes se empurrando umas contra as outras e nunca algo que pudesse ser visto como uma percepção". Nossa atual conceitualização de emergência não é muito melhor. Talvez, se desenvolvermos uma ideia melhor de como a emergência é fisicamente manifestada, criaremos uma classificação mais significativa de estados mentais. Até lá, estamos melhor com a noção desajeitada de "real", mas subjetivo, em vez de tentar espremer fenômenos ainda pouco entendidos em categorias físicas e mentais igualmente confusas e equivocadas.

Tampouco ficamos surpresos quando essa sensação puramente subjetiva nem sempre se localiza "onde deveria estar". Por um momento, pense no problema da dor indicada. De um ponto de vista evolucionário, um sistema de aviso de dor deveria localizar de forma precisa problemas potenciais. A dor de um dedo batido deveria imediatamente dirigir sua atenção para o dedo, não para seu cotovelo. Mas a biologia às vezes nos engana. Por exemplo, você está correndo morro acima num dia frio e sente uma dor forte no braço esquerdo. Quando para, a dor diminui. Você olha seu braço e não há nada errado; ele se move livremente e sem dor. Você começa a correr de novo e a dor volta. Sua forma de interpretar a dor depende de sua educação, sua experiência e sua idade. Sem precisar entender da fisiologia subjacente, a maioria daqueles com uma certa idade imediatamente se preocuparia com um problema cardíaco – uma insuficiência arterial coronária.

A explicação é bastante simples. O coração e o braço esquerdo têm origem na mesma região do embrião em desenvolvimento. Entradas sensoriais tanto do braço quanto do coração são processadas nos mesmos segmentos da medula espinhal. Se existe um fluxo excessivo de impulsos de dor entrando, eles podem ser sentidos em outras áreas servidas pela mesma região, causando a falsa localização da *dor indicada*. Graças aos serviços públicos de mensagens de rádio e TV, percebemos que a dor no braço esquerdo pode ser um sintoma de um ataque cardíaco. Em vez de ruminar sobre as implicações filosóficas de a dor no braço esquerdo induzida por exercícios estar "realmente ali", ligamos para o serviço de emergências ou corremos para o hospital mais próximo. A questão é que podemos aprender a lidar com equívocos perceptivos sem nos sentirmos obrigados a despertar explicações metafísicas forçadas. Ficamos satisfeitos com o fato de a dor no braço esquerdo – embora não detectável ou mensurável – ser um sinal muito real de um sistema de alarmes de dor em funcionamento normal.

As mesmas compreensão e categorização deveriam ser aplicadas ao sentido do eu – outro estado mental subjetivo que surge dos neurônios e das sinapses. Mas temos um problema. Sentimos a dor como se ela fosse um reflexo do estado físico subjacente do nosso corpo; o sentido do eu, não. Os dois fenômenos emergentes – dor e sentido de eu – têm objetivos muito diferentes. Um é apontar para o corpo e dar sinais de aviso. O outro é apontar para longe do corpo a fim de criar um sentido de individualidade acima e além da mera biologia. Para ter qualquer sentido de significado pessoal, devemos nos ver como mais do que meras máquinas ou carnes pensantes. Esse sentido de eu separado, como o vazio escuro percebido que cerca o Big Bang no começo do universo, parece precisar de uma explicação para sua existência independente. O resultado é a dissonância cognitiva de saber, intelectualmente, que o cérebro deve criar o sentido do eu *versus* a sensação necessária de que o eu está separado do cérebro. Em um nível fisiológico, isso não é fundamentalmente diferente de uma paciente com síndrome de Cotard sentindo seu pulso cardíaco e, mesmo assim, acreditando que está morta. Para colocar isso em perspectiva, veja como se sente sobre a seguinte declaração do filósofo contemporâneo John Searle: "Estados conscientes são inteiramente causados pelos processos neurobiológicos de mais baixo nível no cérebro [...] Eles absolutamente não possuem vida própria, independente da neurobiologia".[8]

A questão do dualismo mente-corpo cartesiano, que nos acompanha há séculos, depende de como você percebe a passagem acima. A declaração tem uma probabilidade extremamente alta de estar correta, mas é difícil imaginar como ler essa declaração sem sentir um você separado fazendo a leitura, experimentando o prazer de

---

[8] Searle, J., *Mind: A Brief Introduction* (Oxford: Oxford University Press, 2004) oferece uma excelente visão geral dos vários argumentos mente-corpo que surgiram numa tentativa de explicar por que a mente é ou não é mais que o cérebro que a criou.

conhecer imediatamente a neurofisiologia subjacente, ou sentir uma sensação de orgulho ao encontrar confirmação sobre algo de que já suspeitava. Mas de que vale sentir orgulho em saber que somos meras máquinas? Não temos orgulho de ter sede ou ter nossa comida digerida de forma adequada. Qual seria o prazer de entender se não fôssemos, de alguma maneira, um reflexo de nosso caráter, inteligência, sabedoria ou sofisticação gerais...? Qual seria o propósito de ter esse conhecimento não imediatamente prático se não fosse reforçar nossa sensação de eu?

É somente ao ter estados conscientes que sentimos serem independentes de sua biologia que podemos entender o que significa a passagem. Presos dentro da nossa biologia, não podemos escapar da questão do dualismo mente-corpo. É parte de quem somos. Uma exposição completa dos mecanismos cerebrais subjacentes não vai evitar que procuremos significados maiores mais que compreender a teoria do Big Bang nos impedirá de perguntar o que cerca o universo ou o que existia antes do começo. É nosso destino. Não consigo imaginar uma existência na qual não refletíssemos sobre nossa existência, incluindo quem somos coletiva e individualmente. A alternativa – que somos apenas sacos de químicos – nunca vai ser um sucesso.

Toda teoria está contra a liberdade do arbítrio; toda experiência, a favor.
– Samuel Johnson, citado em *Boswell's Life of Johnson*

Para oferecer um exemplo final de como as sensações mentais podem criar enigmas filosóficos, vamos concluir esta seção com uma breve análise do livre arbítrio. Imagine uma criança de 2 anos que acha qualquer ruído insuportável e pede a seus pais que não liguem a TV, o rádio ou o aparelho de som quando ela estiver na casa. Se os estudos de Michael Merzenich estiverem corretos, a escolha da criança de tornar a casa silenciosa como uma igreja vai afetar o desenvolvimento futuro de seu córtex auditivo. Sua decisão aparentemente voluntária e intencional vai criar mudanças físicas permanentes em seu cérebro. Se essa criança se tornasse um filósofo no futuro, seria uma prova viva da interface entre livre arbítrio e "programação".

Por outro lado, há um extenso, mas controverso, corpo de literatura sobre neurociência afirmando que tais escolhas são feitas no inconsciente *antes* de a criança conscientemente sentir que fez a escolha. (Os estudos de Ben Libet são centrais para essa questão e estão bem delineados em seu livro *Mind Time* [Tempo da mente]).[9] O argumento é que pensamentos inconscientes desencadeiam nosso comportamento, e nossas explicações conscientes seguem mais atrás.[10]

Mas já vimos o problema com a definição de intencional e volitivo. No exemplo do *Pogo*, a súbita aparição da resposta não parece controlada pela vontade, mas o inconsciente recebeu uma clara tarefa: lembrar o nome do gambá. Minha decisão quanto à intencionalidade do processo mental que recordou o nome *Pogo* baseia-se em como a resposta *foi sentida*, não em uma compreensão básica do que ocorreu no meu inconsciente. Escolha sem o sentimento de escolha é: "Isso acabou de me ocorrer". Escolha com o sentimento de

---

9 Libet, B. *Mind Time*. Cambridge: Harvard University Press, 2004.
10 Qualquer experiência sobre o livre arbítrio reflete o problema inerente que ela está tentando estudar. O paradoxo mais óbvio é se somos livres ou não para escolher quais experiências demonstram melhor a presença ou a ausência de livre arbítrio. Para desenhar adequadamente um estudo, devemos acreditar que temos a liberdade para separar as provas boas das más. Se não acreditamos em livre arbítrio, devemos admitir que qualquer experiência que escolhermos estará além de nosso controle – negando os princípios de racionalidade e objetividade cruciais para o método científico. O meio termo – uma visão inteiramente neutra do livre arbítrio – vai contra nossa compreensão de motivação e por que realizaríamos esse estudo em primeiro lugar. Todos os estudos sobre o livre arbítrio são deficientes desde o começo.

escolha é: "Sim, esta é minha decisão final". O sentimento de escolha é um indicador fraco da intenção subjacente.

Movimentos motores rápidos oferecem o mesmo problema. Como afirma Ben Libet:

> *Tocar um instrumento musical, como o piano, deve envolver um desempenho inconsciente das ações. Pianistas geralmente tocam peças musicais rápidas nas quais os dedos das duas mãos estão tocando as teclas em sequências tão rápidas que quase não podem ser acompanhados visualmente. Não só isso, cada dedo deve acertar a tecla correta do piano em cada sequência. Músicos afirmam que não estão conscientes da intenção de ativar cada dedo. Em vez disso, tendem a focar sua atenção na expressão de seus sentimentos musicais. Mesmo esses sentimentos surgem inconscientemente, antes que qualquer consciência deles se desenvolva.*[11]

Dizer que um pianista não tem consciência de uma intenção de tocar cada tecla em sequência não significa que chegou a tocar no Carnegie Hall por acidente ou por causa da vontade dos deuses do destino. O desempenho é bastante intencional. O que falta é a consciência do pianista dessa sensação de intenção quando está tocando. Isso não é surpreendente; a percepção consciente de uma intenção de atingir uma nota em particular demora mais que a resposta motora de tocar a nota. (O equivalente musical do exemplo da bola de beisebol em aproximação.) Durante esse atraso perceptivo, o pianista terá tocado uma enxurrada de notas subsequentes. Estar consciente de uma intenção de tocar notas já tocadas não faria sentido

---

11 Libet, p. 109.

e nos atrasaria ao nível de nossas primeiras lições de piano, quando toda nota era tocada depois de deliberações conscientes. Suprimir qualquer sensação de intenção é um requisito necessário para movimentos motores rápidos.

Tanto no exemplo do *Pogo* quanto no do piano, uma falta de sensação de intenção não diz nada sobre a intenção subjacente. Ironicamente, como nos sentimos sobre a intencionalidade de uma escolha está além do nosso controle. Para elaborar esse diabólico paradoxo, vamos olhar brevemente a síndrome de Tourette.

Em 1965, em uma conferência de neurologia pediátrica na Universidade da Califórnia, em São Francisco, o paciente, um assustado garoto asiático de 15 anos, estava sendo entrevistado pelo presidente do Departamento de Neurologia, um homem alto e imponente com um jaleco branco.

"Não, senhor", ele disse. "Não tenho nenhuma ideia de por que tenho esses tiques." Ele olhou para os pés.

"Vamos lá", insistiu o presidente. "É claro que você tem alguma explicação."

O menino deu de ombros, e o movimento se expandiu para uma série de puxadas de cabeça, piscadas de olhos e mordidas dos lábios. "Não, senhor", ele disse, sem olhar para o homem.

"Quer dizer que você faz ruídos e caretas sem nenhum motivo?" O presidente fez uma carranca.

Os tiques do menino aceleraram. O menino aguentou firme, apertando os lábios, lutando contra uma vontade que todos sabíamos pelo histórico ser a principal reclamação do menino.

"Nenhum motivo mesmo?", repetiu o presidente. "Tudo simplesmente tranquilo?" O presidente se virou para seus confrades neurológicos reunidos na sala de conferências abafada, meio sorrindo debaixo de seus óculos. Logo, pensaram todos os neurologistas. Logo.

O menino correu a vista do presidente para a plateia, depois voltou a olhar o presidente. "*Duck, duck, fuck a duck, fuck a duck, fuck a doc, fuck you, doc...*"*

O presidente sorriu, feliz com sua astúcia clínica na instigação da explosão.

"*Fuck you, doc*"**, o menino continuou, incapaz de se controlar. O sorriso do presidente desapareceu; seu rosto ficou vermelho. "Pare com isso", ele falou, agarrando o menino pelo ombro. O menino não conseguia parar. O presidente explodiu. "Transfiram-no para Langley Porter (a instalação psiquiátrica anexa ao hospital da Universidade da Califórnia). Talvez eles possam ensiná-lo boas maneiras."

Eu fiquei assistindo ao jovem humilhado ser retirado da sala de conferências. Algo estava terrivelmente errado. O presidente era um clínico maduro e tinha intencionalmente provocado o menino. Ele sabia o que esperar, mas tinha levado a explosão como algo pessoal. Mas, se os xingamentos eram reflexivos, nada mais que uma resposta reflexiva patológica surgida de um mau funcionamento neurológico, não poderia ser pessoal. (Colegas neurológicos de outros países me dizem que a coprolalia – as explosões escatológicas difíceis de controlar vistas em uma pequena fração de pacientes com síndrome de Tourette – são bastante uniformes, mas específicas ao vernáculo de cada país.)

Mais de quarenta anos depois, nós, neurologistas, afirmamos que a síndrome de Tourette é uma desordem predominantemente genética, sendo que o principal suspeito é um defeito no metabolismo de neurotransmissões cerebrais, predominantemente a dopamina. Na superfície, a maioria fez uma reviravolta conceitual e está

---

* "Pato, pato, foder um pato, foder um pato, foder um médico, foda-se, doutor..." [N.T.].
** "Foda-se, doutor" [N.T.].

disposta a aceitar que a linguagem suja incontrolável da coprolalia é resultado de uma neuroquímica desordenada, não de uma psicologia distorcida.

Em um grupo de apoio de Tourette, aprendemos que:

> *As explosões do tipo coprolalia normalmente interrompem a comunicação, o discurso ou algo que um paciente esteja fazendo. Depois da interrupção, o paciente continua com sua comunicação, seu discurso ou seu projeto normalmente. Essas interrupções, geralmente, vão continuar a entrar e sair de comportamentos e eventos normais de um paciente.*
>
> *Por exemplo, um paciente com coprolalia poderia estar conversando com alguém que menciona a palavra* duck. *A palavra* duck *leva a um tique vocal no paciente com coprolalia ao qual se seguem três explosões vocais rápidas de "Fuck a duck, fuck a duck, fuck a duck". A conversa continua fluindo como estava antes da interrupção vocal.*
>
> *Um observador não familiarizado com a coprolalia e que não a entende pode acreditar que a explosão é o resultado de uma decisão consciente e voluntária de xingar.* No entanto, as explosões não são nem intencionais, nem propositais.[12] [Grifos meus.]

Agora, ouça essa descrição de um paciente com síndrome de Tourette:

> *Eu efetivamente* nunca *xingo... mas, em momentos de grande estresse, as profanidades não param de sair!*

---

12 www.tourettes-disorder.com/symptoms/coprolalia.html.

Como todos os tiques, ele começa como uma coceira ir-ritante de que algo está errado. Mas, em vez de se mover para coçá-la, você precisa falar palavras. Eu escolho as que seriam mais ofensivas para quem estiver por perto. Você tende a usar as que considera serem as piores. En-tão, claro, quando relaxo um pouco, a memória do que falei me assombra por muito tempo.[13] [Grifos meus.]

Como podemos conciliar essas duas afirmações tão diferentes? O paciente sente que pode consciente e deliberadamente escolher quais palavras usar, mas a própria essência de um tique é um movimento motor ou vocal involuntário e sem sentido. Então, a sensação de escolha das palavras do paciente é real ou uma ilusão, ou ele é capaz de saber a diferença? Este é um exemplo do cérebro dando ao paciente uma sensação falsa de escolha para evitar o reconhecimento mais ameaçador de que ele não controla sua mente? Ou vamos postular a proposição ainda mais confusa de que ele selecionou voluntariamente quais palavras iria pronunciar involuntariamente?

Poderíamos especular infinitamente, mas, antes de podermos abordar seriamente questões como livre arbítrio, precisamos fazer a pergunta mais básica: o que exatamente é uma *sensação de escolha*? Quais são os mecanismos básicos de controle cerebral que determinam quando a sensação está presente junto com uma escolha cognitiva (minha escolha de escrever esta sentença), ou ausente, apesar de totalmente intencional (os exemplos do *Pogo* e do piano), ou presentes na ausência de escolha aparente (como no paciente de Tourette)?

O que nos leva a uma questão mais prática – a natureza da responsabilidade pessoal. Depois de ler a explicação do paciente de

---

13 www.tourettes-disorder.com/blogs/2005/03/regarding-coprolalia-and-use--of.html.

Tourette, você sente que ele é responsável completamente, parcialmente ou não é responsável por suas explosões de xingamentos? E como você poderia decidir? Existe uma única linha correta de raciocínio que deveríamos todos adotar? Você sente que pode consciente e voluntariamente tomar essa decisão? Boa parte deste livro é dedicada a mostrar como o pensamento surge de uma camada escondida cheia de vieses inatos. Vimos onde a predisposição genética influencia nossos pensamentos. Como devemos pensar sobre a responsabilidade pessoal que surge desse ensopado cognitivo confuso e mal definido?

Imagine ter um amigo próximo que o enganou em um acordo de negócios. Você quer se vingar, mas diz a si mesmo que "supere isso". Vinte anos se passam; você não vê o antigo amigo nem pensa nele conscientemente. Então, um dia, você o encontra na rua. Ele age como se nada tivesse acontecido. Você fica furioso e grita que ele é um canalha. Ele dá de ombros, ri debochado e você se sente ridículo. De repente, aparentemente sem pensar, você o empurra. Ele escorrega, cai e quebra o ombro. Você é processado por ataque e precisa pagar os danos. Sua defesa é: "Eu não queria empurrá-lo. Esse pensamento nunca entrou na minha cabeça. Não sei o que me deu. Eu não era eu mesmo".

Mas se o seu inconsciente pudesse falar, ele discordaria. Ia dizer que apenas estava agindo de acordo com o seu desejo de vinte anos. A ironia é que o mais aparentemente involuntário dos atos pode surgir de uma intenção guardada que você desconhece. Se o livre arbítrio implica a capacidade de fazer escolhas, então seu inconsciente terá feito uma escolha que você não considera uma escolha.

Quando contemplamos o grau de responsabilidade pessoal que cada um de nós tem por suas ações, batemos imediatamente de frente com as restrições de como experimentamos a nós mesmos. Sensações mentais vão nos levar a sentir ou não sentir que estamos escolhendo e que podemos saber quando tais "pensamentos" são corretos. Combine uma *sensação de saber* com uma *sensação de escolha* e você vai começar a ver a imensa complexidade de "saber quando fez uma escolha voluntária". Assim como mental e físico são classificações arbitrárias que não podem descrever adequadamente fenômenos emergentes, o debate entre livre arbítrio e determinismo está limitado por suas próprias restrições biológicas.

Seja pensando sobre as origens do universo, a presença ou a ausência de uma alma ou decidindo sobre livre arbítrio e responsabilidade pessoal, precisamos dar um passo para trás e, primeiro, considerar como esses problemas são influenciados por uma variedade de estados mentais sobre os quais não temos nenhum controle consciente. Sensações mentais são os alicerces do pensamento. Antes de podermos tratar das grandes questões filosóficas, precisamos saber como essas questões são, em si mesmas, o produto de nossa biologia e, em especial, das várias sensações mentais que dão sentido a nossos pensamentos.

Uma digressão pessoal. Desde que comecei este livro, cada vez mais me pego fazendo uma pergunta retórica a mim mesmo: "Como um alienígena de Marte trataria essa questão?". Por exemplo, peguemos a pergunta sobre a origem do universo. E se ele tivesse um cérebro baseado em silício que operasse sem a visualização de um olho da mente? Como o problema das beiras e das fronteiras seria abordado, ou será que ele nem existiria? É claro que não consigo imaginar isso, mas consigo imaginar a possibilidade. Isso é o bastante para evitar que eu caia em absolutos. Tentar formular a pergunta de uma perspectiva biológica alternativa me força a rapidamente reconhecer os limites dos meus próprios pensamentos.

15. Pensamentos finais

> *Não é a ignorância, mas a ignorância da ignorância,
> que é a morte do conhecimento.*
> – Alfred North Whitehead

> *Deve existir certeza no presidente dos EUA.*
> – George W. Bush

Uma breve recapitulação

Os sentimentos de saber, familiaridade, estranheza e realidade são mais do que curiosidades neurológicas associadas com ataques parciais complexos e estímulos cerebrais do lóbulo temporal. E eles não se encaixam bem em categorias-padrão de funções mentais – emoções, humores ou pensamentos. Coletivamente, eles representam aspectos de um tipo distinto de atividade mental: um sistema de monitoração interno que nos torna conscientes de nossos pensamentos e os colore, julga e avalia.

A analogia mais óbvia é com os vários sistemas sensoriais do corpo. É por meio da visão e do som que estamos em contato com o mundo ao nosso redor. Da mesma forma, temos extensas funções sensoriais para avaliar nosso ambiente interior. Quando nosso corpo precisa de comida, sentimos fome. Quando estamos desidratados e precisamos de água, sentimos sede. Se temos sistemas sensoriais para nos conectar com o mundo externo e sistemas sensoriais para nos notificar sobre nossas necessidades corporais internas, parece razoável que também tenhamos um sistema sensorial para nos contar o que nossas mentes estão fazendo. Para ter consciência do pensamento, precisamos de uma sensação que nos diga que estamos pensando. Para recompensar o aprendizado, precisamos das sensações de estarmos no caminho certo ou de estarmos corretos. E devem existir sensações parecidas para recompensar e encorajar os pensamentos ainda incomprovados – as especulações e as elucubrações ociosas que acabarão se tornando ideias novas e úteis.

Para serem recompensas poderosas e eficientes, algumas dessas sensações, como a *sensação de saber* e a *sensação de convicção*, devem ser sentidas como conclusões conscientes e deliberadas. Como resultado, o cérebro desenvolveu uma constelação de sensações mentais que são sentidas como pensamentos, mas não são.

Esses sentimentos involuntários e incontroláveis *são* as sensações da mente; como sensações, estão sujeitas a uma ampla variedade de ilusões perceptivas comuns a todos os sistemas sensoriais. Por exemplo, alterações temporais na experiência do tempo são ocorrências diárias no sistema visual (o exemplo da bola de beisebol em aproximação). Aplicar essa compreensão às sensações mentais pode nos ajudar a ver que a *sensação de saber* poderia parecer como se estivesse ocorrendo em *resposta* a um pensamento, quando na verdade aconteceu antes do pensamento e foi responsável por levá-lo à consciência (o exemplo da "essa deve ser a casa do Izzy Nutz").

A apreciação de que a estrutura hierárquica do cérebro está organizada de acordo com as linhas gerais das redes neurais também nos permite ver esse sistema sensorial mental como parte fundamental para a formação de um pensamento. Mais cedo, no Capítulo 5, descrevi cada rede neural dentro de uma rede neural maior como sendo análoga a um membro dentro de um comitê maior. Uma questão é formulada (entrada). Cada membro do comitê possui um único voto; quando todos os votos são contados (o cálculo da camada oculta), uma decisão final é tomada (saída). Agora, imagine uma rede neural na qual cada membro do comitê representa uma das sensações mentais – de uma *sensação de saber* a uma sensação de algo familiar, bizarro ou real. Será a contagem final dos votos que determinará como nos sentimos com relação a um pensamento, incluindo sua "correção" ou "incorreção". Antes de ler a resposta, os membros do comitê da rede neural avaliando a descrição de uma pipa vão votar como algo pouco familiar, estranho, talvez até bizarro ou irreal. Não haverá votos para um sentido de compreensão. Quando a explicação – pipa – é inserida, os membros do comitê favoráveis ao familiar "sim, isto está correto" e a uma *sensação de convicção* vão superar os membros do comitê, subitamente silenciosos, que representam o estranho e o desconhecido. O resultado final é que a explicação vai *parecer correta*.

Depois de ser embutida na conclusão de que esse parágrafo se refere a uma pipa, a *sensação de correção* não pode ser conscientemente desalojada ou diminuída. Podemos conscientemente inserir novas informações contrárias; só a camada escondida das redes neurais pode ponderar os valores novamente.

A mensagem no coração deste livro é que as *sensações de saber, correção, convicção* e *certeza* não são conclusões deliberadas e escolhas conscientes. São sensações mentais que *acontecem* conosco.

Algumas ideias são mais iguais que outras

Rimos de um truque de mágica e desenvolvemos teoremas para explicar por que um bastão de vidro meio imerso na água parece curvo. Não somos capazes de nos treinar para ver o jogo de mão que torna impossível ganhar o jogo dos três copos, mas podemos dizer a nós mesmos que estamos sendo enganados e que não devemos confiar no que vemos. Que esse seja o modelo para a *sensação de saber*. A neurociência precisa dirigir-se à fisiologia; precisamos questionar a sensação. E nada poderia ser mais básico do que simplesmente questionar a frase "eu sei".

Como já vimos, as definições-padrão de *saber* – perceber diretamente; compreender na mente com clareza ou certeza; ver como verdade além da dúvida – são inconsistentes com nossa atual compreensão da função cerebral. De alguma forma, devemos incorporar o que a neurociência está nos contando sobre os limites do saber em nosso dia a dia. Imagine aplicar esse simples princípio ao estudo Challenger. Em vez de dizer: "Este é o meu diário e a minha letra, mas não foi isso que aconteceu", os estudantes poderiam aprender a dizer: "Este é meu diário, mas não *sinto mais que está certo*". Talvez a solução mais fácil fosse substituir *saber* por *acreditar*. Um médico diante de um instinto incomprovado poderia dizer: "Acredito que há um efeito apesar da falta de evidências", e não "tenho certeza de que há um efeito". E, sim, seria mais útil aos cientistas dizer: "Acredito que a evolução está correta por causa das fortes evidências".

Percebo que essa última sentença vai contra a essência daqueles que mais lutaram para estabelecer a ciência como o método para determinar os fatos do mundo externo. É especialmente horrível sentir que você está ajudando fanáticos religiosos, médicos charlatões e políticos bons em distorcer palavras. Mas substituir *saber* por *acreditar* não nega o conhecimento científico; somente transforma fatos arduamente provados de algo inequívoco em algo bastante provável. Dizer que a evolução é extremamente provável em vez de absolutamente certa não reduz a força de seu argumento, ao mesmo tempo que serve a um propósito mais fundamental. Ouvir a mim mesmo dizer "eu acredito" onde anteriormente eu teria dito "eu sei" serve como um lembrete constante dos limites do conhecimento e da objetividade. Ao mesmo tempo que sou forçado a considerar a possibilidade de que opiniões contrárias possam ter um grão de verdade, ganho a perfeita refutação para aqueles que afirmam que "sabem que estão certos". É na passagem do 99,99999% provável para o 100% garantido que desistimos da tolerância a opiniões conflitantes e fornecemos a base para a reivindicação fundamentalista ao conhecimento puro e certo.

Uma consideração relacionada é distinguir entre o conhecimento sentido – como palpites e instintos – e o conhecimento que surge dos testes empíricos. Qualquer ideia que não foi ou não pode ser testada de forma independente deveria ser considerada uma visão pessoal. Shakespeare não exige que aceitemos *Hamlet* como uma representação da verdade universal. Concordamos com ele e o julgamos de acordo com os padrões de arte, literatura e experiência pessoal. *Hamlet* não está nem certo, nem errado. Se, no futuro, descobrirmos que Hamlet possui um gene de transtorno bipolar, teremos o direito de reavaliar nossas interpretações iniciais do relacionamento de Hamlet com sua mãe. Hamlet é uma visão. Assim como cada uma das citações desses últimos capítulos. Não importa o quanto sejam aparentemente razoáveis e persuasivas, cada uma começa com uma percepção bastante idiossincrática que busca seu próprio reflexo no mundo externo. O sentido pessoal de propósito de cada escritor guia os argumentos, escolhe as evidências e tira conclusões. Essas ideias deveriam ser julgadas de acordo com isso – como visões, não como linhas obrigatórias de raciocínio que devem ser compartilhadas universalmente.

Para se distanciar das alegações de "saber" e certeza absolutas, a psicologia popular precisa explorar como as sensações mentais têm um papel fundamental na geração e na moldagem de nossos pensamentos. Não podemos nos dar ao luxo de continuar com afirmações ultrapassadas de um inconsciente perfeitamente racional ou de que sabemos quando podemos confiar nos instintos. Precisamos repensar a própria natureza de um pensamento, incluindo o reconhecimento de que várias limitações perceptivas são inevitáveis.

Ao mesmo tempo, se o objetivo da ciência é, gradualmente, superar superstições profundamente arraigadas, isso deve ser visto como uma alternativa mais atrativa e reconfortante, não como uma exortação inflamatória e um confronto com uma bufada não muito sutil de condescendência. Tente vender a visão de um mundo frio e sem sentido em uma reunião pentecostal e você terá uma ideia do desafio. Em uma pesquisa recente, quase 90% dos norte-americanos expressaram a crença de que suas almas vão sobreviver à morte de seus corpos e subir ao céu.[1] Tais crenças, não importa quão desmentidas pelas evidências, fornecem à maioria dos norte-americanos um sentido pessoal de significado. Se forçados a escolher entre a razão e um sentido de propósito, a maioria de nós ficaria do lado do propósito. Como vimos, essa aparente escolha não é nem mesmo uma decisão inteiramente consciente. Se a ciência ainda não reduziu essas crenças, parece improvável que mais esforços milagrosamente virem o jogo.

Tais discussões colocam os mesmos problemas éticos inerentes aos tratamentos com placebo. Colocado de forma simples, um efeito placebo é uma crença falsa que tem valor real. Insistir que não existe alma ou vida após a morte é o equivalente moral de remover o efeito placebo que surge de uma crença não científica. A cirurgia artroscópica falsa do Sr. A permitiu que ele voltasse a caminhar

---

[1] www.edge.org/q2006/q06_12.html.

confortavelmente. Ninguém deveria recomendar uma cirurgia de joelho falsa; as potenciais desvantagens são grandes demais. E, no entanto, muitos médicos se sentem confortáveis recomendando tratamentos menos drásticos, mas não comprovados, para a dor.

A resposta raramente é preto no branco. Mesmo se o tratamento não tiver riscos ou custos, o precedente de representar falsamente os benefícios de um tratamento possui seus próprios efeitos indesejáveis de longo prazo. O mais sério seria a erosão da confiança entre médico e paciente. Por outro lado, eliminar todos os tratamentos de placebo porque são intelectualmente desonestos suscita seu próprio conjunto de problemas, incluindo o *zeitgeist* cínico de valorizar a ciência mais que a compaixão. Não existe solução ou resposta certa; cada um de nós vai calcular o risco *versus* a recompensa de acordo com nossas próprias biologia e experiência.

Na medicina, estamos desenvolvendo cada vez mais padrões éticos para decisões médicas complexas que tanto permitem a esperança quanto o efeito placebo, mas não desafiam o conhecimento médico baseado em evidências. O princípio orientador do juramento hipocrático é *primum no nocerum*: acima de tudo, nunca causar dano ou mal a alguém. Esse mesmo princípio deveria ser pedra angular de como a ciência compete no mundo das ideias. A ciência precisa manter sua integridade, ao mesmo tempo que deve reter um respeito compassivo por aspectos da natureza humana que não são "razoáveis".

Esse equilíbrio de opostos se estende a todos os aspectos do pensamento moderno. Por exemplo, não faz sentido perguntar a alguém se ele gostaria de tomar um placebo; a própria pergunta remove do placebo muitos de seus benefícios intencionais. Da mesma forma, não está claro como ter uma discussão razoável sobre a natureza do eu que retenha a integridade da ciência – o eu é um fenômeno emergente, e não uma entidade existente separadamente – e mesmo assim permita que cada um de nós sinta que é um indivíduo e não apenas uma máquina. Não consigo imaginar um mundo no qual aceitássemos e sentíssemos totalmente que não somos nada mais que narrativas ficcionais surgindo de neurônios "inconsequentes". E não consigo imaginar quanta empatia teríamos com outros se víssemos desapontamento, amor e tristeza somente como reações químicas. Diante dessa interpretação desanimadora de nossas vidas, não é surpreendente que a maioria das pessoas opte pela crença em "almas" materiais e/ou antecipe que verdadeiras virgens estão pacientemente esperando sua chegada no céu.

Malabarismos

No livro *The Crack-Up* (O colapso), F. Scott Fitzgerald descreveu uma solução fácil de aceitar, mas difícil de executar: "A prova de uma inteligência superior é a capacidade de manter duas ideias opostas na mente ao mesmo tempo e ainda reter a capacidade de funcionar". Essa é a única alternativa prática à dissonância cognitiva, em que um conjunto de valores sobrepuja uma evidência contrária que seria, de outra forma, convincente. Esse malabarismo exige que não deixemos de lembrar que a ciência está nos contando sobre nós mesmos enquanto reconhecemos os benefícios positivos de crenças não científicas e/ou pouco razoáveis. Cada posição tem seus próprios riscos e recompensas; as duas precisam ser consideradas e equilibradas dentro do mandato abrangente: acima de tudo, nunca causar dano ou mal a alguém.

Assim como aprendemos a lidar com as ansiedades da doença e da morte, devemos aprender a tolerar aspectos contraditórios de nossa biologia. Nossas mentes têm suas agendas próprias. Podemos intervir por meio de uma compreensão maior daquilo que podemos e não podemos controlar, sabendo onde se escondem os embustes potenciais, e por uma disposição a aceitar que nosso conhecimento do mundo que nos circunda está limitado por conflitos fundamentais no modo como nossa mente funciona.

O que nos traz de volta ao tema central deste livro. A certeza não é biologicamente possível. Devemos aprender (e ensinar nossos filhos) a tolerar os dissabores da incerteza. A ciência nos deu a linguagem e as ferramentas das probabilidades. Temos métodos para analisar e classificar opiniões de acordo com sua probabilidade de correção. Isso basta. Não precisamos e não podemos arcar com as catástrofes nascidas de uma crença na certeza. Como disse o doutor David Gross, ganhador do Prêmio Nobel de física de 2004: "O produto mais importante do conhecimento é a ignorância".[2]

Se este livro o provocou a ponto de formular a mais básica das perguntas – como você sabe o que sabe? –, terá servido a seu propósito.

---

2 Overbye, D. "From a Physicist and New Nobel Winner, Some Food for Thought". *The New York Times*, 19 out. 2004. Também disponível em www.nytimes.com/2004/10/19/science/19phys.html.

Agradecimentos

É impossível traçar as origens de um livro que foi sendo desenvolvido ao longo de tantos anos. Há, não é preciso dizer, muitas pessoas que me inspiraram e ajudaram com este projeto a quem eu gostaria de agradecer. Elas incluem meus colegas na Sociedade Filosófica de São Francisco e também Jonathon Keats, Kevin Berger, Peter Robinson, David Steinsaltz, Richard Segal e Herbert Gold.

Estou muito feliz por ter Jeff Kellogg como meu agente literário; ele foi uma fonte de constante encorajamento e foi essencial para a conversão dos rabiscos de um diário pessoal na estrutura atual do livro. Nichole Argyres, minha editora, e seu assistente, Kylah McNeill, ofereceram um apoio entusiasmado e melhoraram bastante meu manuscrito original.

Infelizmente, não posso agradecer diretamente aos muitos pacientes que me levaram a fazer as perguntas centrais deste livro. Para aqueles pacientes que talvez o estejam lendo, saibam que tenho uma dívida eterna.

Acima de tudo, expresso meu mais profundo agradecimento à minha esposa, Adrianne, que tem sido minha contínua inspiração, meu mais forte apoio e minha crítica ponderada. É impossível para mim expressar adequadamente a profundidade da minha gratidão e da minha apreciação. Então, obrigado, Adrianne.

Índice remissivo

abuso de substância 127-8, 127*n*10
ambiente 149-54
American Synesthesia Association 83
amígdala 45
    conexão do medo com 46-7, 59, 126, 137-8, 176-7
    remoção da 46
Anna Kariênina (Tolstói) 173
Auster, Paul 113

Beckett, Samuel 67, 135-6, 228
Berra, Yogi 179
Big Bang, teoria do 239-41, 247
Bisson, Terry 242
Blink, a decisão num piscar de olhos (Gladwell) 176, 181, 201
Bonds, Barry 92, 95-6
Boswell's Life of Johnson 247
Bouchard, Thomas 133-4, 141
Bush, George W. 224, 257

camada escondida neural 65, 78, 169
    autoconsciência e 180-3
    comparação da RNA com 64-9
    conectividade e 73-4
    relação da racionalidade com 185, 220-1
    viés em 66, 69-73, 254
Camus, Albert 230
Centro de Estudos Cognitivos 227
cérebro. *Ver também* dissonância cognitiva; memória; redes neurais; sistema límbico
    amígdalas no 44-7, 59, 126, 137-9, 176-7
córtex auditivo do 45, 149-52, 151*n*9
    lesões 30, 59
    lóbulo temporal no 47-52, 59
    sistemas de recompensa dentro do 115-6, 115*n*2, 121, 125, 128, 145

certeza 9-10. *Ver também* objetividade; racionalidade; *sensação de saber*
  dimensão moral da 209-11
  falta de conhecimento associada à 37-40, 89-90, 213
  patológica 58
  pensamentos sensacionais e 171-2
  raízes neurológicas involuntárias da 13, 61, 172, 259
  relação da razão/racionalidade com a 11-2, 89, 90, 173-211
  sistemas de recompensa e 129-30
  tolerância à in- 265
cetamina, estudo da 42-3
Challenger, estudo 24, 25-6, 28, 110, 126, 260
  resultados do 25, 25*n*2
Chicago Tribune 187
Chuang-Tzu 53
ciúme 54
clorofórmio, estudo 42-3
Collins, Francis 225-6, 232
color phi, experimento 98-9
Compreensão Pública da Ciência 216
conhecimento. *Ver sensação de saber*
consciência
  do eu 158-60, 179-82
  do pensamento 160-6, 160*n*3, 162*n*4
  da *sensação de saber* 21-35, 37
Conselho sobre Bioética 224
convicção. *Ver sensação de convicção*
coprolalia 251-2
correção. *Ver sensação de correção*
córtex auditivo do cérebro 45, 149-52, 151*n*9
cosmologia 255
conceito de beiras e fronteiras e 238-43

Cotard, Jules 31
  The Crack-Up (Fitzgerald) 264
crenças religiosas
conexão genética com 133-4, 149
criacionismo e 28-9, 126, 233-4, 241-2
  limitações em relação a 233-5
  necessidade biológica de 224-7
  objetividade e 229-32
  propósito associado com 216-35
  sensação de saber associada com 37-43, 149
  teoria da aleatoriedade *v.* 223-4
  teoria do design inteligente e 221-2, 241-2
criacionismo 241-2. *Ver também* crenças religiosas
consentimento provisório e 233-4
  dissonância cognitiva e 28-9, 126
culpa 54, 59

Damasio, Antonio 47, 54
Darwin, Charles 83, 190, 230-2
Davies, Paul 221-2
Dawkins, Richard 216-8, 226
decisões de fração de segundo 181-3, 187-8
déjà-vu 32-3, 56, 59, 124
  indução química/elétrica de 47-8, 49-50
Dennett, Daniel, 227-8
derrame 31-3
desgosto 54
Dijksterhuis, Ap 186, 229
dissonância cognitiva 57-8, 183
definição de 26-7
  equilíbrio de contradições e 264-5

estudos de placebo sobre 29-30
exemplos de 28-35, 126, 161, 198-9
induzida quimicamente 42-4
sensação de saber e 28-35, 42-4, 57-8, 126, 183, 198-9
síndrome de Cotard e 30-1
dopamina
    relação do jogo com 142*n*6
    relação dos sistemas de recompensa com 115, 115*n*2, 128-9
dor 243-4
    indicada 245
Dostoiévski, Fiódor 41, 48
Drayna, Dennis 137, 139, 149
dualismo mente-corpo. *Ver também* sentido do eu
    livre arbítrio e 247-55, 248*n*10
    sentido do eu e 243-55
Duffy, Patricia 83, 86

Ebstein, Richard 127-8
emoções. *Ver também* estado(s) mental(is)
    categorização de 54-6
    formação de 46*n*17
    medição por ressonância magnética das 56*n*5
epilepsia 47-52, 159
Esperando Godot (Beckett) 67, 135
esquizofrenia 10, 58, 73
estado(s) mental(is). *Ver também estados mentais específicos*; pensamentos sensacionais; sensação(ões) mental(is)
    categorias emocionais e 54-6
    classificação de 53-9
    déjà-vu/sensações de familiaridade como 47, 49-50, 56, 117*n*7
    familiaridade como 33, 49-52, 56, 117*n*7
    induzidos quimicamente/eletricamente 47-52
    jamais vu/sensações de estranheza como 50
    medo como 44-6, 53-4, 59, 126, 137-9, 176
    realidade como 33, 51-3, 56, 240, 257
    relação do pensamento com 156-72
    como sensações 56-7
    sensações estranhamente familiares como 51-2
estados místicos. *Ver também* crenças religiosas
    neuroteologia e 40-4
    relação da *sensação de saber* com 37-43, 171, 213
estranheza, sensação de 257
    familiaridade associada com 50-2, 117
    Um estranho no ninho (filme) 73
estudo(s)
    Challenger 24-6, 25*n*2, 28, 110, 126, 260
    sobre desenvolvimento do córtex auditivo 149-52, 151*n*9
    sobre estímulos cerebrais 40-52
    sobre gêmeos 133-4, 136-7, 141, 149
    sobre medo 44-6, 138-9
    modelagem animal em 151*n*9
    de objetividade médica 203-8
    sobre sensação de terror 47-8
    sobre tratamento com placebo 29-30
    viés em 188-95
éter, estudo 42-3
eu
    autoanálise 179-84, 192-6, 211, 217-8

autoconsciência/percepção 158-60, 180-2
sentido do 158-60, 243-55, 263-4
evolução 233-5
  desenvolvimento do sistema de recompensas na 123-4
experiências de quase morte 43-4

familiaridade, sensação de 33, 52, 257
  déjà-vu 49-50, 56, 124
  estranheza associada com 50-2, 117
  jamais vu e 50
  relação da *sensação de saber* com 117, 117n7
fé. *Ver também* sensação de fé
  artigos de fé *v.* sensação de 214
felicidade 54
fenomenologia 15
Festinger, Leon 26-7
Feynman, Richard 129
The First Three Minutes (Weinberg) 223
Fitzgerald, F. Scott 264
Forman, Milos 73-4
Freud, Sigmund 121
Frontline 196, 199

Gage, Phineas 10
Galton, Francis 83
genética 131, 135, 254
  abuso de substâncias relacionado com 127-8, 127n10
  associação do medo com 137-9
  estudo de gêmeos em relação a 133-4, 136-7, 141, 149
  influência do ambiente sobre 149-54
  medição da influência da 140-2
  preferência religiosa via 133-4, 149

relação da certeza com 58
relação do comportamento com 136-9, 149
relação do jogo com 142-9, 142n6
relação do vício com 126-8, 127n10
sistemas de recompensa influenciados por 127-30, 127n10, 142-9, 142n6
Gladwell, Malcolm 176, 181-5, 201
glutamato 43-4
The "God" Part of the Brain 42
Goethe 188
Goleman, Daniel 176-8, 184
Gould, Steven Jay 28, 192-3, 233
gratidão 55
Gross, David 265

Hamlet (Shakespeare) 261
Hawking, Stephen 220, 241
História do Universo (programa de televisão) 241
Hockney, David 84

IA. *Ver* inteligência artificial
ilusões de ótica 237-8, 240
inibidores seletivos de recaptação de serotonina (ISRS) 216
instintos. *Ver também* intuição
  decisões médicas baseadas em 195-209
  definições de 170-1, 186
  relação da racionalidade com 181, 184-8, 195-209, 261-2
  relação do pensamento inconsciente com 170-1, 184-8, 201-2
Instituto Nacional de Pesquisa sobre o Genoma Humano 225

inteligência artificial (IA) 63-9, 78
inteligência emocional 59, 176-9
Inteligência emocional (Goleman) 176
intuição. *Ver também* instintos
   decisões médicas relacionadas com 195-209
   definições de 170-1, 181
   evidência empírica *v.* 203-8
   pensamento consciente/inconsciente e 170-1
   relação da racionalidade com 181, 184-8, 201-2
investigação científica. *Ver também* objetividade
   abandono da racionalidade em 174-6
   camadas escondidas e 220
   cosmologia em 238-43, 255
   distinção saber *v.* acreditar em 198-211, 260-1
   equilíbrio integridade-compaixão em 263-4
   limitações da 11-2, 207-8, 233-5, 233n16
   objetividade em 186-7, 190-5, 196-209, 211
   postura racionalista em 216-21
   propósito/sentido com relação a 216-35
   teoria da aleatoriedade e 223-4
ISRS. *Ver* inibidores seletivos de recaptação de serotonina

jamais vu (estranheza) 50
James, William 38-40, 42, 136, 214
Joana d'Arc 40
jogo
   arenas político-sociais do 146-9
   gene da propensão a riscos e 142-9, 142n6

Johnson, Mark 157
Johnson, Samuel 247
juramento hipocrático 263

Kandinsky, Vassili 84
Kant, Immanuel 242
Kass, Leon 224
Katra, Jane 200
Kekule, Friedrich von 185
Kempe, Margery 40
Koufax, Sandy 91

Lakoff, George 140
LeDoux, Joseph 45-6, 61, 126, 138, 177, 182
Lewontin, Richard 226-7
Libet, Ben 249
livre arbítrio
   pensamento inconsciente e 247-50
   questões de estudo quanto a 248n10
   relação da falta de intenção com 249-53
   responsabilidade pessoal relacionada com 253-5
lobotomia frontal 73, 116
lóbulo temporal do cérebro 47-52, 59

Maomé (profeta) 40, 42
mapeamento/estímulo cerebral 52
   déjà-vu/sensações de familiaridade em 49-50, 59
   estudos sobre 40-52
   jamais vu/sensações de estranhamento em 50
   sensações estranhamente familiares em 51-2
MDMA (*ecstasy*) 44

medo
    associação genética com 137-8
    emoções primitivas e 53-4
    estudo em ratos sobre 44-6, 137-9
    relação da amígdala com 46-7, 59, 126, 137-8, 176-7
memória
    episódica v. semântica 107-11, 108n1
    influência da *sensação de saber* pela 107
    variação do pensamento em relação a 111n3
memórias episódicas 107-11, 108n1
memórias semânticas 107-11, 108n1
mentalês 168, 168n6
mente racional autônoma 175, 188-96, 218, 234
Merzenich, Michael 150-3, 247
metaconhecimento 15
mito da mente racional autônoma 175, 188-96, 218, 234
mitos da psicologia
    baseados em autoexame 179-85, 192-5
    instintos e 181, 184-8
    inteligência emocional e 59, 176-9
    intuição e 181, 184-8
    pensamentos sensacionais e 262
    relacionados com objetividade 176-95
    viés de estudo e 188-95
modularidade/módulos
    funcionamento neural e 75-87
    hierarquia de dados e 76-8
    localização de módulo e 80-2
    sinestesia e 83-7
    teoria da emergência relacionada com 78-82, 79n3

Moniz, Egas 73-4
Moseley, Bruce 29-30
Murray, Jim 91
Musial, Stan 92, 96

Nabokov, Vladimir 83-4
Nash, John 57-8
Neisser, Ulric 25
neuroteologia
    experiências induzidas quimicamente e 42-4
    mapeamento/estímulo do cérebro e 40-52
    relação da *sensação de saber* com 40-52
New England Journal of Medicine 205
The New Yorker 181
Nietzsche, Friedrich 155
Noite dos mortos-vivos (filme) 73
Nova 241

objetividade
    autoanálise e 179-85, 192-5
    crenças religiosas e 229-32
    decisões de fração de segundo e 181-3, 187-8
    definição de 192
    inteligência emocional e 176-9
    mito da mente racional autônoma e 188-96
    mitos da psicologia sobre 176-96
obrigações morais relacionadas com 209-11
    pensamentos dos outros e 183-4
    pensamentos inconscientes e 173-211
    propósito/sentido em relação a 229-32

relação do raciocínio com 173-211
teste científico e 186-7, 190-5, 196-209, 211
tratamento médico em relação a 195-209
viés da camada escondida e 66, 69-73, 254

orgulho 54-5, 59

A origem das espécies (Darwin) 231

palpites 195-6, 261-2. *Ver também* instintos

Paulo, São 40

Peale, Norman Vincent 216

pensamento. *Ver também* genética; pensamento consciente; pensamentos sensacionais; sistema de recompensa do pensamento
avaliações raciocinadas relacionadas com 90, 103
conexão genética com 58, 127-30, 127n10, 131-54, 142n6, 254
consciência do 160-6, 160n3, 162n4
contemplação anterior e novo 90, 103-5
estudos sequenciais sobre beisebol e 91-8, 99-100, 165
estudos sequenciais sobre *color phi* e 98-9
estudos sequenciais sobre conversas e 100-2

percepções em sequência reorganizadas em 91-105, 165

perceptivo 111
relação da memória com 107-11, 111n3
semântico 111
sensação de saber sem acompanhamento de 37-40, 46, 89-90, 213

sistema de recompensa relacionado com 113-30, 115n2, 127n10, 142-9, 142n6
solidificação de 72-4, 259
velocidade de impulso/tempo de reação e 93-102, 94n3-4, 98n11

pensamento consciente. *Ver também* pensamento; pensamento inconsciente
cálculos de probabilidade relacionados com 166-8, 167n5
consciência de 160-6, 160n3, 162n4
dissonância cognitiva relacionada com 160-1, 198-9
distinguindo entre pensamentos inconscientes e 160-6
intuição/instintos em relação a 170-1
mecanismos de processamento em 168-70
relação de causa e efeito com 164-6, 169-70, 171-2
sensação de saber e 167-8, 169-71

pensamento inconsciente. *Ver também* objetividade; pensamento; racionalidade
autoanálise e 179-84, 192-6, 211, 217-8
cálculos de probabilidade para pensamentos conscientes *v.* 166-8, 167n5
consciência de 160-6, 160n3, 162n4
dissonância cognitiva relacionada com 160-1, 198-9
distinguindo entre pensamento consciente e 160-6
instintos em relação com 170-1, 184-8, 201-2
intuição em relação com 170-1
livre arbítrio e 247-50

275

mecanismos de processamento em 168-70
objetividade em relação com 173-211
racionalidade relacionada com 179-211
relação de causa e efeito com 164-6, 169-70, 171-2
sensação de saber em relação a 167-8, 169-70, 171, 179-85, 201
pensamentos sensacionais 155. *Ver também* pensamento; pensamento consciente
    autopercepção em relação a 158-60
    como estados mentais 56-7
    mente consciente/inconsciente e 160-71
    raciocínio influenciado por 156-8, 262
percepção. *Ver também* pensamento
    auto- 158-60, 243-55
    cosmologia *v.* beiradas e fronteiras e 238-43, 255
    dualismo mente-corpo e 243-55
    ilusões de ótica e 237-8, 240
pensamento retroativo subjetivo e 91-105
    relação da memória com 108-11
    sensações mentais influenciadas por 237-55
    velocidade de impulso/tempo de reação e 93-102, 94n4, 98n11
percepção de beiras e fronteiras 238-43, 255
Persinger, Michael 41
Philosophy in the flesh (Lakoff/Johnson) 157
Pinker, Steven 80-1, 168
Platão 137

Pogo, experimento do 161, 164, 248, 250
propósito
    científico *v.* religioso 216-35
    fé, sensação de, em relação a 213-35
    limitações na compreensão 233-5
    necessidades biológicas relacionadas com 224-7
    objetividade e 229-32
    relação da camada escondida com 220-1
    sensação mental de 213-6
    teoria da aleatoriedade e 223-4
    teoria do design inteligente e 221-2
Prozac 216

raciocínio. *Ver* racionalidade
racionalidade. *Ver também* objetividade
    abandono da ideia de 174-6
    autoexame da 179-84, 192-6, 211, 217-8
    na avaliação dos outros 183-4
    dimensão moral da certeza e 209-11
    estudos de caso de decisões médicas sobre 195-209
    influência da sensação sobre 156-8, 262
    instintos e 181, 184-8, 195-209, 261-2
    inteligência emocional e 59, 176-9
    limites da 11-2, 193-5, 211, 260-1
    medicina complementar/alternativa e 196-209
    mitos baseados na psicologia sobre 176-95
relação da camada escondida com 185, 219-21

relação da certeza com 11-2, 89, 90, 173-211
relação da intuição com 181, 184-8, 201-2
relação da objetividade com 173-211
   sensação de saber v. avaliações usando 26-35, 262
   viés de estudo e 188-95
raiva 54
Ramachandran, V. S. 85
Ramanujan, Srinivasa 90, 186
realidade 33, 257
   classificação de 53-4, 56
   induzida quimicamente/eletricamente 51-2
   natureza involuntária da 240
receptores NMDA 44
redes neurais. *Ver também* modularidade/módulos; pensamento
   artificiais 64-9
   camada escondida em 64-74, 65, 78, 169, 180-3, 185, 219-21, 254
   conceito de tábula rasa e 66n1
   humanas 61-3, 69-74
   ligação da *sensação de saber* com 61, 82, 257-8
   modularidade em 75-87, 79n3
   neurônio dentro de 62
   sinapse em 62-3, 63
   sinestesia em 83-7
   solidificação do pensamento em 72-3, 259
   teoria de emergência em relação a 78-82, 79n3
   velocidade de impulso/tempo de reação em 93-102, 94n3, 98n11
redes neurais artificiais (RNA) 64-9. *Ver também* redes neurais

Rimbaud, Arthur 84
RNA. *Ver* redes neurais artificiais
Romero, George 73
Rumsfeld, Donald 155

Salon.com 229
Saver, Jeffrey 40
Schank, Roger 183
Schrödinger, Erwin 122
Scientific American 241
Scriabin, Aleksandr 85
Searle, John 246
sensação de convicção 33, 56, 172, 258
   jogo e 144, 145
   sistemas de recompensa e 130
sensação de correção 90, 101-5, 168, 208
   instintos em relação a 186-7
   peso da 126, 259
sensação de escolha 253-5
sensação de "estar na ponta da língua" 15, 32-3, 53
sensação de fé 172. *Ver também* propósito
propósito em relação a 213-35
sensação de saber 13-4, 156. *Ver também* certeza; neuroteologia; pensamento; sistema de recompensa do pensamento
   avaliações raciocinadas *v.* 26-35, 261-2
   baseada em raciocínio 90, 103
   categorização de estado mental e 59, 61
   componente genético da 149
   consciência de 21-35, 37
   crenças religiosas associadas com 37-43, 149

falta de conhecimento associada com 37-40, 46, 89-90, 213-4
influências ambientais sobre 151-2
mente inconsciente e 167-8, 169-70, 171, 179-85, 201
momentos místicos e 37-43, 171, 213
papel evolucionário da 123
processamento de conversas e 100-2
questionamento científico da 260-1
reconhecimento da 15-9
redes neurais em relação a 61, 81-2
referência de percepção retroativa subjetiva e 91-105
relação da contemplação prévia com 90, 103-5
relação da dissonância cognitiva com 28-35, 42-4, 57-8, 126, 183, 198-9
relação da neuroteologia com 40-52
relação da sensação de escolha com 253-5
   sistemas de recompensa e 113-30, 115n2, 145
   vício em 127-8
sensação de terror 47-8
sensação do membro fantasma 57
sensação(ões) mental(is) 56-7, 257. Ver também percepção
   propósito como 213-6
   questões de percepção relacionadas com 91-105, 237-55, 258
sensações. Ver estado(s) mental(is)
sentido do eu 255
   desenvolvimento da ordem social e 244
   existência independente do 243-7, 263-4
   livre arbítrio e 247-54, 248n10

relação do pensamento sensacional com 158-60
Shakespeare, William 261
significado 262. *Ver também* propósito
   controvérsia ciência-religião e 217-35
   estado mental involuntário do 216
   objetividade em relação a 228-32
   postura racionalista e 216-21
   teoria da aleatoriedade e 223-4
   teoria do design inteligente e 221-3
sinapse neural 63, *63*, 73
síndrome de Cotard 30-1, 246
síndrome de Tourette 250-4
síndromes ilusórias de falta de identificação 33
sinestesia 83-5
   individualidade da 86-7
sistema de educação 128-9
sistema de recompensa do pensamento 113-4
   desenvolvimento de 121-5
   estudo do 120
   genética relacionada com 127-30, 127n10, 142-9, 142n6
   influência da abstração sobre 117-8
   jogos e 142-9, 142n6
   natureza contraditória do 140-1
   persistência do pensamento de longo prazo via 125-30
   princípio do prazer e 115-6
   relação da dopamina com 115, 115n2, 127-8
   relação da expectativa com 126
   relação da *sensação de saber* com 113-30, 115n2, 145

relação do imediatismo com 118-20
vício relacionado com 127-30, 127n10
sistema dopaminérgico mesolímbico 115
sistema límbico 40-1
   amígdala dentro do 44-6, 59, 126, 137-9, 176-8
   déjà-vu/sensações de familiaridade e 47-8, 49-50, 56, 117n7
   influência de ataques sobre 47-52
   jamais vu/sensações de estranheza e 50
   sensações estranhamente familiares e 51-2
   visão geral do 44-5
Skinner, B. F. 73
Smith, Joseph 40
Sócrates 193
Strangers to Ourselves (Wilson) 179-81
surpresa 54
Sutcliffe, Rick 92
Swedenborg, Emanuel 40

Targ, Russell 200
Tennyson, Alfred Lord 38
teoria da aleatoriedade 223-4. *Ver também* investigação científica
teoria da emergência 78-82, 79n3. *Ver também* pensamento
teoria do design inteligente 221-3, 241-2. *Ver também* crenças religiosas
Teresa, Santa 38-9, 41
Time, revista 226
TOC. *Ver* transtorno obsessivo-compulsivo
Tolstói, Leo 173, 214, 227
Tomás de Aquino, São 137

transtorno obsessivo-compulsivo (TOC) 58
tratamento com placebo
   estudo sobre 29-30
   questões éticas com 262-3
tratamento médico
   complementar/alternativo *v.* tradicional 196-202
   estudo de caso ciência *v.* instinto sobre 203-8
   relação da intuição/objetividade com 195-208
terapia de placebo no 29-30, 262-3
tristeza 54

Variedades da experiência religiosa (James) 38
verdade 33
vergonha 54
vício 116
   fatores genéticos no 127-8, 116n3
   na *sensação de saber* 127-30
visão cega 22-4, 23n1, 37, 45
visualização 238-43
Voltaire 129

Weil, Andrew 196-9
Weinberg, Steven 223
Westen, Drew 192-3
Whitehead, Alfred North 257
Why God Won't Go Away 42
Williams, Ted 92
Wilson, Timothy 179-83, 194
Wise, Kurt 28
Wittgenstein, Ludwig 34, 53, 137, 180

Zoloft 216

GRÁFICA PAYM
Tel. [11] 4392-3344
paym@graficapaym.com.br